法医神经病理学

图谱

主编　雷普平　张　桓

副主编　瞿勇强　洪仕君　李玉华

Atlas of
Forensic Neuropathology

上海交通大学出版社
SHANGHAI JIAO TONG UNIVERSITY PRESS

内容提要

  本书以我国法医神经病理学的鉴定实践为核心,系统性介绍法医神经病理学的特点,在阐明基本知识的概念、内容、相关机制、法医学意义及鉴定要点的基础上,加以大量图片和案例进行讲解,全书具有显著的实用性。本书适合法医学专业本科生、研究生及全国法医类司法鉴定机构和公安局、检察院、法院等机关从事法医病理鉴定的人员使用。

图书在版编目(CIP)数据

  法医神经病理学图谱/雷普平,张桓主编. —上海:
上海交通大学出版社,2024.1
  ISBN 978-7-313-30118-5

  Ⅰ.①法… Ⅱ.①雷…②张… Ⅲ.①法医学—神经
病学—病理学—图谱 Ⅳ.①D919.1-64

  中国国家版本馆 CIP 数据核字(2024)第 017291 号

法医神经病理学图谱
FAYI SHENJING BINGLIXUE TUPU

主　　编:雷普平　张　桓

出版发行:上海交通大学出版社		地　　址:上海市番禺路 951 号	
邮政编码:200030		电　　话:021-64071208	
印　　制:上海颛辉印刷厂有限公司		经　　销:全国新华书店	
开　　本:787mm×1092mm　1/16		印　　张:14.75	
字　　数:357 千字			
版　　次:2024 年 1 月第 1 版		印　　次:2024 年 1 月第 1 次印刷	
书　　号:ISBN 978-7-313-30118-5			
定　　价:98.00 元			

主编介绍

　　雷普平,男,医学博士,教授,硕士生导师,美国马里兰州法医局访问学者,昆明医科大学司法鉴定中心法医病理鉴定室主任。主要从事不明原因猝死的病理机制研究,主持国家自然科学基金、云南省自然科学基金等科研项目5项。在国内外学术刊物上发表论文40余篇。主持中华医学会及学校各类教研教改项目和教学质量工程5项。国家级法医学一流专业及法医病理学国家级一流课程的骨干教师。从事法医病理司法鉴定近2000例。主编《法医病理学鉴定实用图谱》《法医病理学学习笔记》《法医病理学实践案例教学手册》等3部专著。云南省司法鉴定机构资质认定评审员、云南省医学会病理学分会第十届委员会委员。

　　张桓,男,医学博士,副教授,硕士生导师,昆明医科大学法医学院教师,昆明医科大学司法鉴定中心国家司法鉴定人,主要从事法医病理学、机械性外力所致颅脑损伤方面的研究。完成尸体的司法鉴定2000余例。获得司法部第二届"宋慈杯"优秀鉴定文书三等奖,司法部第三届"宋慈杯"优秀鉴定文书一等奖。以副主编参编2部专业书籍,以编委参编11部专业书籍。在国内外学术刊物上发表论文40余篇。

副主编介绍

瞿勇强，男，教授，硕士生导师，昆明医科大学法医学院原党委书记、院长，昆明医科大学司法鉴定中心原中心主任，云南省司法鉴定协会法医类专业委员会主任委员。曾任中国法医学会理事、中国病理尸检委员会委员、《中国法医学杂志》编委、云南省医学会病理学分会副主任委员、中国法网在线司法鉴定咨询专家。获省级科学技术进步奖三等奖 1 次，省级教学成果一等奖 2 次、二等奖 1 次。主编专业学术专著 4 部，参编多部。国家精品课程、国家精品资源共享课程、来华留学生英语授课品牌课程、国家特色专业、国家一流课程、国家一流专业建设的主要组织者、参与者和承担者。参与国家自然科学基金项目 4 项，主持完成云南省应用基础研究项目 2 项，发表研究论文 60 余篇。

洪仕君，男，医学博士，教授，博士生导师。中国法医学会第六届理事，国家卫生健康委员会毒品依赖和戒治重点实验室副主任，云南省高等学校法医学工程研究中心负责人，云南省一流课程"法医临床学"课程负责人。澳大利亚和新西兰法医学学会会员，入选中华医学会、云南省医学会医疗事故技术鉴定专家库成员，云南省司法鉴定协会法医类专业委员会委员。担任中国法医学会法医病理学及法医临床学专业委员会委员、海峡两岸医药卫生交流会法医学分会常务委员、云南省司法鉴定协会副会长及昆明市司法鉴定协会会长等学术团体职务。从事法医学教学、科研和司法鉴定社会服务 26 年。主持国家自然科学基金项目 3 项，主参与 2 项；主持云南省应用基础面上项目 1 项、云南省科技厅-昆明医科大学联合专项项目 3 项。发表相关领域学术论文 100 余篇，SCI 收录 10 篇。参编《法医毒理学》（第五版）、《法医学》（第二版）等教材、专著 10 余部。

李玉华，女，法医学博士，讲师，昆明医科大学法医学院教师，昆明医科大学司法鉴定中心司法鉴定人。主要从事法医学教学、科学研究及司法鉴定工作，系国家级法医学一流专业及国家级一流本科课程"法医病理学"骨干教师，获得全国高校教师教学创新大赛云南赛区比赛二等奖 1 项，校级成果奖 2 项，主持省部级项目 3 项，发表论文 10 余篇，参编教材及著作 7 部，指导大学生创新项目 3 项（国家级 1 项），授权发明专利 1 项，实用新型专利 7 项。

编 委 会

赵永和　昆明医科大学

胡早秀　昆明医科大学第三附属医院

曹珍珍　昆明医科大学

韩渊慧　昆明医科大学第二附属医院

舒俊杰　昆明医科大学

曾晓锋　昆明医科大学

瞿鹏飞　北京大学基础医学院

　　法医病理学是为暴力性案件的侦查或审判提供医学证据,运用相关的医学专业知识解决有关暴力性和非暴力性死亡的死亡征象、死亡原因、死亡方式、死亡时间、死亡地点、个人识别,以及致伤物推断和确定的一门科学。法医病理以形态变化为主要研究内容,图谱建设在法医病理教学、科研和司法鉴定工作中具有十分重要的地位。中枢神经系统(central nervous system,CNS)是人体神经系统的最主体部分,包括位于颅腔内的脑和位于椎管内的脊髓。其主要功能是传递、储存和加工信息,产生各种思维活动、心理活动,支配与控制机体的全部行为。由于颅脑具有特殊的结构,同时又是暴力作用的重要对象,因此,颅脑及脊髓的损伤、病变、死后变化等都具有重要的意义和独特的研究价值。

　　目前,国内尚无系统的法医神经病理学方面的书籍,国外虽然有数本法医神经病理学的书籍,但是由于国内外法医学人才培养模式及法医学鉴定任务的差异,国内外对法医神经病理学的侧重点认知有明显的差别。例如国外法医神经病理学多侧重于神经系统罕见疾病,较少关注各类颅脑损伤的形态特点、成伤机制分析及致伤工具推断,也较少关注尸体现象、损伤时间、医疗纠纷尸体检验等法医病理学问题。

　　本书借鉴国外在售法医神经病理学书籍的优点,结合我国法医神经病理学在鉴定实践中面临的主要问题,以图片、案例为主,结合主要的鉴定要点进行编撰。全书突出直观性和实用性,每章均阐明本章的主要概念、特点、涉及的鉴定内容等,同时加以大量图片和案例进行讲解,在确保各章内容相对完整的同时,十分注重其鉴定的实用性。

　　本书可作为法医学专业本科生教学的辅助用书,亦有助于研究生、法医类鉴定人员,以及公安局、检察院、法院等机关的初入职人员提高鉴定能力。

主编

2023 年 11 月

第一章

颅脑正常解剖结构

◆ 第一节　头皮的正常解剖结构 ◆

一、颅部皮肤

颅部皮肤厚而致密，并有两个显著特点：①含有大量毛囊、汗腺及皮脂腺，为疖肿、皮脂腺囊肿的好发部位；②具有丰富的血管，外伤时容易出血，但创口愈合较快。

二、颅部浅筋膜

颅部浅筋膜由致密的结缔组织和脂肪组织构成，前者还形成许多结缔组织小梁，使皮肤和帽状腱膜紧密连接，并将脂肪分割成许多小格，内有血管和神经通过。感染时，渗出物不易扩散，早期即可压迫神经末梢引起剧痛。小格内血管丰富，多被结缔组织固定，创伤性血管断端不易自行收缩闭合，故出血较多。

三、帽状腱膜和枕额肌

帽状腱膜厚而坚韧，前后分别与枕额肌的额腹、枕腹相连，两侧逐渐变薄，续于颞筋膜。帽状腱膜借浅筋膜与皮肤紧密相连（图 1-1），难以分离。颅部皮肤、浅筋膜和帽状腱膜统称头

图 1-1　头皮切面照片

皮(图1-2)。

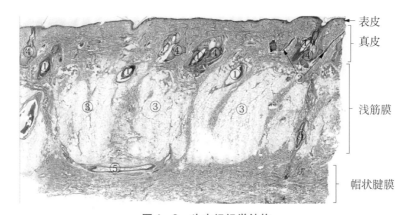

图1-2　头皮组织学结构

①毛囊；②毛干；③脂肪组织；④皮脂腺；⑤血管

四、腱膜下疏松组织

该层组织使得头皮更容易在外力作用下从头部撕脱下来。

五、颅骨外膜

颅骨外膜借少量结缔组织与颅骨表面疏松连接，在尸体解剖过程中利用这一特性可将头皮及颅骨外膜一起撕脱剥离后开颅（图1-3）。颅骨外膜在骨缝处与缝韧带连接紧密，因此颅骨外膜下发生血肿时，常局限在一块颅骨的范围内。

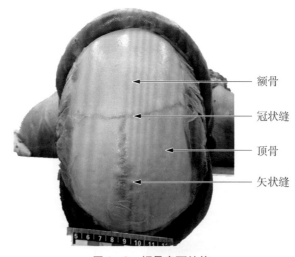

图1-3　颅骨表面结构

切开头皮，头皮与颅骨外膜一起被剥离，矢状缝处尚可见少许残存骨膜

◆ 第二节　颅骨的正常解剖结构 ◆

一、颅盖骨

颅盖骨在胚胎发育时期是膜内化骨，颅盖骨的厚度约为 0.5 cm，最厚的部位可达 1 cm。一般开颅位置为额部眶上缘 2.0 cm 处，经两侧耳郭上缘至枕骨粗隆处的人体水平连线。颅盖骨分为外板、板障、内板 3 层，外板较厚，内板较薄，板障为两者之间的骨松质，含有骨髓。颅分为后上部的脑颅和前下部的面颅，二者以眶上缘和外耳门上缘的连线为其分界线，按照骨的主体位置分为脑颅骨和面颅骨。构成颅盖骨(图 1-4)的脑颅骨从前向后依次为额骨、成对的顶骨、成对的颞骨和枕骨。颅盖骨的骨折发生率以顶骨及额骨为多，枕骨和颞骨次之。颅盖骨骨折有 3 种主要形态，即线形骨折、粉碎骨折和凹陷骨折。骨折的形态、部位和走向与暴力作用方向、速度和着力点有密切关系。

额骨

冠状缝

顶骨

人字缝

图 1-4　颅盖骨内侧面观

二、颅底骨

构成颅底的脑颅骨从前到后依次为额骨、筛骨、蝶骨、成对的颞骨和枕骨。颅底内面(图 1-5、图 1-6)高低不平，呈阶梯状的窝分别称为颅前窝、颅中窝、颅后窝。颅前窝由额骨眶部、筛骨筛板和蝶骨小翼构成，颅中窝由蝶骨体、蝶骨大翼和颞骨岩部构成，颅后窝由颞骨岩部后部和枕骨构成。颅底骨与硬脑膜连接比较紧密，尸体解剖时在垂体窝、枕骨大孔等处的硬脑膜较难剥离(图 1-5)。

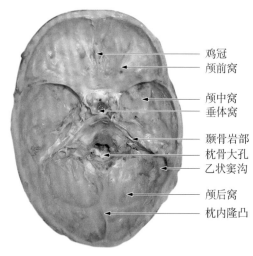

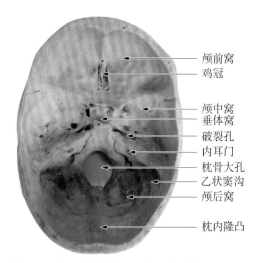

图 1-5　颅底骨内侧面观

图 1-6　颅底骨内侧面观(完全去除软组织之后)

图 1-5 标注：鸡冠、颅前窝、颅中窝、垂体窝、颞骨岩部、枕骨大孔、乙状窦沟、颅后窝、枕内隆凸

图 1-6 标注：颅前窝、鸡冠、颅中窝、垂体窝、破裂孔、内耳门、枕骨大孔、乙状窦沟、颅后窝、枕内隆凸

◆ 第三节　硬脑膜及全脑各层结构 ◆

一、硬脑膜

　　硬脑膜坚韧而有光泽，由两层组成，外层为骨内膜层，兼具颅骨内骨膜的作用，内层为脑膜层，较外层坚厚，两层之间有丰富的血管和神经。硬脑膜与颅盖骨的连接较为疏松，易于分离，当硬脑膜血管损伤时，可在硬脑膜与颅骨之间形成硬膜外血肿。硬脑膜与颅底连接处结合紧密，故在颅底骨折时，易将硬脑膜与蛛网膜撕裂，引起脑脊液外漏。硬脑膜在脑神经出入颅腔处移行为神经外膜，在枕骨大孔的周围与硬脊膜相延续。硬脑膜的内层可折叠形成若干板状突起并深入各脑部之间，称为硬脑膜隔(包括大脑镰、小脑幕、小脑镰和鞍膈)，能更好地保护脑组织(图 1-7)。硬脑膜在某些部位(如硬脑膜隔游离处和与颅骨相接处)两层分开，内面衬有内皮细胞，构成含静脉血的腔隙，称硬脑膜窦(图 1-8)，脑的静脉直接注入窦内。硬脑膜窦无瓣膜，窦壁无平滑肌，损伤时出血不易止血。硬脑膜主要由上颌动脉的分支脑膜中动脉供给营养。

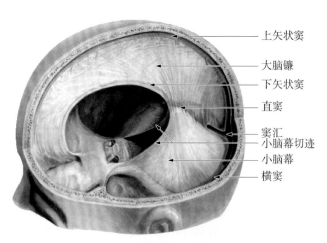

图 1-7　硬脑膜窦及硬脑膜隔模式图

图 1-7 标注：上矢状窦、大脑镰、下矢状窦、直窦、窦汇、小脑幕切迹、小脑幕、横窦

引自《人体解剖彩色图谱》。

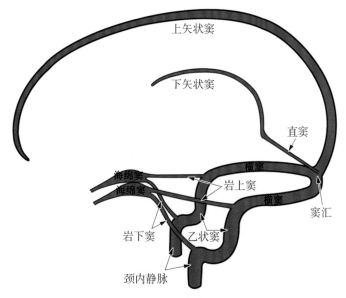

图 1-8 硬脑膜窦示意图

脑膜中动脉在下颌颈深面从上颌动脉发出后,向上穿棘孔入颅腔,分前、后两支,紧贴颅骨内面走行。前支经过颅骨翼点内面,颞骨骨折时易受损伤,引起硬膜外血肿(图 1-9)。

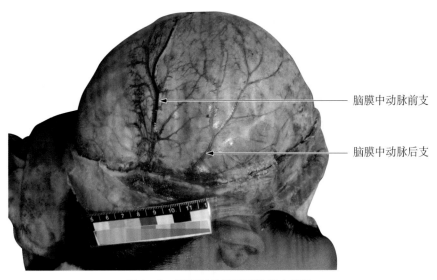

图 1-9 剥离颅骨后示硬脑膜中动脉

二、脑脊液循环

脑蛛网膜薄而透明,在上矢状窦附近形成许多绒毛状凸起,称蛛网膜粒,脑脊液经此渗入硬脑膜窦,回流静脉。蛛网膜与软脑膜之间的间隙称为蛛网膜下腔,内含脑脊液。脑脊液是充满脑室系统、蛛网膜下腔和脊髓中央管内的无色透明液体,功能上相当于外周组织中的淋巴,对中枢神经系统起缓冲、保护、运输代谢产物和调节颅内压等作用。脑脊液主要由脑室脉络丛产生，少量由室管膜上皮和毛细血管产生，最终经蛛网膜粒渗透入上矢状窦（图 1－10）内，回流入血液中。

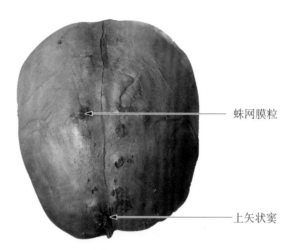

蛛网膜粒

上矢状窦

图 1－10　硬脑膜上面观(示蛛网膜粒及上矢状窦)

　　脑脊液循环途径如下：侧脑室（脉络丛产生）→经过室间孔→第三脑室（脉络丛产生）→经过中脑水管→第四脑室（脉络丛产生）→经过正中孔、外侧孔→蛛网膜下腔→蛛网膜粒→上矢状窦（图 1－11）。

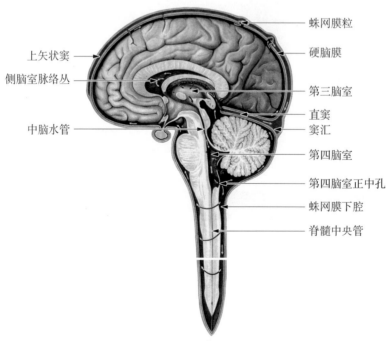

蛛网膜粒
上矢状窦
侧脑室脉络丛
中脑水管
硬脑膜
第三脑室
直窦
窦汇
第四脑室
第四脑室正中孔
蛛网膜下腔
脊髓中央管

图 1－11　脑脊液循环模式图

引自《人体解剖彩色图谱》。

三、软脑膜

软脑膜内有血管,紧贴于脑表面,并深入沟、裂之间,与脑实质不易分离(图1-12)。

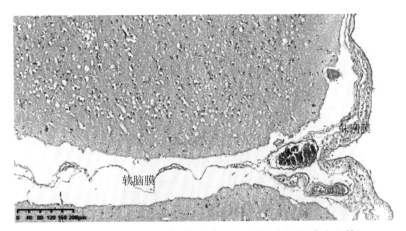

图1-12　正常软脑膜(软脑膜深入至沟、裂之间,内有血管)

取脑时除在枕骨大孔处切断延髓和脊髓连接处、在颅底切断脑神经外,还需切断垂体漏斗部,取出全脑后观察颅底情况,取垂体时需单独对鞍膈拍照后再剥离鞍膈,取出垂体(图1-13)。

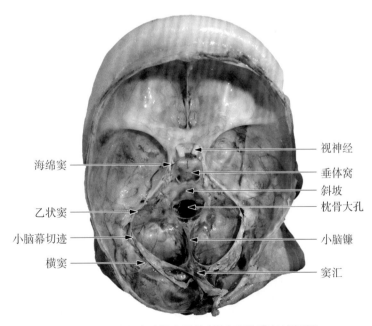

图1-13　取完脑后颅底照片(颅底硬脑膜仍然保留)

四、全脑

全脑以小脑幕为界分割成大脑(端脑)和小脑,以垂体漏斗部切断处分割为间脑和脑干,脑干与小脑以第四脑室分割,间脑和大脑不分割。全脑分为 4 个部分:大脑(图 1-14)、间脑、小脑和脑干,其法医病理解剖检查可分为矢状切面(图 1-15)、水平切面(图 1-16)和冠状切面(图 1-17)观察。大脑和间脑一般可做冠状切,间隔 1.0 cm 做厚切片,也可做矢状切或水平切;小脑一般先原位观察,后沿小脑蚓水平切开,观察齿状核形态;脑干可做水平切,间隔 0.5 cm 做薄切片,观察各个切面有无出血或其他异常。

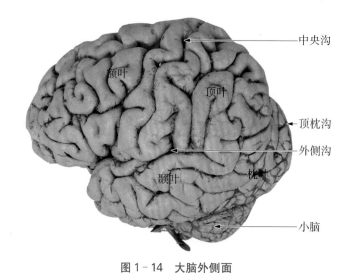

图 1-14　大脑外侧面

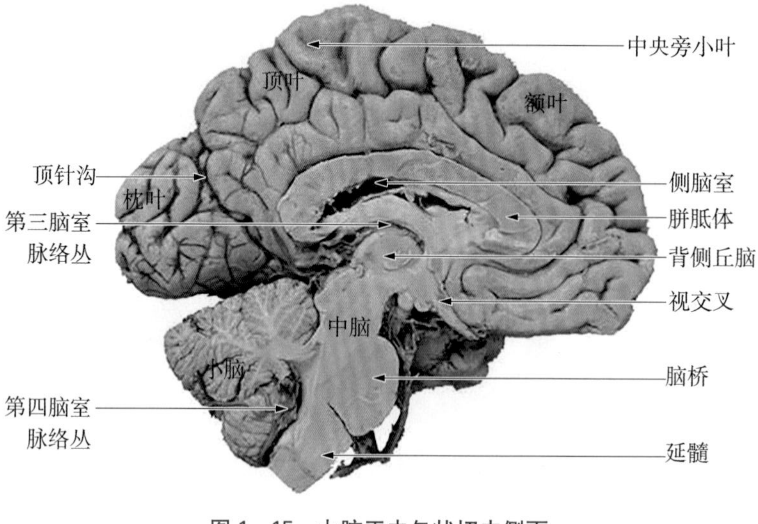

图 1-15　大脑正中矢状切内侧面

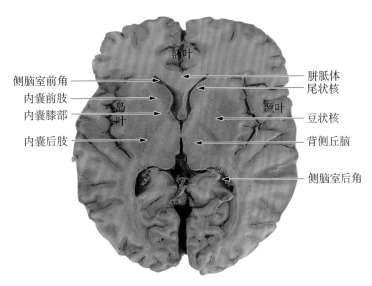

图 1-16 大脑水平切面（经基底核）

侧脑室前角
内囊前肢
内囊膝部
内囊后肢
岛叶
额叶
胼胝体
尾状核
颞叶
豆状核
背侧丘脑
侧脑室后角

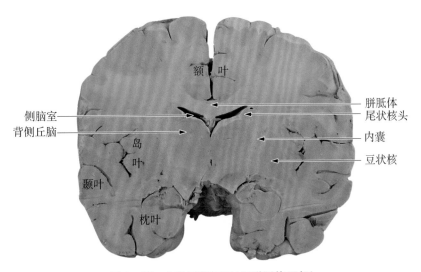

图 1-17 大脑冠状切面（经胼胝体压部）

额 叶
侧脑室
背侧丘脑
岛叶
颞叶
枕叶
胼胝体
尾状核头
内囊
豆状核

1. 大脑和间脑

大脑又称为端脑，是脑的最高级部位，由左右大脑半球借胼胝体连接而成。每侧大脑半球有 3 条恒定的沟（外侧沟、中央沟、顶枕沟），将每侧大脑半球分为 5 叶，分别为额叶、颞叶、顶叶、枕叶和岛叶（图 1-14）。大脑的内部结构包括：①表层的灰质，即大脑皮质；②表层下的白质，即髓质（包括联系同侧半球内各部分皮质纤维的联络纤维，连合左右半球皮质的连合纤维及大脑皮质与皮质下各中枢间的上下行投射纤维）；③蕴藏在白质深部的灰质团块，称为基底核（包括纹状体、屏状核和杏仁体）。大脑的内腔为侧脑室。内囊是最为重要的投射纤维，其缺血坏死会导致"三偏征"（即对侧肢体偏瘫、偏身感觉障碍及双眼对侧视野同向性偏盲）；纹状体是最大的基底核，由豆状核和尾状核组成。大脑皮质的细胞排列除个别区域外，一般可分为 6

层(图1-18):分子层,外颗粒层,外锥体细胞层,内颗粒层,内锥体细胞层,多形细胞层。

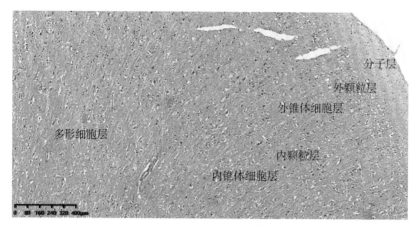

图1-18　大脑6层神经细胞排布(200×)

间脑包括下丘脑、背侧丘脑、后丘脑、上丘脑和底丘脑5个部分,围绕在第三脑室周围。

2. 小脑

小脑是重要的运动调节中枢,其功能主要是维持身体平衡,调节肌张力,协调随意运动和管理编程运动。小脑的上面平坦,下面中部凹陷,由中间的小脑蚓、外侧的小脑半球组成(图1-19)。下蚓为小脑蚓的下部,分为小结、蚓垂、蚓椎体和蚓结节。小脑半球前缘突出的部分为绒球,通过白质绒球脚与小结相连,三者为功能统一体,称绒球小结叶。蚓垂两侧的半球较膨出,称为小脑扁桃体(图1-20),枕骨大孔疝时会在小脑扁桃体处发现压迹。小脑

图1-19　小脑上面观

图1-20　小脑前面观

的内部结构包括表面的皮质（神经细胞排列呈 3 层），以及深部的髓质（包括：①小脑皮质与小脑核之间的往返纤维；②小脑叶片间或小脑各叶之间的联络纤维；③小脑的传入和传出纤维），即小脑上、中、下脚和小脑核（顶核、球状核、栓状核和齿状核，图 1-21）。

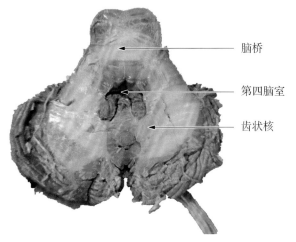

图 1-21　小脑水平切面

小脑皮质在镜下由表及里呈现明显的三层细胞分布：分子层，梨状细胞层（浦肯野细胞层）和颗粒层（表 1-22）。梨状细胞层（具有标志性）由单层的梨状细胞构成，其树突呈扇形深入分子层，扇面方向与小脑叶片长轴垂直，并与平行纤维形成大量的突触联系。

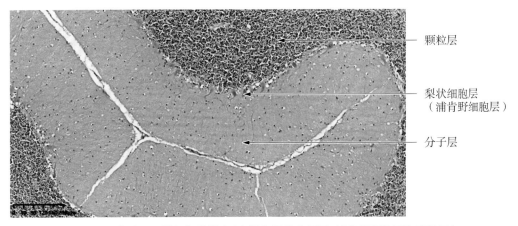

图 1-22　小脑三层神经细胞排布（由浅入深为分子层、浦肯野细胞层和颗粒层）

3. 脑干

脑干位于脊髓和间脑之间，自下而上由延髓、脑桥、中脑三部分组成。脑干位于颅后窝的前部，其中延髓和脑桥的腹侧面邻接枕骨斜坡，背面与小脑相连。脑干的内部结构由灰质、白质和网状结构构成。脑干灰质的核团可分为三类：①脑神经核，与第 3~12 对脑神经（图 1-23、图 1-24）相连，共 18 对；②中继核，上下行纤维束换元的核团；③网状核，位于脑干的网状结构中，其核团彼此之间的分界不甚分明，核团内的细胞也并非紧密聚集。在中脑导水管周围灰质、第四脑室室底灰质和延髓中央灰质的腹外侧，脑干被盖的广大区域内，除了明显的脑神经核、中继核和长行纤维束外，尚有神经纤维纵横交织成网状，其间散在大小不等的神经团块结构，即为脑干网状系统（图 1-25）。

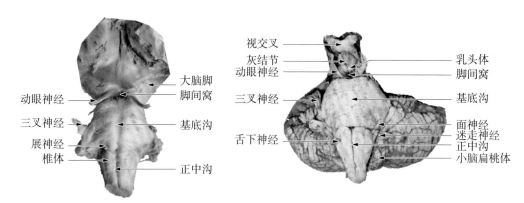

图 1-23 脑干腹侧面

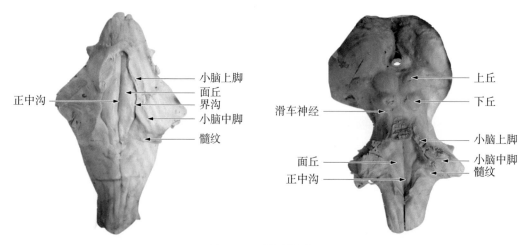

图 1-24 脑干背侧面

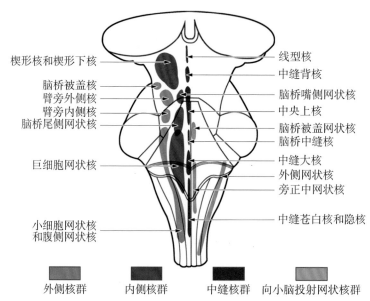

图 1-25 脑干网状主要核团在脑干背面投影示意图

引自《系统解剖学》。

五、脊髓

脊髓(图1-26)上端平枕骨大孔,下端平第一腰椎体,呈类圆柱体,有两个膨大:颈膨在颈5~胸1脊髓节段(平对第4~7颈椎),腰骶膨在腰1~5脊髓节段(平对第10~12胸椎)。

图1-26　离体的硬脊膜(上)、脊髓(下)全貌图片

脊髓不同节段的细胞结构略有不同,前角细胞α运动神经细胞形态较大,具有标志性(图1-27)。

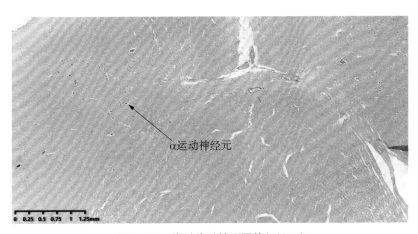

α运动神经元

图1-27　脊髓胸髓镜下图片(200×)

◆ 第四节　脑和脊髓的血管 ◆

一、脑的动脉

脑的动脉由两大动脉系供血:颈内动脉分支分布于大脑半球的前2/3及部分间脑,椎基底动脉系分支分布于大脑半球的后1/3、脑干、小脑、部分间脑和脊髓(图1-28)。

1. 颈内动脉

颈内动脉经颅底颈动脉管入颅,穿海绵窦前行,分支主要包括以下几个方面。

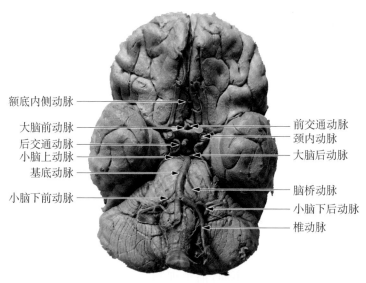

额底内侧动脉 —— 前交通动脉
大脑前动脉 —— 颈内动脉
后交通动脉 —— 大脑后动脉
小脑上动脉 ——
基底动脉 —— 脑桥动脉
小脑下前动脉 —— 小脑下后动脉
—— 椎动脉

图 1-28　脑底动脉环（灌注乳胶后）

（1）大脑前动脉：进入大脑纵裂，沿胼胝体沟走行，两侧大脑前动脉借前交通动脉相连。皮质支分布于顶枕沟以前的大脑半球内侧面、部分额叶底面和额叶、顶叶上外侧面的上部，中央支分布于尾状核、豆状核前部和内囊前肢。

（2）大脑中动脉：行于大脑外侧沟内，皮质支分布于大脑半球外侧面和岛叶，中央支分布于尾状核、豆状核、内囊膝部和后肢。

（3）脉络膜前动脉：经海马沟入侧脑室下角，终止于侧脑室脉络丛。分布于外侧膝状体、内囊后肢的后下部、大脑脚的中 1/3 和苍白球。

2. 椎动脉

椎动脉经枕骨大孔入颅，在脑桥基底沟汇合成基底动脉，其分支包括：脊髓前、后动脉（分布于脊髓），小脑下后动脉，小脑下前动脉，迷路动脉，小脑上后动脉和大脑后动脉。大脑后动脉为基底动脉的终末支，向前借后交通动脉与颈内动脉相连。

3. 大脑动脉环

大脑动脉环由两侧大脑前、后动脉的起始段、两侧颈内动脉的末端和前、后交通动脉相连而成（图 1-28）。在蝶鞍之上，围绕视交叉、灰结节及乳头体。功能意义：颈内动脉与椎动脉之间的沟通，有利于侧支循环的建立。

二、大脑的静脉

1. 大脑的静脉

大脑的静脉不与动脉伴行，分为浅、深两组。浅静脉收纳皮质及皮质下髓质的静脉血，汇入邻近的硬脑膜窦（图 1-29）。深静脉收纳基底核、内囊、间脑、脉络丛等的静脉血，最后汇成一条大脑大静脉，最终注入直窦。

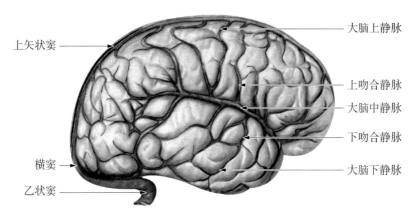

图1-29 大脑静脉模式图

引自《人体解剖彩色图谱》。

2. 桥静脉

桥静脉(图1-30)是连接大脑浅静脉和静脉窦之间的"纽带静脉",一般都是游离的,上矢状窦额顶外侧面及内侧面的引流静脉先是穿破软脑膜、蛛网膜下腔,到达硬膜下,然后游离走行一段,这游离的一段就是桥静脉,由桥静脉进入上矢状窦。这一游离段周围保护组织较少,受外力后容易受损出血,是法医检验中硬脑膜下腔出血常见的来源。

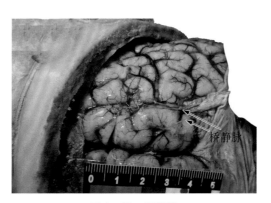

图1-30 桥静脉

● 参考文献 ●

[1] 柏树令,丁文龙.系统解剖学[M].9版.北京:人民卫生出版社,2018.

[2] 丛斌.法医病理学[M].5版.北京:人民卫生出版社,2016.

[3] 朱长庚.神经解剖学[M].2版.北京:人民卫生出版社,2009.

[4] 康健.局部解剖学[M].北京:科学出版社,2010.

[5] 郭光文,王序.人体解剖彩色图谱[M].北京:人民卫生出版社,1996.

(曹珍珍 雷普平)

第二章

神经系统增龄性变化

　　人脑随年龄增加而发生的一系列变化,称为神经系统增龄性变化。人从儿童到成年再到老年,在中枢神经系统中,脑组织形态结构、神经细胞、神经纤维、神经递质、神经系统代谢水平等均可发生增龄性变化,尤为明显的是从成年到老年表现为脑重量减轻、脑萎缩、神经细胞数量减少和树突分支的复杂性降低。了解神经系统增龄性改变,有助于我们正确鉴别正常人脑的形态与病变。

　　衰老是所有生物不可避免的生理进程,随着全世界人口平均寿命的增长和老年人口的增多,与增龄相关的疾病逐年增多。其中,中枢神经系统增龄性改变所带来的疾病也逐渐增多,增龄性神经系统改变是一个不可避免和不可逆转的过程。与年龄相关的阿尔茨海默病(Alzheimer's disease, AD)和帕金森病(Parkinson's disease, PD)等已成为危及人类健康的神经退行性疾病,主要表现为学习能力减退、记忆力下降和认知功能减退等,这严重影响了人们的生活质量,亦给家庭及社会带来了沉重的负担。

　　老年斑出现、脂褐素增加、神经原纤维缠结形成等随年龄增加而发生的一系列人脑增龄性变化具有明显的脑区选择性和个体差异性。脑的增龄性变化从 20 多岁就已开始,到 50～60 岁时表现出较明显的退行性变化,有些个体在 70 岁左右才表现出明显的病理性变化。

◆ 第一节　脑组织形态结构的增龄性变化 ◆

　　从新生儿到成年期,随着年龄的增加,颅腔容积逐渐增加,脑表面积逐渐增加,神经细胞功能和细胞质逐渐丰富,脑室容积逐渐扩大(图 2 - 1A、B、C)。

　　成年期后,随着年龄增加以及各类疾病的累积作用,尤其是创伤、脑缺血缺氧患者和存在神经系统遗传性疾病的患者,神经细胞不可避免地会发生丢失,胶质细胞增生,这类患者主要表现为脑回逐渐变窄,脑沟逐渐加宽、加深(图 2 - 1C、D),脑室体积扩大,这些变化主要发生在大脑皮质的额叶,其次是顶叶和颞叶。新生儿到成年人的大脑及小脑切面增龄性变化情况如图 2 - 2 和 2 - 3 所示。

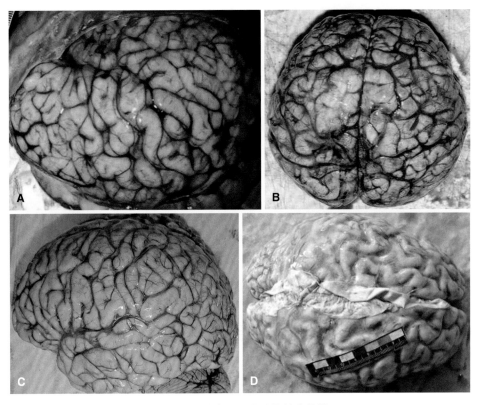

图 2-1　大脑表面形态结构的变化情况

A. 新生儿的脑组织;B. 儿童的脑组织;C. 成年人的脑组织;D. 老年人的脑组织。从 A 到 D,随着年龄的增加,脑回逐渐变窄,脑沟逐渐加宽加深。

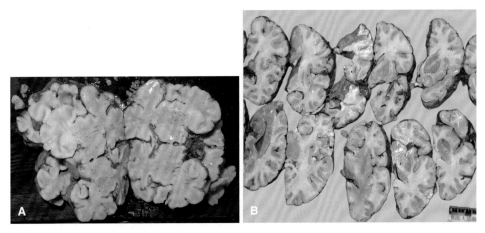

图 2-2　大脑切面形态结构的变化情况

A. 新生儿的脑组织,新生儿大脑皮质层较厚,颜色较浅,脑组织含水量较多;B. 成年人的脑组织,成年大脑组织脑回变窄,脑沟加宽,皮质层颜色较深。

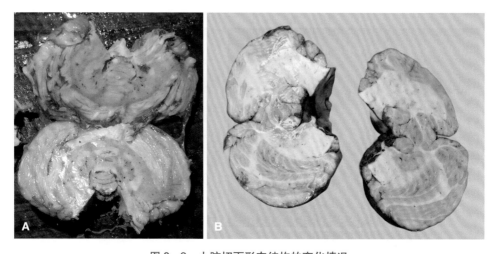

图 2-3　小脑切面形态结构的变化情况

A. 新生儿的小脑组织;B. 成年人的小脑组织。从新生儿到成年,皮质和髓质的比例逐渐增加。

◆ 第二节　神经细胞及神经胶质细胞的增龄性变化 ◆

一、神经细胞的增龄性变化

随着年龄的增加,大脑皮质神经细胞数量逐渐减少(图 2-4),以颞上回、额上回、中央前回以及纹状体最明显,其次为中央后回和颞下回。新生儿时期,小脑皮质由外向内的分子层、浦肯野细胞和颗粒层分层不明显,神经细胞数量较少。成年时期,浦肯野细胞体积增大,细胞质较新生儿期更丰富,颗粒层细胞数量明显增多(图 2-5)。此外,海马神经细胞、基底核的胆碱能神经细胞和黑质及蓝斑区域的神经细胞数量也明显下降。

神经细胞树突分支上的棘状突起(即树突棘)是神经细胞之间形成突触的主要部位。突触可塑性和神经细胞之间突触连接强度的变化是海马依赖性空间和情景学习、记忆的基础。树突棘形态的细微改变即可对神经细胞回路的连接模式和随后的认知行为产生明显影响。随着年龄增长,脑皮质额叶前部、颞上回、顶叶后部以及海马、齿状核等处的神经细胞树突表面逐渐受损,树突棘密度随年龄增加而降低。神经细胞内部开始积累脂褐素颗粒,形成神经原纤维缠结,神经细胞中神经原纤维缠结的程度与阿尔茨海默病患者的认知功能障碍程度有关。有些神经细胞如海马的锥体细胞内部常出现颗粒空泡变性。

神经系统淀粉样小体是随着年龄的增长,星形胶质细胞突起聚集,形成在 HE 染色中呈圆形、向心性层状排列的嗜碱性小体。β-淀粉样蛋白沉积形成的老年斑和 Tau 蛋白过度磷酸化引起的神经原纤维缠结是阿尔茨海默病患者的主要病理特征。

脑干是脊髓向上延伸的部分,其下端与脊髓相连,上端与大脑相接。脑干自下而上分为延髓、脑桥和中脑。脑干包括白质区和灰质区,白质区由上、下行的传导束,以及脑干各部位发出

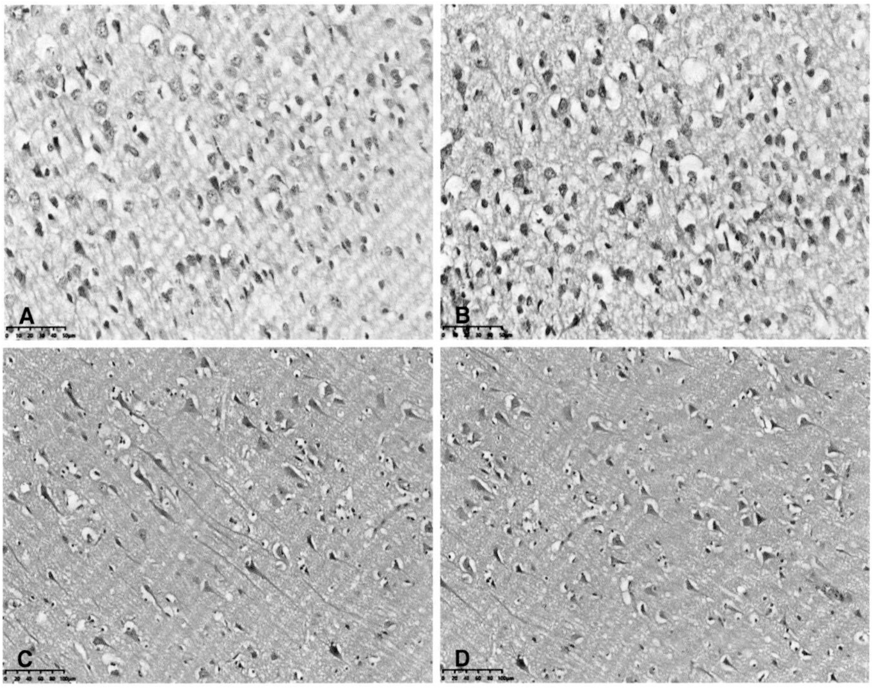

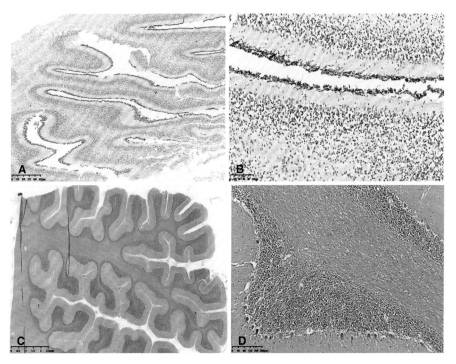

图 2-4 大脑皮质神经细胞的变化情况

A、B. 新生儿的皮质，皮质神经细胞数量较多；C、D. 成年人的皮质，神经细胞数量有所减少。

图 2-5 小脑的形态变化情况

A. 新生儿小脑，小脑皮质由外向内的分子层、浦肯野细胞和颗粒层分层不明显；B. 新生儿小脑颗粒层细胞胞质较少，体积较小，细胞密度较大；C. 成年人小脑，小脑皮质由外向内依次分为分子层、浦肯野细胞和颗粒层；D. 成年人小脑浦肯野细胞体积增大，细胞质较新生儿期更丰富，颗粒层细胞胞质丰富，体积偏大，细胞密度较小。

的神经纤维构成。灰质区内有大小不等的灰质块,叫"神经核"。从儿童到成年人,脑干内神经细胞数量逐渐减少,突起逐渐变短,神经纤维逐渐增多,神经核团逐渐成熟(图2-6)。

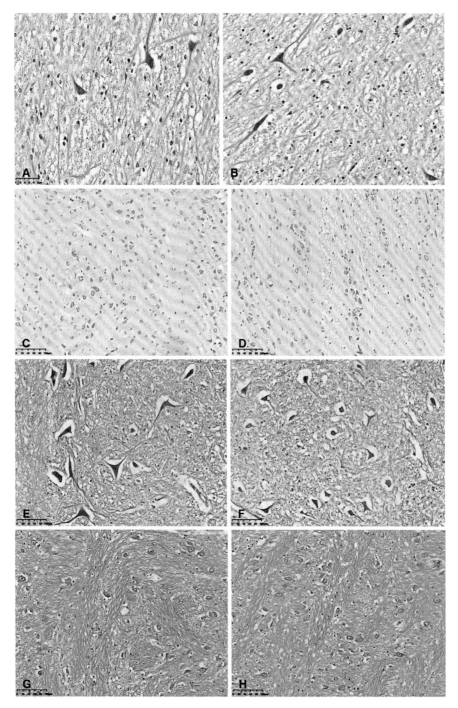

图2-6 脑干神经细胞的增龄性变化

A~D.新生儿脑干组织;E~H.成年人脑干组织,随着年龄的增加,脑干主要表现为神经纤维逐渐增多,神经细胞数量有所减少,神经细胞体积逐渐增大,细胞质更加丰富。

二、星形胶质细胞的增龄性变化

星形胶质细胞是中枢神经系统最丰富的神经胶质细胞类型。星形胶质细胞可通过直接作用于神经细胞或通过调节代谢及改变神经营养因子的方式在增龄性认知功能减退中发挥作用。星形胶质细胞在代谢支持、突触组装和调节、血脑屏障完整性维持、神经细胞活动调节和髓鞘形成中具有重要作用。星形胶质细胞的形态及其基因表达呈年龄依赖性变化,其标记物胶质纤维酸性蛋白(glial fibrillary acidic protein, GFAP)呈现年龄依赖性的进行性增加(图 2-7);65 岁以上老年人海马中的 GFAP 水平也较年轻人明显增加。在衰老的星形胶质细胞中,胆固醇代谢失调,胶质细胞源性神经营养因子、脑源性神经营养因子、S100 钙结合蛋白 B、转化生长因子-β 等神经营养因子呈现年龄依赖性降低。

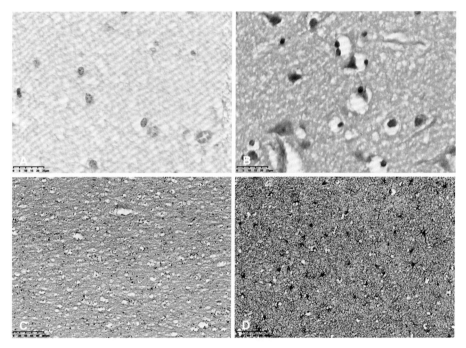

图 2-7　星形胶质细胞的增龄性变化

A、B. HE 染色;C、D. 免疫组化染色,选择 GFAP 作为星形胶质细胞标记蛋白。A、C 为儿童的脑组织,B、D 为成年人的脑组织。棕色代表星形胶质细胞。随着年龄的增长,星形胶质细胞数量逐渐增加,细胞体积变大、染色较深。

三、少突胶质细胞的增龄性变化

在成人大脑中,髓鞘形成是学习的重要步骤,髓鞘来自新生成的少突胶质细胞。少突胶质细胞为终末分化的神经细胞,不能发生自我增殖,新生的少突胶质细胞由少突胶质细胞前体细胞衍生而来。随着年龄的增加,少突胶质细胞的更新、数量的维持及髓鞘的形成均呈增龄性下降。

四、小胶质细胞的增龄性变化

小胶质细胞占脑实质细胞总数的 12％，占胶质细胞总数的 20％，整个脑组织区均可见小胶质细胞的分布。小胶质细胞经长期的老化或者过度激活而出现变性，随着时间的推移，激活的小胶质细胞可逐渐增多，同时发生级联炎症反应，从而出现神经退行性变的表现。帕金森病患者黑质部位存在大量异常激活的小胶质细胞，多数分布于多巴胺能神经细胞周围，在帕金森病患者早期小胶质细胞即已经开始激活并持续整个发病过程。离子钙结合衔接分子 1（ionized calcium binding adapter molecule 1, IBA1）是小胶质细胞和巨噬细胞特异性的钙结合蛋白，参与激活的小胶质细胞的细胞膜皱褶形成和吞噬作用。IBA1 是小胶质细胞的标志物，在小胶质细胞活化或激活过程中 IBA1 的表达水平升高。

随着年龄的增长，小胶质细胞数量逐渐增加，细胞突起逐渐变短、变粗，胞体变大，变成近圆形或阿米巴状，染色较深（图 2-8）。

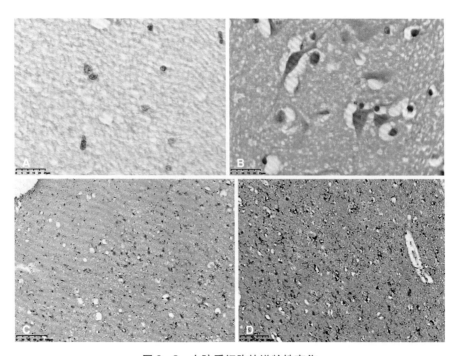

图 2-8 小胶质细胞的增龄性变化

A、B. HE 染色；C、D. 免疫组化染色，选择 IBA1 作为小胶质细胞标志蛋白。A、C 为儿童的脑组织，B、D 为成年人的脑组织。棕色代表小胶质细胞。随着年龄的增长，小胶质细胞数量逐渐增加，细胞突起逐渐变短、变粗，胞体变大，变成近圆形，染色较深。

◆ 第三节　神经系统脑动脉变化 ◆

随着年龄的增加，脑底动脉血管壁可发生粥样硬化和钙化，呈黄色样变，血管壁变硬

（图2-9A～D），血管腔狭窄，脑供血不足，从而引起神经系统疾病如脑梗死等。在中国，33%～50%的脑卒中、短暂性脑缺血发作存在症状性颅内动脉粥样硬化性狭窄（图2-9E～F）。应当注意，脑动脉血管的粥样硬化除与年龄有关外，还与高血压、高血脂、糖尿病、遗传等因素有关。

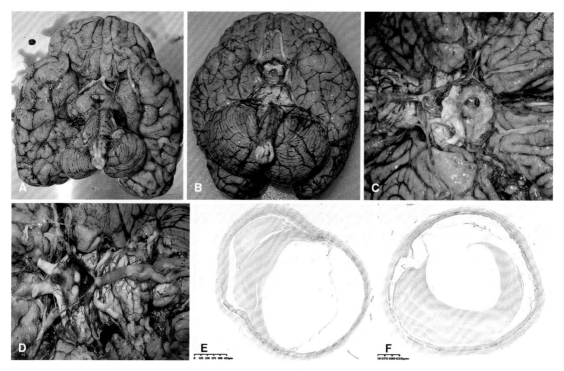

图2-9　脑底动脉的增龄性变化

A. 儿童的脑组织；B. 青年（20岁）的脑组织；C. 中年（40岁）的脑组织；D. 老年人（65岁）的脑组织，从图A到图D显示，随着年龄的增加，脑底动脉血管可发生粥样硬化改变，粥样硬化病变累及的血管逐渐增多，呈黄色样变，质地较硬；E、F. 为显微镜下脑底血管粥样硬化改变，管腔狭窄。

参考文献

［1］幸奠霞，吕洋. 增龄性神经系统改变对认知功能减退的作用机制研究进展［J］. 重庆医科大学学报，2021，46（11）：1399-1404.

［2］Boros B D, Greathouse K M, Gearing M, et al. Dendritic spine remodeling accompanies Alzheimer's disease pathology and genetic susceptibility in cognitively normal aging［J］. Neurobiol Aging, 2019, 73:92-103.

［3］McGeer P L, Itagaki S, Boyes B E, et al. Reactive microglia are positive for HLA-DR in the substantia nigra of Parkinson's and Alzheimer's disease brains［J］. Neurology, 1988, 38(8):1285-1291.

［4］Michell-Robinson M A, Touil H, Healy L M, et al. Roles of microglia in brain development, tissue maintenance and repair［J］. Brain, 2015, 138(Pt 5):1138-1159.

（杨根梦　曾晓锋）

第三章

尸 体 现 象

人在死亡之后,因物理、化学和生物学等各种内外因素的作用,在尸体上发生的各种变化称为死后变化(postmortem change);这些变化使尸体表面和内部器官组织呈现与活体不同的征象,故又称尸体现象(postmortem phenomenon)。

大部分死后变化是尸体随着死后时间的延长而自发形成的,但也有一些死后变化由外界因素所致,如由某些人为因素所致的尸体现象称为人为现象(postmortem artefact)。此外,还有动物、昆虫和自然环境因素也可对尸体造成一定的毁坏。

根据死后变化发生的时间,可将其分为早期死后变化和晚期死后变化。早期死后变化(early postmortem change)是指人死后24小时以内发生的变化;24小时以后发生的变化称为晚期死后变化(late postmortem change)。

法医神经病理方面涉及的尸体现象主要有超生反应、皮革样化、尸斑、内部器官血液坠积、自溶、腐败、霉尸、干尸(木乃伊)、浸软、白骨化和动物对尸体的破坏。在鉴定实践中,皮革样化、内部器官血液坠积和动物对尸体的破坏等容易与损伤相混淆,可造成误鉴或漏鉴。

◆ 第一节　早期死后变化 ◆

一、超生反应

生物个体死亡后,其器官、组织和细胞在短时间内仍保持某些活动功能或对外界刺激发生一定反应的能力称为超生反应(supravital reaction)。人死亡后,神经细胞可发生超生反应,超生反应可加速神经系统的缺血缺氧性改变(图 3-1)。

二、皮革样化

尸表皮肤较薄的局部区域因水分迅速蒸发,干燥变硬,而呈蜡黄色、黄褐色或深褐色的羊皮纸样变化称为皮革样化(parchment-like transformation),也称局部干燥(local desiccation)。新生儿口唇部易发生皮革样化,冰冻尸体的鼻尖、耳部易发生皮革样化,未闭的眼球易发生巩膜黑斑,这些均属于局部水分丢失,局部干燥(图 3-2)。

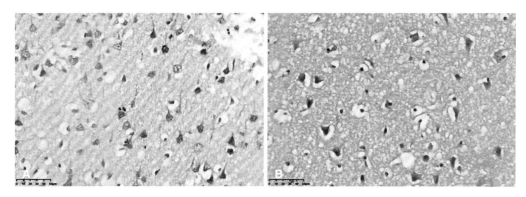

图 3-1 神经细胞缺血、缺氧性改变

A. 新生儿的脑组织;B. 成年人的脑组织。神经细胞胞体缩小,呈深伊红色,核固缩,细胞周围间隙增宽。

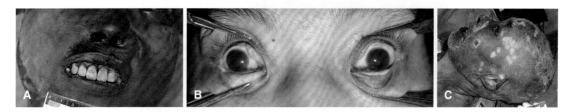

图 3-2 皮革样化

A. 口唇部皮革样化;B. 巩膜黑斑;C. 被鉴定人冰冻 1 年半后进行尸检,尸体头面部皮肤干燥,呈皮革样化,色黑发硬。

三、尸斑

尸体血液因重力而坠积于低下部位未受压迫的血管,并在该处皮肤呈现有色斑片,称为尸斑(lividity),如图 3-3 所示。尸斑的颜色主要取决于血红蛋白及其衍生物的颜色。

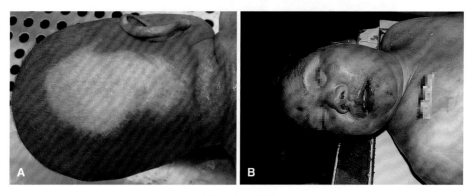

图 3-3 尸斑

A. 尸斑呈紫红色,分布于头部未受压处(右枕部头皮苍白区为受压部位);B. 一氧化碳中毒死亡者尸斑呈樱桃红色。

人死后血中氧合血红蛋白转变成还原血红蛋白,而呈暗红色,透过皮肤呈暗紫红色。此外,尸斑的颜色还受种族、死因、死亡时间和环境温度等多种因素的影响。如尸体经历的时间越长,坠积的血液越多,其颜色越深。

四、内部器官血液坠积

人死后,内部器官的血液因自身重力而坠积于器官低下部位的血管内,称为内部器官血液坠积(visceral hypostasis)。头部血液坠积如图3-4所示。仰卧位的尸体枕部头皮下因血液坠积可导致血液积聚,开颅时可见上矢状窦和横窦内充满血液或凝血块,易被误认为是钝器伤所致出血。大脑枕叶、顶叶后部、小脑等处软脑膜血管的血液坠积明显,也易被误认为是蛛网膜下腔出血。

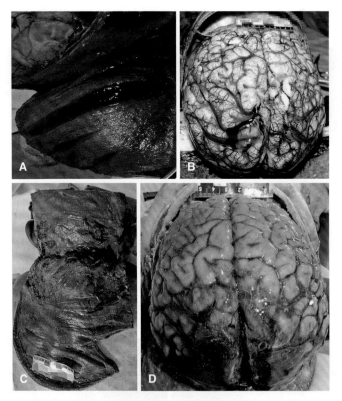

图3-4 头部血液坠积

A. 头皮下血液坠积,右枕部头皮下疑似出血;B. 蛛网膜下腔因血液坠积致顶枕部血管扩张淤血;C. 图A放置数小时后,枕部坠积的血液完全消失,有别于头皮下出血;D. 双侧顶枕部因血液坠积致血管扩张淤血,且周围蛛网膜下腔少量血红蛋白浸染,外观与蛛网膜下腔出血较难鉴别,应取出大脑后放置一段时间,如果红色明显变浅甚至消失,则为死后血液坠积。

五、自溶

人死后,组织、细胞因受细胞自身固有的各种酶的作用而发生结构破坏、溶解,组织变软甚至液化,这种现象称为自溶(autolysis)。

　　脑组织自溶的表现有大脑神经细胞和胶质细胞肿胀、核固缩、溶解,尼氏体崩解、消失,直至脑发生软化和液化(图3-5)。小脑皮质浦肯野细胞和颗粒细胞自溶较早,尤其是脑死亡和呼吸机脑时,其软化及液化发生更早、更明显。脑干的中脑、脑桥和延髓组织的自溶与大脑组织类似。

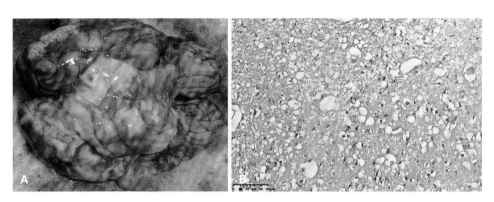

图3-5　脑自溶

A.大脑组织自溶改变,呈稀豆花状;B.镜下脑组织自溶改变,脑组织结构破坏,神经细胞形态结构不清楚。

◆ 第二节　晚期死后变化 ◆

　　蛋白质因腐败细菌的作用而逐渐分解和消失的过程称为腐败(putrefaction)。

一、尸绿

　　腐败气体中的硫化氢与血红蛋白生成硫化血红蛋白,透过皮肤呈绿色,称为尸绿(greenish discoloration on cadaver),如图3-6所示。

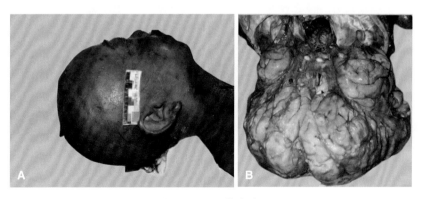

图3-6　尸体腐败

A.头面部腐败,尸绿形成;B.脑组织腐败液化,表面呈浅绿色(尸绿)改变。

二、腐败静脉网

尸体内部器官及血管中的血液受腐败气体的压迫，流向体表，使皮下静脉扩张，充满腐败血液，在体表呈现暗红色或污绿色树枝状血管网，称为腐败静脉网（putrefactive network），如图 3－7 所示。

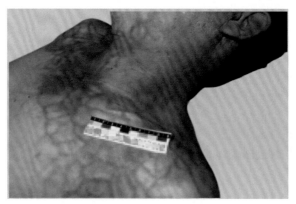

图 3－7　腐败静脉网

面部、颈部和胸部见腐败静脉网形成。

三、巨人观

尸体腐败扩展到全身时，尸体软组织内充满腐败气体，使整个尸体膨胀，体积变大，面目全非，称为巨人观（bloated cadaver），如图 3－8 所示。

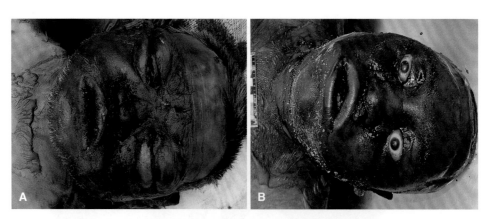

图 3－8　巨人观

A. 颜面部肿胀明显，颜色呈黑绿色，颈部有腐败水泡形成；B. 巨人观改变，面部肿胀、眼球突出、嘴唇外翻，面目全非。

四、泡沫器官

因腐败气体，器官形成大小不等的海绵样空泡，称为泡沫器官（foaming organ），如图 3-9 所示。

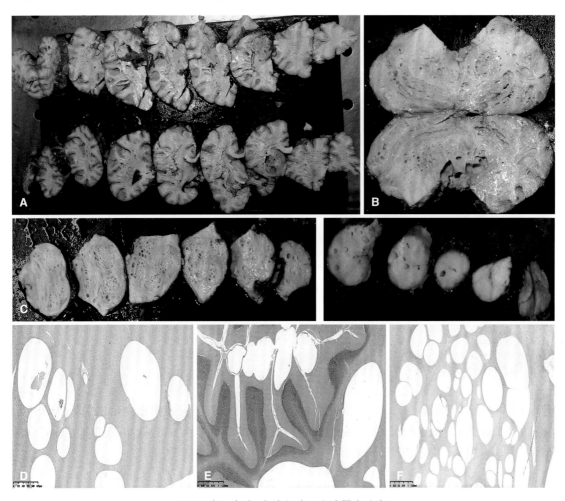

图 3-9　大脑、小脑和脑干泡沫器官改变

A、D. 大脑切面可见大量自溶性空泡；B、E. 小脑切面可见大量细小空泡形成；C、F. 脑干切面可见大小不等的空泡形成。

五、脑组织腐败的形态学变化

随死后经历时间延长，脑组织原有结构消失，逐渐变为稀泥样（图 3-10）。

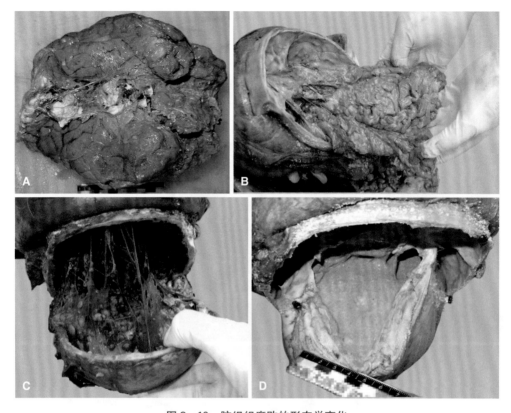

图 3 - 10　脑组织腐败的形态学变化

A～D. 大脑组织不同程度的腐败,随死后经历时间延长,脑组织原有结构消失,逐渐变为稀泥样。

六、霉尸和白骨化

尸体处于适宜真菌生长的环境条件下,在裸露的局部或全身表面滋生出白色或灰绿色霉斑或霉丝,称为霉尸(molded cadaver),如图 3 - 11A、B 所示。尸体的软组织经腐败后完全溶解消失,毛发脱落,最后仅剩下骨骼,称为白骨化,如图 3 - 11C、D 所示。

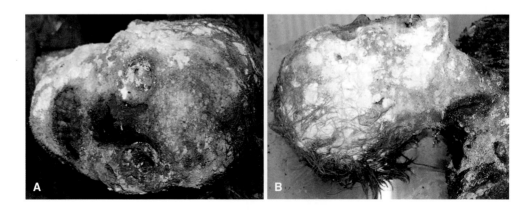

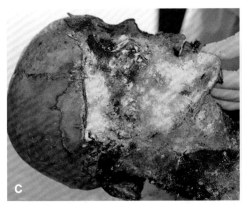
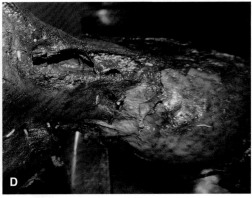

图 3-11　霉尸和白骨化改变

　　A~C.颜面部可见大量灰白色霉菌生长,部分头发脱落,头颅骨暴露;D.头项部腐败,可见蛆虫附着于腐败部位,且部分颈部组织缺失,枕部头发缺失,枕颅暴露。

七、干尸(木乃伊)

　　尸体处在干热或通风条件良好的环境中,水分迅速蒸发而不发生腐败,以干枯状态保存下来,称为干尸或木乃伊(mummy),如图 3-12 所示。干尸的外形干瘪,体积缩小,体重明显减轻。皮肤和软组织干燥、皱缩、变硬,呈灰色、浅棕色或暗褐色。内脏器官也干燥、变硬,包膜皱缩,体积缩小。

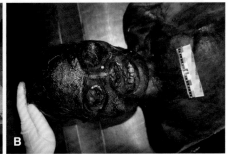

图 3-12　干尸

　　夏季死者被人发现死于鱼塘旁的房子里,死者常年在此独自居住。A.死者全身概貌照;B.尸体头面部皮肤和软组织干燥、皱缩、变硬,呈黑褐色。

◆ 第三节　动物或环境因素对尸体的毁坏 ◆

　　哺乳类、两栖类、爬行类、鸟类和水族动物等均可对尸体造成不同程度的毁坏。常见的有鼠、犬、鹰、乌鸦、鱼类等对尸体的毁坏(图 3-13、图 3-14)。水中尸体可因与石头、水坝、河床等撞击形成死后损伤,鉴定时应考虑当地是否有水葬的习俗(图3-15)。

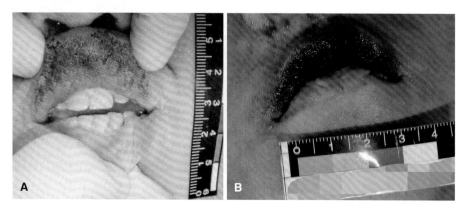

图3-13 溺死后鱼虾啃咬

A.上唇黏膜不规则浅表缺损,无明显肿胀、出血;B.与图A为同一尸体,冷藏尸体后皮革样化致使其颜色加深,似出血,容易与生前伤混淆。

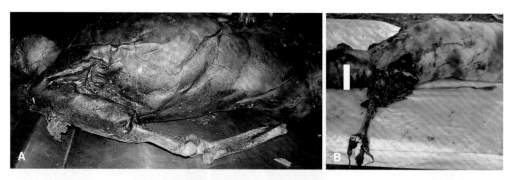

图3-14 死后动物啃咬伤

A.右上臂中段至右前臂死后被动物啃咬,肌肉软组织及皮肤缺失;B.猪啃咬,右手及右前臂缺失,右上臂、右肩及部分胸壁软组织被啃咬掉。

图3-15 死后头皮损伤

额头见不规则挫裂创,创缘不整齐,创周可见挫伤带,未见出血及组织肿胀等生活反应,系尸体在水中流动撞击水中石头所致。

死后人为现象。人死后,由于某些人为因素的作用,导致在尸体上发生某些改变或征象,称为死后人为现象。在藏区进行鉴定时,应考虑当地是否有天葬的习俗,导致人为毁损尸体的现象。死后切颈和分尸如图3-16、图3-17所示。

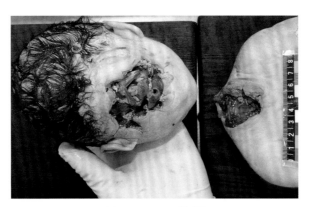

图3-16　死后切颈

新生儿死后,被锐器切颈,颈部与头面部完全离断。创缘整齐,切颈工具为刃口较短锐器(修眉刀),创口无出血,创周组织无肿胀。

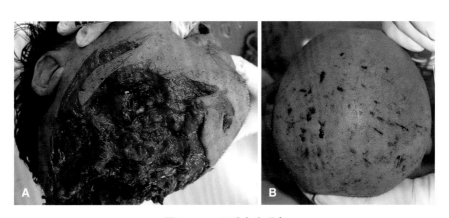

图3-17　死后人为现象

A.吸毒死亡后被分尸,于第四颈椎处完全离断,创缘整齐,创口无出血,创周组织无肿胀;B.死后剃头所致头皮大量浅表、整齐、较短划痕,部分划痕处出血。

病理组织学制片过程中的人为现象。在病理组织学制片过程中,冲水、脱水、透明、浸蜡、包埋、切片、脱蜡、染色和封片等操作不当均可造成一系列人为现象(图3-18)。

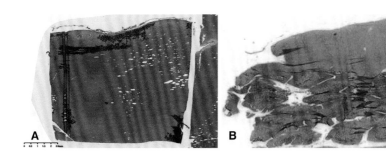

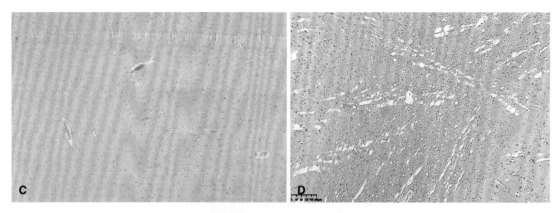

图3-18 制片过程中常见的人为现象

　　A. 切片不当造成组织撕裂、灶片状组织缺失，条块状未着色；B. 摊片未完全展开导致组织皱褶和重叠；C. 因切片刀刃口不整齐或有切损，导致大脑组织横行拖刀痕（上半部分横行划痕）；D. 脑组织中可见大量冰晶样形态结构（大量走行相对一致的空腔），为组织未完全解冻即投入固定液中或温度骤升、骤降所致。

参考文献

丛斌.法医病理学[M].5版.北京：人民卫生出版社，2016.

（杨根梦　瞿勇强）

第四章

神经病理学反应性改变

神经系统是机体内起主导作用的功能调节系统，与机体各器官关系密切。神经系统病变可导致相应支配部位功能障碍和病变，在法医学实践过程中，能够准确识别其损伤后或自然性疾病(尤其是中枢神经系统)的病理学改变在判定死亡原因、成伤机制、损伤时间等方面具有重要意义。本章重点阐述神经系统病理学反应性改变，以期为后续的学习奠定基础。

◆ 第一节　神经细胞及其神经纤维 ◆

神经细胞也称神经元，是中枢神经系统的基本结构和功能单位，分为胞体、树突和轴突三部分，对缺氧、感染和中毒等极为敏感。

一、神经细胞反应性改变

1. 急性肿胀

细胞水肿是细胞损伤中最早出现的改变。神经细胞急性肿胀常表现为细胞质透亮，尼氏体溶解消失，核偏位(图4-1)。

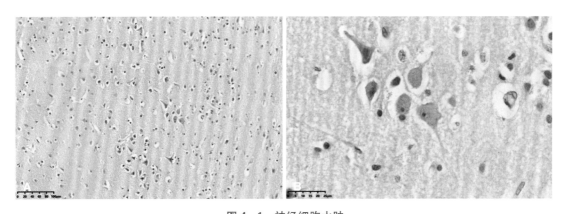

图4-1　神经细胞水肿

A. HE染色，×200；B. HE染色，×800。

2. 急性坏死

神经细胞损伤后,尤其是缺血缺氧、感染和中毒等,神经细胞会发生缺血性变(嗜伊红变性),又称红色神经元(图4-2)。主要表现为神经细胞皱缩、细胞核固缩、核仁不见、尼氏体溶解,HE 染色细胞质呈深红色。病变进一步发展,细胞核溶解、消失,仅存神经细胞轮廓或痕迹者为鬼影细胞(图4-3),是神经细胞凝固性坏死的表现。

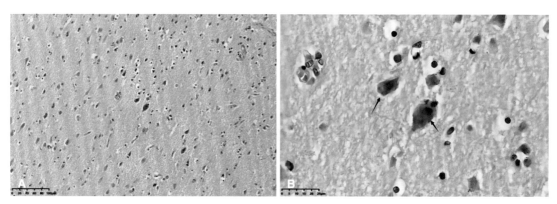

图4-2　红色神经元(↑)

A. HE 染色,×200;B. HE 染色,×800。

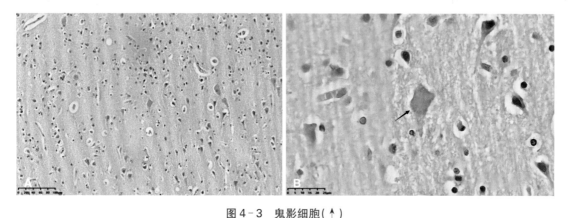

图4-3　鬼影细胞(↑)

A. HE 染色,×200;B. HE 染色,×800。

3. 单纯性神经细胞萎缩

单纯性神经细胞萎缩是神经细胞慢性渐进性变性以至死亡的过程,多见于缓慢进展、病程较长的变性疾病。特征性表现为神经细胞萎缩、体积变小、细胞核结构不清,细胞质内尼氏体溶解(图4-4)。

4. 神经细胞丢失

神经细胞受损后发生坏死、崩解、消失,导致神经细胞的数量减少(图4-5、图4-6)。神经系统的急、慢性病变都可以造成神经细胞的丢失。

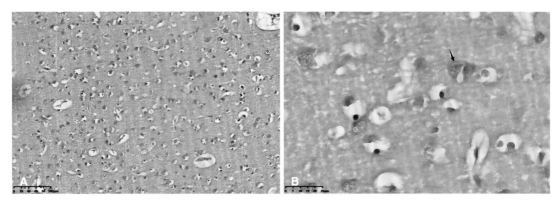

图4-4 神经细胞萎缩(↑)

A. HE 染色,×200;B. HE 染色,×800。

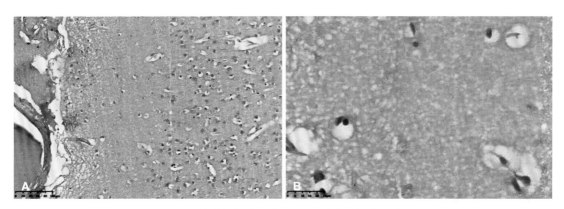

图4-5 神经细胞丢失(取材于脑出血周边区域)

A. 图片左侧较右侧神经细胞数量显著减少(HE 染色,×200);B. 局部放大图(HE 染色,×800)。

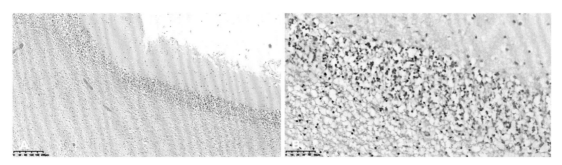

图4-6 小脑萎缩,浦肯野细胞变性、数量减少

A. HE 染色,×100;B. HE 染色,×400。

5. 细胞内出现异常结构

（1）包涵体形成。当某些病毒感染和患有变性疾病时,神经细胞细胞质或细胞核内可见包涵体形成。如狂犬病毒包涵体,是一些边缘清楚、大小不一的嗜酸性球形小体（内氏小体）。

（2）神经细胞纤维变性。多见于阿尔茨海默病和相关疾病中。在嗜银染色的病态神经细胞细胞质中,神经细胞纤维变性、增粗、黏合和缠结,类似的改变还可见于肿胀的轴索和树突中。

二、神经纤维

1. 轴突损伤

轴突损伤后，神经细胞在出现尼氏体溶解的同时，轴突出现肿胀和轴突运输障碍。轴突肿胀呈红染球状，称为轴突小体。

2. 轴突反应

轴突反应或 Waller 变性，是指神经轴索受各种外力作用导致断裂后，远端和部分近端的轴索由于得不到胞体的营养支持，发生变性、解体，残骸由施万细胞和巨噬细胞吞噬清除。

3. 脱髓鞘

脱髓鞘是指施万细胞变性或髓鞘损伤导致髓鞘板层分离、肿胀、断裂，并崩解成脂滴，进而完全脱失。随着病情发作，轴索可出现继发性损伤。

◆ 第二节　神经胶质细胞 ◆

神经胶质细胞包括星形胶质细胞、少突胶质细胞、小胶质细胞和室管膜细胞。

一、星形胶质细胞

星形胶质细胞广泛分布在中枢神经系统的灰质和白质中，任何损伤均可引起星形胶质细胞的反应。

1. 急性肿胀

神经系统受损后，星形胶质细胞的细胞核明显增大，染色质疏松淡染（图 4-7）。当损伤因子持续存在，肿胀的星形胶质细胞可逐渐皱缩、死亡。

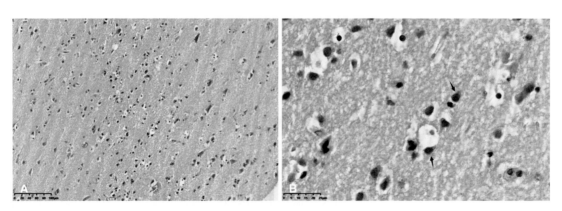

图 4-7　星形胶质细胞肥大

星形胶质细胞体积增大，核偏位，细胞质呈伊红色（↑）。A. HE 染色，×200；B. HE 染色，×800。

2. 反应性胶质化

反应性胶质化为神经系统损伤后的修复反应,表现为星形胶质细胞的增生和肥大(图4-8),形成大量胶质纤维(图4-9),最后成为胶质瘢痕。

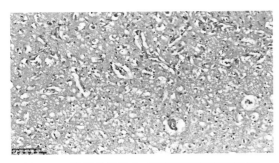

图4-8　陈旧性脑软化,周围星形胶质细胞增生
(HE染色,×200)

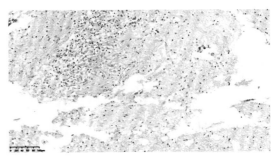

图4-9　局部大脑组织溶解坏死,神经胶质纤维增生
(HE染色,×200)

3. 淀粉样小体

淀粉样小体是指老年人的星形胶质细胞突起聚集,在HE染色中呈圆形、向心性层状排列的嗜碱性小体(图4-10)。多见于星形胶质细胞突起丰富的区域(软脑膜下、室管膜下及血管周围)。

图4-10　淀粉样小体(箭头所示,HE染色,×200)

4. 罗森塔尔纤维

罗森塔尔纤维是在星形胶质细胞胞质和突起中形成的一种均质性、毛玻璃样嗜酸性小体,呈圆形、长形和棒状。常见于一些缓慢生长的肿瘤和慢性非肿瘤性疾病中的胶质纤维增生区。

二、少突胶质细胞

少突胶质细胞分布在脑、脊髓的白质和灰质中,参与形成中枢神经纤维的髓鞘和神经纤维损伤后髓鞘的再生。在灰质中1~2个少突胶质细胞分布于单个神经细胞周围。如果一个神经细胞由5个或5个以上少突胶质细胞围绕,则称为卫星现象(图4-11)。一些慢性疾病病例中神经细胞萎缩,卫星现象增多。

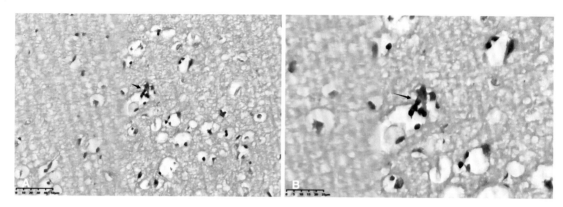

图 4 - 11　卫星现象(↑)

A. HE 染色,×400;B. HE 染色,×800。

三、小胶质细胞

小胶质细胞分布在脑、脊髓的白质和灰质中,数量远比其他胶质细胞要少,多位于胶质界膜以内、血管附近以及神经细胞胞体的周围。

1. 噬神经细胞现象

噬神经细胞现象(图 4 - 12)是指坏死的神经细胞被增生的小胶质细胞吞噬,该现象为小胶质细胞对坏死神经细胞的一种反应。

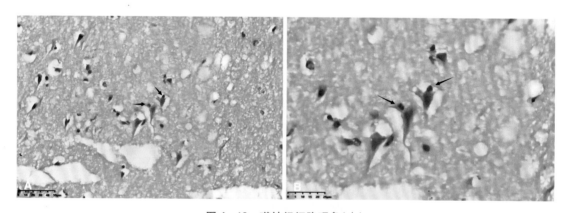

图 4 - 12　噬神经细胞现象(↑)

A. HE 染色,×400;B. HE 染色,×800。

2. 小胶质细胞结节

中枢神经系统感染时,小胶质细胞呈弥漫性(图 4 - 13)或局灶性增生,后者聚集成团,形成小胶质结节(图 4 - 14)。

3. 格子细胞

小胶质细胞可以转化成巨噬细胞,见于急性大面积破坏的病灶中,此时,小胶质细胞肿胀、吞噬碎屑,由于细胞质内充满类脂,HE 染色呈泡沫状,称格子细胞或泡沫细胞(图 4 - 15)。

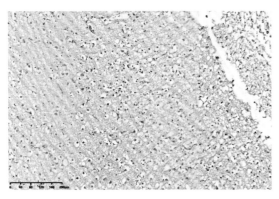 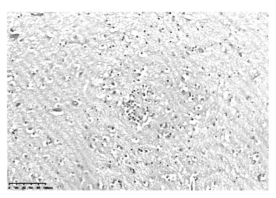

图 4‑13　小胶质细胞弥漫性增生，取材于脑组织坏死区周边(HE 染色，×200)

图 4‑14　小胶质细胞局灶性增生，形成小胶质结节(HE 染色，×200)

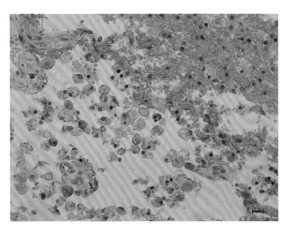

图 4‑15　格子细胞(图片中、下部，HE 染色，×400)

四、室管膜细胞

室管膜细胞覆盖于脑室系统内面。各种致病因素均可引起局部室管膜细胞丢失，由室管膜下的星形胶质细胞增生，填充缺损，形成众多向脑室面突起的细小颗粒，称为颗粒性室管膜炎。在先天性中脑导水管闭锁的病例中，可以形成室管膜细胞巢，还可见小的菊形团结构。当脑室角部分闭合时，在脑室壁的边缘可出现室管膜菊形团。此外，室管膜同样可以失去分化，衍生成各种分化程度不良和不同类型的室管膜瘤细胞。

◆ 第三节　脑　脊　膜 ◆

脑和脊髓的表面覆有三层由结缔组织构成的被膜，即硬膜、蛛网膜和软膜。

一、蛛网膜

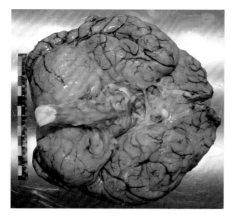

图 4-16　弥漫性化脓性脑膜炎

蛛网膜下腔见大量脓液。

蛛网膜内、外面及小梁的表面都覆有一层扁平的内皮。内皮细胞具有吞噬功能,可脱落形成游走的巨噬细胞。因此,蛛网膜内皮细胞的反应性改变主要为炎症细胞反应(图 4-16、图 4-17),以及炎症性或出血性病变引起的脑膜纤维化、钙化或骨化(图 4-18),有时还可见蛛网膜细胞的增殖反应。

蛛网膜囊肿(图 4-19)根据病因不同可以分为先天性和继发性(外伤性及感染后)两大类。一般由先天性发育异常引起,系良性脑囊肿病变,常位于脑表面、脑裂及脑池部,不累及脑实质。

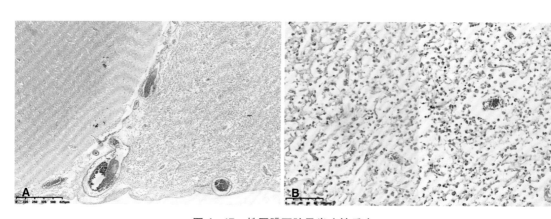

图 4-17　蛛网膜下腔见炎症性反应

HE 染色,蛛网膜下腔见大量炎症细胞、巨噬细胞、纤维渗出及新生毛细血管。A. ×40;B. ×200。

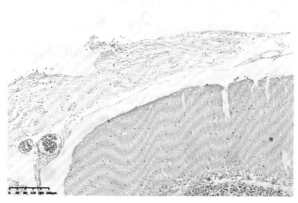

图 4-18　蛛网膜局部纤维化、增厚(HE 染色,×100)

图 4-19　脑干蛛网膜囊肿

二、硬膜

被覆在脑和脊髓表面的硬膜,分别称为硬脑膜和硬脊膜。反应性改变主要为硬膜外(或硬膜下)出血(图4-20)或炎性渗出物的包裹(囊肿形成,图4-21)、机化(图4-22)。在一些比较严重的病变中,其慢性阶段可以出现钙化、骨化。

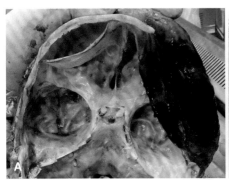
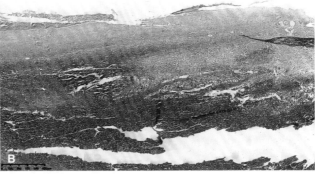

图4-20 硬脑膜外陈旧性出血

A. 右颞部硬膜外陈旧性出血;B. HE染色,×40。

图4-21 硬脑膜下囊肿形成

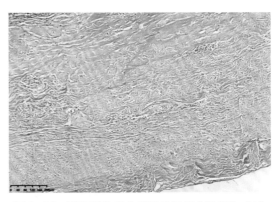

图4-22 硬脑膜外出血后纤维组织大量增生、机化
(HE染色,×100)

◆ 第四节　中枢神经系统常见并发症 ◆

颅内压增高、脑水肿及脑积水是中枢神经系统最常见的并发症。三者常合并发生,互为因果,后果严重,可导致死亡。

一、颅内压增高、脑疝形成

当颅内因出血、占位性病变、炎症等导致颅内内容物体积增加,超过颅腔所能代偿极限范围时,常可引起脑移位、脑室变形,并使部分脑组织嵌入大脑镰、小脑幕、枕骨大孔等,形成脑疝。常见的脑疝包括以下几种。

1. 大脑镰下疝

大脑镰下疝(图4-23)又称扣带回疝,为一侧大脑半球的占位性改变引起中线向对侧移位,同侧大脑扣带回从大脑镰的游离缘向对侧膨出。

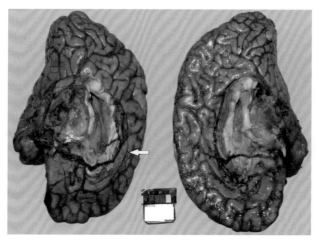

图4-23　左侧大脑镰下疝(↑)

2. 小脑幕切迹疝

小脑幕切迹疝(图4-24)又称海马沟回疝,为小脑天幕以上的脑肿瘤、血肿等病变引起脑组织肿大,导致海马沟回经小脑幕孔向下膨出。

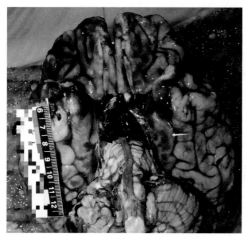

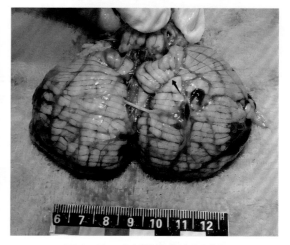

图4-24　左侧小脑幕切迹疝(↑)　　　图4-25　左侧枕骨大孔疝(↑)

3. 枕骨大孔疝

枕骨大孔疝(图4-25)又称小脑扁桃体疝,主要因颅内高压或颅后窝占位性病变将小脑和延髓推向枕骨大孔并向下移位所致。

二、脑水肿

脑水肿是指脑组织内液体过多而引起脑体积增大的一种病理状态,也是颅内压增高的重要原因之一。常见的脑水肿类型有血管源性脑水肿和细胞毒性脑水肿。

在法医病理学鉴定实践中,两种类型的脑水肿常合并存在。肉眼观:脑体积和重量增加,脑回宽而扁平,脑沟浅而窄(图4-26),白质水肿明显,脑室缩小,严重时常伴有脑疝形成。光镜下:血管源性脑水肿时,脑组织疏松,脑组织血管周围间隙变大,有大量液体积聚(图4-27);细胞毒性脑水肿时,细胞体积增大,细胞质淡染,而细胞外和血管周间隙扩大不明显。

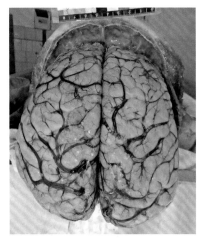

图4-26　脑水肿

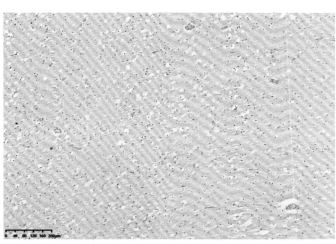

图4-27　脑水肿(HE染色,×100)

三、脑积水

脑室系统内脑脊液含量异常增多伴脑室持续性扩张状态称为脑积水(hydrocephalus),主要原因为脑脊液循环通路阻塞,以及脑脊液产生过多或吸收障碍。当轻度脑积水时,脑室呈轻度扩张,脑组织轻度萎缩;当严重脑积水时,脑室高度扩张,脑组织受压萎缩、变薄,神经组织大部分萎缩而消失(图4-28)。

图4-28　左侧侧脑室扩张,周围脑组织受压萎缩

◆ 第五节　损伤时间推断 ◆

损伤时间推断包括生前伤与死后伤的鉴别、伤后存活时间的推断(损伤时间推断),是法医病理学检验中的重要内容之一。

人体生前损伤后会发生全身和局部形态学和功能的变化征象,是机体防御、抵抗反应的结果。因此,认识并掌握生前伤的特点对于鉴别生前伤与死后伤具有非常重要的意义。本节重点介绍神经系统生前伤的局部改变。

一、生前伤的局部征象

1. 出血

出血是生前伤最早的局部征象。生前损伤出血,流出的血液既可聚集于损伤局部组织内,亦可沿组织间隙流注到远端组织疏松部位。此外,生前损伤出血均可见血凝块形成(图4-29)。

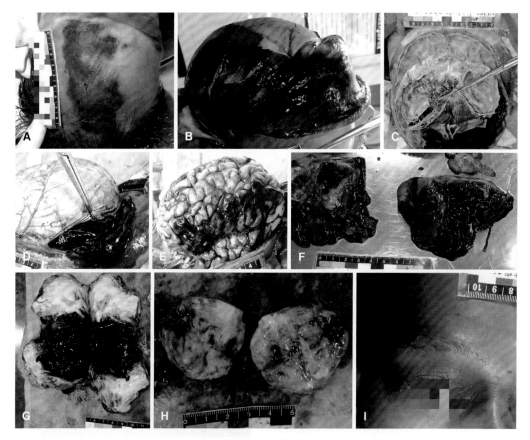

图4-29　生前损伤出血

A. 额部头皮大面积擦挫伤;B. 右侧头皮下组织及颞肌出血;C. 硬脑膜外出血,血凝块形成;D. 硬脑膜下腔出血,血凝块形成;E. 蛛网膜下腔出血;F. 大脑实质出血,血肿形成;G. 小脑实质出血,血肿形成;H. 脑干实质灶性出血;I. 右眼熊猫眼征形成,颅底骨折后血液沿间隙流注到眼睑疏松组织形成。

2. 组织收缩

当暴力作用于活体的软组织致形成创伤时,创缘的结缔组织、肌肉、血管等均可发生收缩,使创口哆开(图4-30)。

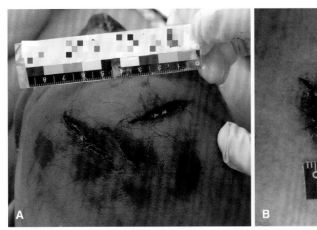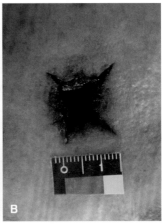

图4-30　头皮创口

A. 额部头皮散在挫裂创,创口哆开;B. 额部头皮枪击射入口。

3. 肿胀

肿胀是机体对损伤的一种局部反应(图4-31),其出现时间与损伤的类型和程度有关。

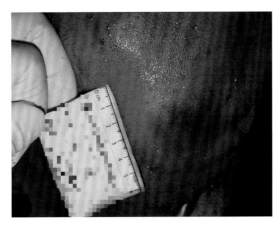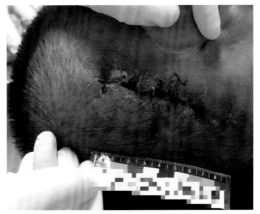

图4-31　左枕部头皮挫伤、肿胀　　　　　图4-32　右枕部头皮手术切口(已结痂)

4. 痂皮形成

机体损伤后,渗出体液中的纤维素、炎症细胞、细胞因子及坏死组织等可逐渐凝固而形成痂皮(图4-32)。痂皮的颜色与损伤的类型及程度有关。

5. 感染

常表现为中性粒细胞大量渗出,并伴有不同程度的组织坏死(图4-33~图4-35)和脓液形成(图4-36)。

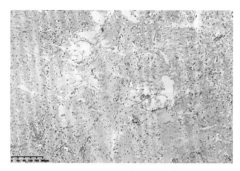

图4-33 脑组织液化、坏死(HE染色,×100)

图4-34 脑组织液化、坏死(HE染色,×100)

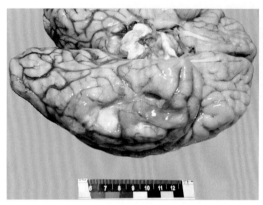

图4-35 左颞叶脑组织液化、坏死并缺失

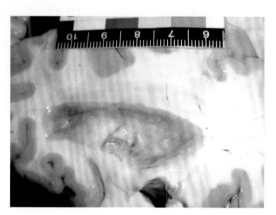

图4-36 脑组织塌陷、液化、化脓、空腔形成

6. 血栓形成、栓塞

血栓形成是生活机体局部血管内膜对损伤的反应(图4-37)。栓塞亦为一种生活反应。

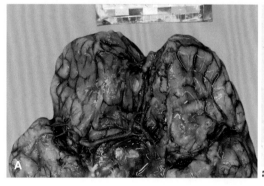

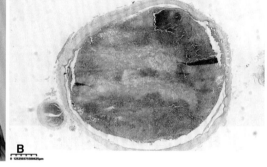

图4-37 脑底血管血栓形成

A.脑底血管扩张淤血,局部小血管触之较硬;B.脑底小血管血栓形成(混合血栓)(HE染色,低倍)。

7. 炎症反应

炎症是具有血管系统的活体组织对各种损伤因素所进行的防御反应。炎症反应的发生和发展具有一定的规律性。一般在炎症早期以变质和渗出为主,后期则以增生为主。

(1)变质。变质是炎症局部组织发生的变性和坏死,既可发生于实质细胞,又可发生于间质细胞。实质细胞表现为细胞水肿、凝固性或液化性坏死等（图 4 - 38）；间质细胞表现为纤维素样变性或坏死等。

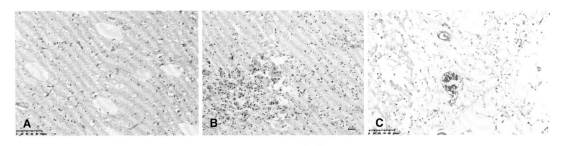

图 4 - 38 变质

A. 脑组织水肿（HE 染色，×200）；B. 垂体坏死，垂体腺上皮细胞凝固性坏死，仅左下方少许正常腺腔组织残留（HE 染色，×200）；C. 脑实质液化性坏死（HE 染色，×200）

（2）渗出。渗出是炎症局部组织血管内液体、蛋白质和血细胞通过血管壁进入细胞间质、体腔、体表或黏膜表面的过程。损伤较轻时主要表现为水肿。在炎症的不同阶段，游出的白细胞也不同。一般情况下，伤后 6～8 小时中性粒细胞首先游出，48 小时后以单核细胞浸润为主（图 4 - 39）。

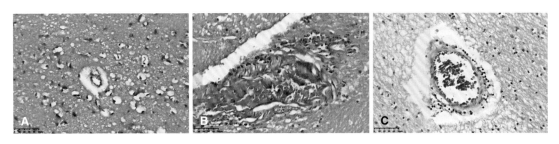

图 4 - 39 渗出

A. 血管腔周围腔隙增宽（HE 染色，×400）；B. 血管周围见中性粒细胞、淋巴细胞渗出（HE 染色，×400）；C. 血管周围淋巴细胞渗出（HE 染色，×400）

（3）增生。损伤局部在炎症因子、组织崩解产物或某些理化因子的刺激下，局部的巨噬细胞、内皮细胞和成纤维细胞发生增生（图 4 - 40）。

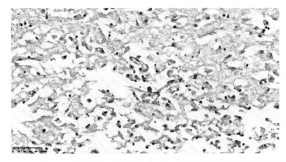

图 4 - 40 脑组织局部见吞噬细胞、内皮细胞及成纤维细胞增生。
此外，尚可见吞噬细胞内大量棕黄色含铁血黄素颗粒

二、损伤时间推断

颅脑外伤死亡案例,往往要求法医工作者根据颅脑损伤的病理学改变判断其发生的过程和时间。现将常见的颅脑损伤类型伤后变化的规律简述如下。

1. 硬膜下血肿

对于硬膜下少许出血,多数经机体吸收而不留痕迹,但当出血量大且血肿形成时,机体将通过包裹、机化的方式来消除血肿对机体的危害。其时序性变化如表4-1所示。

表4-1　硬膜下血肿的时序性变化

伤后时间	病理学改变
24 小时内	红细胞形状完整,血肿周围有纤维蛋白网形成
36 小时后	硬脑膜与凝血块之间有成纤维细胞出现
4 天	硬脑膜与凝血块之间见 2～3 层细胞形成的新生膜。红细胞外形逐渐变得模糊
5～8 天	新生膜越来越明显。第 5 天后可见含铁血黄素巨噬细胞。第 8 天,膜的厚度达到 12～14 层成纤维细胞,肉眼可见新生膜。红细胞开始液化
11 天	血块被许多从新生膜伸入的成纤维细胞条索分割成小岛。在血肿的蛛网膜侧,新生膜的形成比较缓慢
14 天	成纤维细胞层出现
26 天	新生膜可与硬脑膜一样厚。红细胞几乎全部液化,新生膜中细胞核越来越少,胶原纤维日渐发生
1～3 月	透明变性,使新生膜变得很像硬脑膜,但在新生的结缔组织内有一些腔大而壁薄的血窦样结构

2. 脑损伤

脑损伤后随着时间的延长,神经细胞、胶质细胞均会呈现一系列的反应。

(1) 神经细胞反应的时序性变化如表4-2所示。

表4-2　脑损伤后神经细胞的反应

伤后时间	病理学改变
1 小时	神经核颜色加深,细胞间隙水肿
2～4 小时	细胞质内开始出现小空泡
5～12 小时	胞体肿胀变圆,细胞核移位或呈三角形,尼氏体溶解
1～2 天	细胞核进一步缩减和浓缩
3～5 天	细胞核溶解,细胞质呈均质红染
6～10 天	缺血坏死区神经细胞缺乏
>30 天	神经细胞铁化或钙化

（2）胶质细胞反应的时序性变化如表 4-3 所示。

表 4-3　脑损伤后胶质细胞的反应

伤后时间	病理学改变
2～12 小时	星形胶质细胞肿胀,细胞核偏于一侧
36 小时后	硬脑膜与凝血块之间有成纤维细胞出现
12～48 小时	胞体不规则或分解成颗粒状,直至消失
1～2 天	坏死区周围胶质原纤维增多,小胶质细胞增多
2～3 天	小胶质细胞无丝分裂,星形胶质细胞核大深染
3～4 天	小胶质细胞有丝分裂,星形胶质细胞增多,出现圆形类脂质吞噬细胞
5～7 天	星形胶质细胞达最高峰,圆形泡沫细胞出现

●　参考文献　●

［1］郭玉璞,徐庆中.神经病学(第 5 卷):临床神经病理学［M］.北京:人民军医出版社,2008.

［2］李玉林.病理学［M］.8 版.北京:人民卫生出版社,2013.

［3］丛斌.法医病理学［M］.5 版.北京:人民卫生出版社,2016.

［4］邹仲之,李继承.组织学与胚胎学［M］.8 版.北京:人民卫生出版社,2013.

［5］闵建雄.法医损伤学［M］.2 版.北京:中国人民公安大学出版社,2010.

（李玉华　雷普平）

第五章

钝性暴力致头部损伤

颅脑损伤包括头皮、颅骨、脑、脑神经的损伤,其中机械性脑损伤的发生率、致残率和致死率均高。据调查,年龄、性别、种族、社会经济地位等因素与颅脑损伤的发生有关:15～24 岁组别颅脑损伤发生率最高;男性与女性的性别比例约为 2:1。美国对住院治疗的脑损伤患者的调查研究数据显示,脑损伤发生率为(92～618)/1 万人年;挪威头部外伤的发生率为 229/10 万,男性与女性的比例为 1.7:1.0;南澳大利亚创伤性脑损伤的发生率为 322/10 万;法国的脑损伤发生率为(150～300)/10 万,其中严重头部外伤的发生率为 25/10 万。

机械性脑损伤中的大部分案例为钝器伤。钝器伤是由钝器(即无锋利刃缘、无尖端的物体)作用于人体造成的机械性损伤。钝器伤所致的机械性脑损伤表现为擦伤、挫伤、挫裂创、骨折、颅内出血等形态。钝器伤所致的机械性脑损伤常见的原因有交通事故、高坠、故意伤害、工伤意外等。在各类颅脑损伤中,交通事故导致的颅脑损伤构成比＞50%,其次为意外事故及他人伤害案件。最常见的他伤案件中的钝性致伤物为棍棒、斧锤、砖石和徒手伤。

一、常见钝器伤类型

1. 棍棒伤

根据棍棒外形分为圆柱形、方柱形及不规则形等;根据质地分为木质、金属、竹、藤及塑胶等。

2. 砖石损伤

包括砖头伤、山石伤、鹅卵石伤等。

3. 斧锤类伤

因斧、锤的构成与形状各不相同,打击人体时可形成形态各异的损伤,且斧背、锤面、斧刃打击特点各异。

4. 徒手伤

徒手伤多用手、脚,亦可用肘部、膝部、牙齿及头部等部位,包括抓痕、手指伤、掌切伤、拳击伤、足踢伤、足踩伤、肘击伤、膝部致伤等。

5. 摔跌/高坠伤

人体从高处以自由落体运动坠落,与地面或其他物体碰撞形成,多见于自杀及灾害事件中。

6. 交通事故损伤

包括车头、挡风玻璃等撞击头颈部、车辆轮胎碾压、车底盘撞击、挥鞭样损伤等。

二、颅脑钝器伤的形成机制

1. 钝性物体与头部相互撞击

钝性物体与头部相互撞击可引起头皮擦伤、挫伤、头皮血肿、脑震荡、弥漫性轴索损伤、颅骨骨折、颅内出血、脑挫伤、脑挫裂伤等；可按损伤部位分为冲击伤、对冲伤、中间型损伤等。

2. 头部受外力牵拉、摩擦

牵拉可造成大片或全部头皮撕脱伤；摩擦头皮、颅骨、局部脑组织，可造成挫灭伤或相应组织的缺失等。

3. 头部受外力挤压

头部易在外力作用部位出现头皮挫伤、头皮血肿、颅骨整体变形、崩裂性骨折、脑挫裂伤等。

4. 枕部受到间接外力作用

如高坠伤臀部着地时，暴力沿着脊柱向上传导，可形成寰枕关节脱位、枕骨大孔及枕骨鳞部的骨折等。

5. 损伤本身及其继发改变

脑损伤按发生的先后次序，可分为原发性损伤、继发性损伤和颅脑损伤的并发症。

三、颅脑钝器伤的分类

1. 头发或佩戴物损伤

头发砸断、撕断，以及佩戴物的破损、磨损等。

2. 头皮损伤

包括头皮擦伤、头皮挫伤、头皮血肿、头皮挫裂创、头皮撕脱伤等。

3. 颅骨骨折

包括颅盖骨折（颅骨压痕和擦痕、线形骨折、凹陷性骨折、粉碎性骨折、穿孔性骨折等）、颅底骨折（颅前窝骨折、颅中窝骨折、颅后窝骨折）和崩裂性骨折（颅骨广泛粉碎性骨折、头颅崩开、脑肿胀挫碎）。

4. 颅内血肿

包括硬脑膜外、硬脑膜下、蛛网膜下腔、脑实质内及脑室内血肿。

5. 脑损伤

按发生的先后顺序可分为原发性损伤、继发性损伤和颅脑损伤的并发症；根据脑组织是否与外界大气相通，可分为开放性脑损伤与闭合性脑损伤。

四、头皮血肿

1. 头皮内出血(浅筋膜层的出血)

血肿范围局限,不易扩散、蔓延,故头皮挫伤出血的部位可提示为致伤物接触部位。

2. 皮下出血

(1)浅筋膜层至帽状腱膜层的出血:头皮借纤维隔与帽状腱膜相连,血肿范围局限,触之中央略软而有波动,周围因水肿而相对较硬。

(2)帽状腱膜出血:帽状腱膜厚实坚韧,位于皮下组织的深层,前连额肌,后连枕肌,与浅层的皮肤和浅筋膜紧密相连,出血较易扩散。

(3)帽状腱膜下出血:帽状腱膜下层是疏松结缔组织,血肿范围广,易蔓延,波动感明显,严重时可遍及整个颅盖部,其边界与帽状腱膜附着边缘一致。

(4)颅骨骨膜下出血:位于骨膜与颅骨之间,血液聚集于骨膜与颅骨外板之间,常以骨缝为界。

五、原发性脑损伤的机制

1. 冲击性脑损伤

脑组织局部受致伤物能量传递所致的损伤,因颅骨内陷撞击脑组织而引起脑挫伤,同时内陷的颅骨回弹时产生负压吸引力亦可造成损伤。

2. 对冲性脑损伤

对冲性脑损伤是脑皮质与凹凸不平的颅前窝、颅中窝或锐利的蝶骨嵴摩擦冲撞的结果;在击打部位对侧产生一个临时的低压带,其低压使溶解于液体(脑脊液、血液)中的气体形成气泡,气泡破裂导致血管破裂、出血空腔效应,引起损伤。

3. 中间性脑损伤

脑近似凝胶态、不均质,由不同类型的组织构成,在打击或冲击作用时,脑组织承受局部和全脑的应力和移位,可能有相当程度的压力不稳,导致血管、轴索和脑组织损伤,常见于胼胝体、前连合、视丘、下丘脑及脑干等部位。

4. 滑动性脑损伤

头部受外力作用运动停止时,颅骨停止运动,而脑组织由于惯性继续运动,与静止的颅骨相互作用造成脑损伤。

六、原发性脑损伤的类型及病变

1. 脑震荡

脑震荡是脑损伤中最轻的一种,特点是头部受伤后立即出现短暂意识障碍,出现逆行性或顺行性遗忘,反复多次脑震荡可能产生累积效应。

2. 弥漫性轴索损伤

脑灰质、白质的密度不同,当暴力致头部角加速度运动时,移行区脑组织与大脑镰、小脑幕相互作用导致的剪切、牵拉应力,使神经轴索和血管受过度牵拉和扭曲损伤。

3. 脑挫伤

脑挫伤是指头部受外力作用引起脑组织损伤、出血、坏死。

(1)冲击性脑挫伤:指着力处的脑组织损伤。

(2)对冲性脑挫伤:指着力点对侧的脑挫伤。

(3)中间性脑挫伤:指着力部与对冲部间的脑挫伤。

(4)疝性脑挫伤:指脑疝内容物受疝环摩擦所致的脑挫伤。

(5)滑动性脑挫伤:指脑因惯性而移动与骨嵴摩擦所致的脑挫伤。

(6)骨折性脑挫伤:指骨折边缘压迫并与脑表面摩擦所致的脑挫伤。

4. 原发性脑干损伤

暴力直接造成脑干撞击在小脑幕切迹或斜坡上,或脑干被扭转牵拉导致损伤。

七、继发性脑损伤的类型及病变

1. 脑水肿

脑水肿是指液体在脑组织内积聚。

(1)血管源性脑水肿:为毛细血管的通透性增高所致。

(2)细胞毒性脑水肿:为细胞内液含量增多所致。

(3)间质性脑水肿或脑积水:为脑脊液循环障碍致脑室积水。

2. 外伤性脑疝

脑水肿、出血引起颅内压增高,迫使脑组织移位。

(1)小脑幕裂孔疝:海马沟回疝(下行性小脑幕疝);幕下小脑前叶也可因幕下高压突入到幕上(上行性小脑幕疝)。

(2)枕骨大孔疝:小脑扁桃体及其邻近小脑组织疝入枕骨大孔。

(3)大脑镰下疝:扣带回及毗邻额回经大脑镰下缘向对侧移位。

(4)小脑幕裂孔上疝:颅后窝占位病变将小脑蚓部的上部和脑前叶经小脑幕裂孔逆行疝入四叠体池内。

(5)蝶骨嵴疝:脑组织跨越蝶骨嵴时被蝶骨嵴压迫。

3. 外伤后脑缺血与脑梗死

颅内血肿、脑水肿等导致颅内压升高,压迫颅内血管,导致相应供血部位脑组织坏死、出血;常出现于基底核和海马区域。

八、颅脑损伤的并发症

1. 颅内并发症

一是颅脑损伤的迟发性病变和并发症;二是手术并发症和术后再出血,包括术区脑实质、脑室、硬膜外或硬膜下再出血,及术区颅内感染等。颅内迟发性病变和并发症如下。

(1) 外伤性脑脊液漏及其所致的外伤后颅内低压综合征。

(2) 外伤后癫痫,严重者生活不能自理。

(3) 外伤后受损脑区功能缺损或障碍。

(4) 外伤后伤区颅内感染。

(5) 外伤性颅内动脉瘤和颅内动脉-海绵窦瘘。

(6) 外伤后进行性脑病综合征,如拳击家痴呆和外伤后进行性痴呆。

2. 颅外并发症

颅外并发症的发生在时间上有一定的规律性,如低血压、凝血机制障碍等发生在伤后早期,而肺炎、败血症则稍后发生。

(1) 原有基础疾病因颅脑损伤导致严重后果:冠心病患者发生脑心综合征,可能因并发心肌梗死、心律失常而死亡。

(2) 颅脑损伤加重原有基础疾病:如患有动脉粥样硬化性肾病的患者在发生严重脑损伤后,肾功能障碍程度加重。

(3) 颅脑损伤与基础疾病无关:如慢性胆囊炎、陈旧性骨折等与脑挫裂伤病程无明显关系。

(4) 原有基础疾病加重颅脑损伤:如患有再生障碍性贫血的患者有凝血功能障碍,在此基础上发生硬脑膜下血肿,可能因凝血功能障碍而无法得到及时、有效的治疗。

九、典型案例

1. 木质棍棒打击伤

受害人因纠纷被他人使用木质棍棒多次击打后枕部,伤后即时死亡(图 5 - 1)。

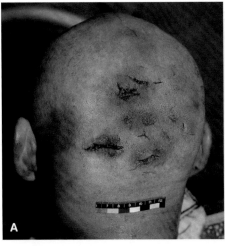

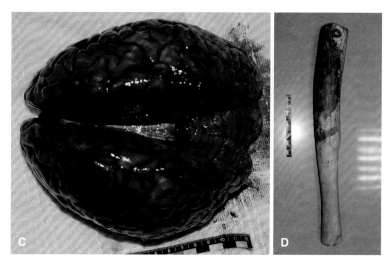

图 5-1　木质棍棒打击伤

　　A. 枕顶部头皮遭受木质短棒打击后形成多个头皮挫伤、头皮挫裂创，由于颅顶部头皮下有颅骨衬垫，钝器作用易形成头皮挫裂创，表现为头皮组织断裂，伴有不同程度的出血，创口不规则，常伴有擦伤和挫伤，而且创内两创壁间有组织间桥相连，还常见头发被压，嵌入创内；B. 伤处多个颅骨骨折相互叠加，形成颅骨粉碎性、崩裂性骨折，因木制棍棒硬度与颅骨相似，未形成挤压缘；C. 大脑蛛网膜下腔灶片状出血，本例冲击伤为后侧枕顶部（与头皮损伤处相对应）的蛛网膜下腔出血，对冲伤为额颞部蛛网膜下腔出血，本例损伤已构成致命伤；D. 本案致伤工具为木质短棒，具有一定重量、质地坚硬、便于持握和挥动的特点，且在近距离连续打击后形成本例损伤。

2. 锄头打击伤

受害人被锄头端打击头部，伤后即时死亡（图 5-2）。

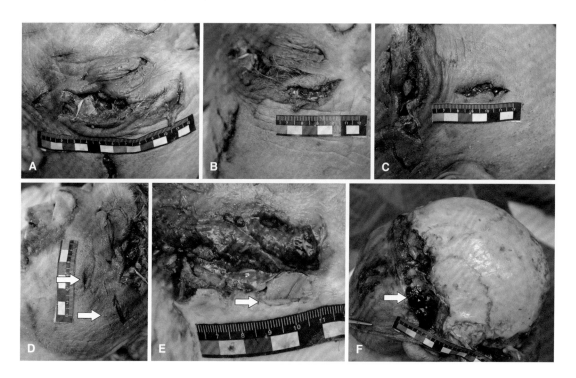

图 5-2　锄头打击伤

A～C. 额部、眉弓、眼眶外侧见不规则挫裂创,创缘不齐,见多个撕裂创角,创腔内见草叶、泥土附着,创周见大片状皮下出血;D. 左面部见多个短条挫裂创(箭头所示);E. 额骨呈内陷的粉碎性骨折,骨折边缘可见挤压缘(箭头所示);F. 左额帽状腱膜、颞肌挫伤出血(箭头所示),以上损伤特征符合带有小平面金属钝器并有金属刃缘锐器的复合工具,多次打击形成;G、H. 本案致伤工具为锄头(可形成上述颅脑损伤)。

3. 石工锤打击伤

受害人被石工锤的扁口端(较钝)和锤面打击颅脑后当场死亡(图 5-3)。

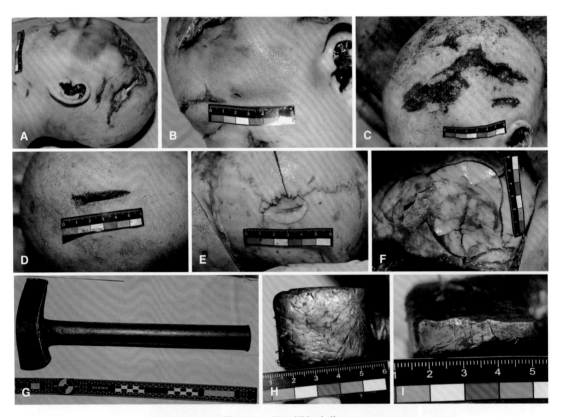

图 5-3　石工锤打击伤

A. 左面部及左额颞顶部见多个挫裂创及皮下出血;B. 左面部眉弓外侧见类方形皮下出血;C. 左额顶部见类"L"形挫裂创,创缘不齐,部分创缘重叠,组织挫灭;D. 右顶部头皮见楔形挫裂创,创周无挫伤带,创壁不光滑,创底深达颅骨;E. 在右顶骨形成椭圆形凹陷性骨折;F. 左额颞顶骨呈内陷的粉碎骨折,上述损伤符合方形斧锤类工具打击形成,损伤特征符合具有较钝刃缘及扁平接触面的金属类钝器打击形成,损伤形态具有多样性特征;G～I. 本案致伤工具为一端为方形、一端为扁口的石工锤。

4. 斧器打击伤案例一

嫌疑人用同一把斧器,将三人杀害。本例受害人被斧背砸击头部 2 次,当场死亡(图 5-4)。

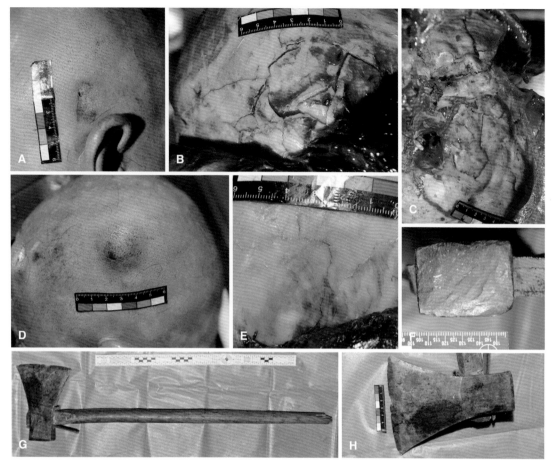

图5-4　斧器背侧打击伤(同案1号尸体)

A. 右颞顶部头皮见类方形皮下出血伴表皮剥脱,其对应位置颅骨触及内陷的粉碎性骨折;B. 右颞顶部内陷的粉碎性骨折的颅外侧观,该区域有向周围蔓延的骨折线;C. 右颞顶部内陷的粉碎性骨折的颅内侧观,右侧颅底(颅中窝、颅后窝)见多条线性骨折,系颅骨整体变形,骨折线向颅底蔓延所致;D. 左顶部见类方形的皮下出血伴表皮剥脱;E. 颞骨整体变形,颞顶骨见由颅底延伸来的骨折线;F~H. 本案致伤工具,在致伤工具推断时,应根据具体损伤情况,寻找具有特征的损伤,综合推断。

5. 斧器打击伤案例二

同一嫌疑人用同一把斧器,将三人杀害。根据损伤情况,结合现场情况,本例受害人系右侧卧位,遭受方形斧锤类工具打击左面部及左颞顶部,当场死亡(图5-5)。

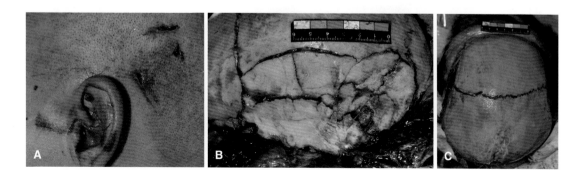

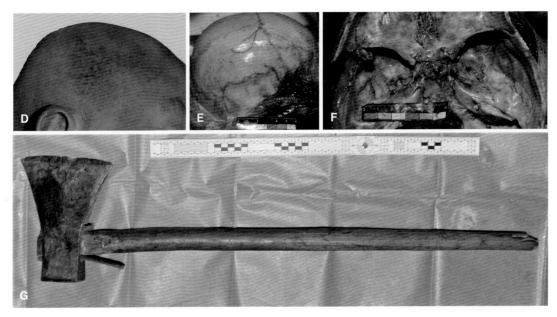

图5-5 斧器背侧打击伤(同案2号尸体)

A.左面部及左颞顶部有2个类方形皮下出血;B.与体表损伤对应的左颞顶枕骨呈内陷的粉碎性骨折;C.左颞顶部骨骨折线沿冠状缝向右延伸至右顶骨;D.右颞顶部头皮见多量点灶状压擦性损伤;E.右颞顶部的颞肌见片状出血伴短的线性颅骨骨折,其损伤特征符合右侧卧位遭受方形斧锤类工具打击形成;F.颅底的骨折线,系颅骨整体变形所致;G.本案致伤工具。

6. 斧器打击伤案例三

同一嫌疑人用同一把斧器,将三人杀害。本例受害人被斧背打击额部1次,并被同一把斧头的斧刃砍击右面部、右耳后上侧(图5-6)。

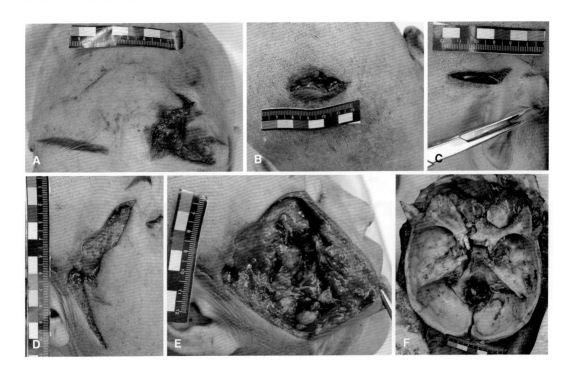

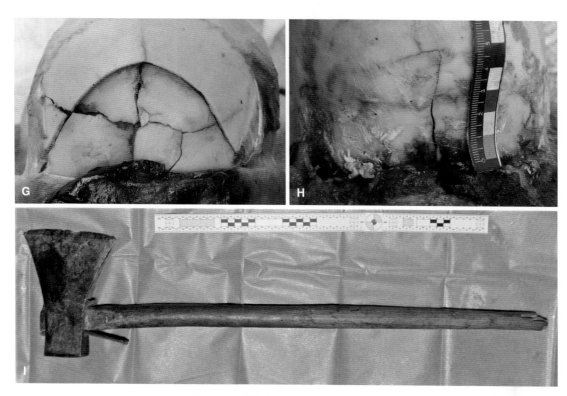

图 5-6 斧器打击伤(同案 3 号尸体)

A. 额部检见类方形的皮肤损伤,伤处边缘检见压擦痕,左眉弓处见锤缘皮肤崩裂、变形所致的破裂创;B. 颅脑整体变形所致的枕部头皮破裂创;C. 右耳后上侧被带有刃缘的锐器(斧刃的刃尖处)砍击所致的短条锐器创;D. 右面部见类"L"形创口,创缘整齐,不伴有挫伤带,创壁较光滑,创腔深及骨质,符合具有带有刃缘的锐器砍击形成;E. 右面部类"L"形创口的创底可见颧骨、上颌骨骨质破坏;F. 前颅凹陷性粉碎性骨折,同时颅骨整体变形所致颅底纵行走向的骨折线;G. 前颅凹陷性粉碎性骨折;H. 颅骨整体变形所致颅底纵行走向的骨折线延伸至枕骨;I. 本案致伤工具,上述损伤特征符合带有方形斧锤和锐利刃缘的斧锤工具打击形成。

7. 蜂蜜罐打击伤

受害人被装有蜂蜜的方形玻璃罐打击导致颅脑损伤死亡(图 5-7)。

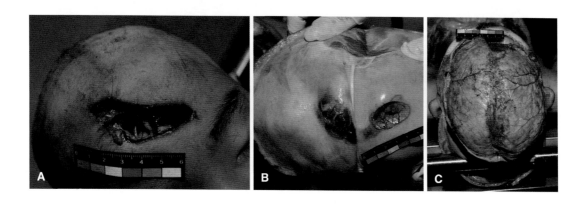

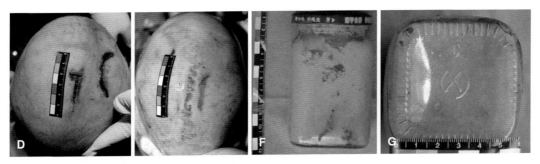

图 5-7　蜂蜜罐打击伤

A. 额部见一类"＜"形挫裂创，近眉弓处的创缘伴挫伤带形成；B. 该挫裂创对应的颅骨见凹陷性骨折；C. 伤处脑组织受压内陷；D. 右顶部头皮见一类弧形挫裂创，创缘伴挫伤带，顶部偏右侧的头皮见一类"L"形挫裂创，创缘伴挫伤带；E. 顶部偏右侧的挫裂创对应位置颅骨无骨折，见短条线性骨折及条状骨质出血，其损伤特征符合类方形具有一定平面的钝性物体打击形成；F、G. 本案致伤工具。

8. 短棍打击伤

受害人被木质短棍棒打击、捅击颅脑导致颅脑损伤，当场死亡（图 5-8）。

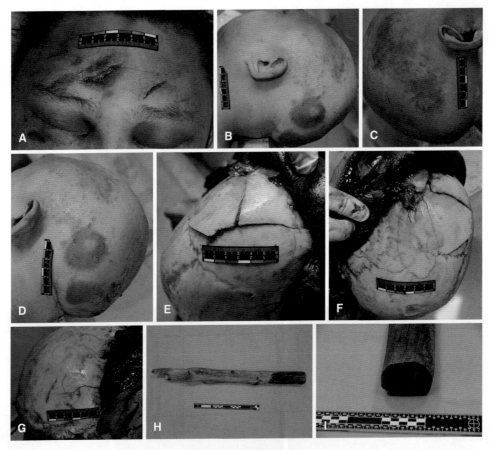

图 5-8　短棍打击伤

A. 前额部见两个短条挫裂创，其对应位置额骨触及内陷的粉碎性骨折；B. 左侧头皮条片状挫伤出血及类圆形挫伤出血；C. 右侧头皮条片状挫伤出血；D. 左侧头皮类圆形挫伤出血的细目照，其对应颅骨未检见骨折，损伤形态提示为类圆形棍棒端戳击形成；E. 帽状腱膜大片状出血，颅骨整体变形，多发性骨折，骨折线向后延伸，骨折边缘未见挤压缘；F. 左颞肌挫伤出血，与体表损伤对应处的颅骨呈长椭圆形线状骨折，可提示为棍棒打击形成；G. 与右侧体表损伤对应处颅骨的线性骨折，骨折线向颅底延伸；H、I. 本案致伤工具为便于挥动的木棒，直径约 6.5 cm，其中一端有类圆形平面。

9. 牛车车轮伤

牛车车轮碾压项部致受害人颈椎骨折、脊髓损伤死亡(图5-9)。

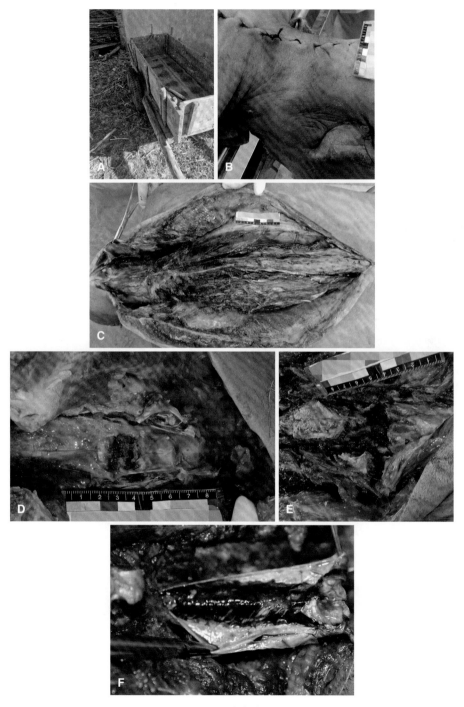

图5-9 牛车车轮伤

A. 肇事牛车;B. 项部被牛车车轮碾压致皮下出血;项部见类平行两处条状挫伤带(轮胎一次碾压所致,类似于中空的皮下出血);C. 项部及背部踩踏致深层肌间出血;D. 颈前部的锥体侧检见第5、6颈椎骨折;E. 切开项部肌层后,检见牛车车轮碾压致颈椎分离性骨折;F. 延髓及颈髓挫伤出血。

10. 啤酒瓶伤

受害人被空啤酒瓶砸击颅脑顶部1次，致颅脑损伤后死亡（图5-10）。

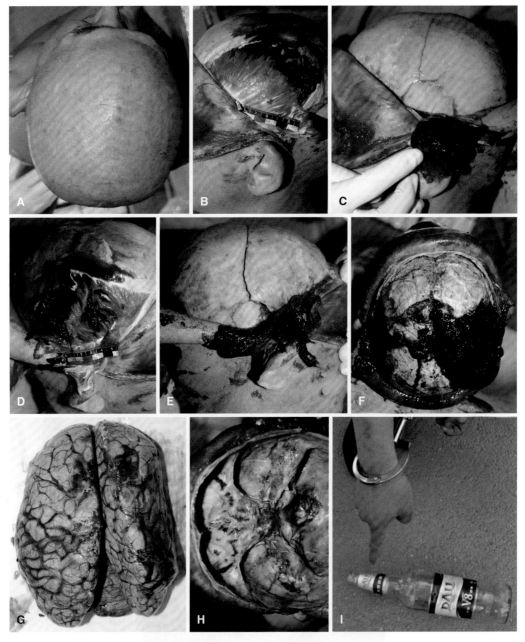

图5-10 啤酒瓶伤

A. 顶部的头皮损伤不明显，仅有极少的点状挫伤伴细小的表皮剥脱，边缘出血界限不明显，集中但不连续，头顶部损伤为一次性损伤形成；B~E. 颅骨整体变形所形成的经过双侧顶骨的线性骨折，本例双侧颞部头皮未见损伤，颞肌出血为颅骨线性骨折处的出血所致；F. 硬脑膜外腔的血凝块；G. 脑组织受硬膜外血凝块压迫变形，局部可见蛛网膜下腔出血；H. 颅骨整体变形所形成的颅骨线性骨折经过颅底；I. 本案的致伤工具为空啤酒瓶（未碎裂），结合颅骨整体变形所形成的颅骨线性骨折、颅内出血，死者系顶骨遭受强大外力后颅骨发生整体变形，两侧颞部硬膜外血肿符合在颅骨整体变形中硬脑膜血管破裂所致。

11. 拳脚伤

一名 40 岁男性,醉酒后被他人"拳打脚踢头颅数次",伤后步行回家睡觉,伤后 8 小时被他人发现处于深昏迷状态,急送医入院,诊断重型颅脑损伤:小脑幕切迹疝,左侧额颞顶部硬膜下血肿,脑干及左侧额颞叶创伤性脑梗死,蛛网膜下腔出血;经救治无效,伤后 12 小时宣布死亡(图 5 - 11)。

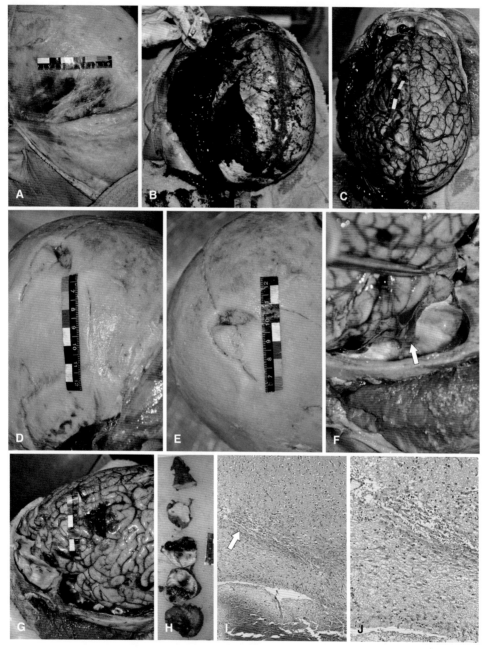

图 5 - 11　拳脚伤

A. 右侧颞肌挫伤出血;B. 新鲜的硬脑膜外血肿致脑实质受压、移位;C. 硬脑膜外血肿致脑实质受压、移位;D、E. 本例有陈旧性颅骨骨折;F. 陈旧性脑损伤合并创伤性脑积水(箭头所示);G. 蛛网膜下腔少量出血合并脑膜下脑组织挫伤;H. 脑干因颅后窝空间局限、受压变形、血液供给障碍导致脑干坏死出血;I. 蛛网膜下腔出血,陈旧性脑损伤处(箭头所示)同样出现小灶状新鲜的出血(HE 染色,×200);J. 上图放大,示陈旧性脑损伤处同时出现小灶状新鲜的出血(HE 染色,×400)。

12. 反复踩踏伤

受害人枕部、项部被多次踩踏,造成颈髓损伤后当场死亡(图5-12)。

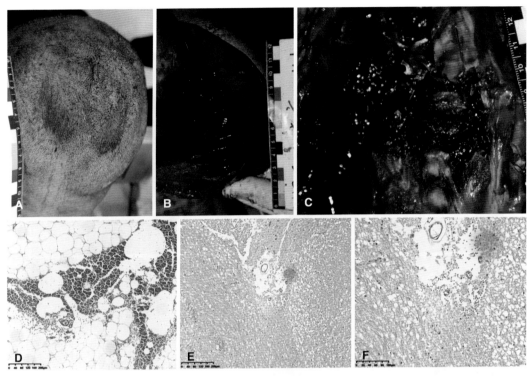

图5-12 反复踩踏伤

A. 枕部头皮挫伤出血伴表皮剥脱,剃发后,见枕部遭受多次踩踏导致的表皮剥脱,外侧处可见鞋底边缘的棱边状印痕;
B. 枕部头皮下灶状挫伤出血,尸检时切开血肿检查;C. 颈椎分离性骨折;D. 项部皮下组织挫伤出血,脂肪组织见灶片状出血
(HE染色,×100);E. 颈髓损伤(HE染色,×100);F. 上图放大,示颈髓结构破坏伴小灶状出血(HE染色,×200)。

13. 塑料凳损伤

一男子醉酒(酒精含量478.8 mg/100 ml)后双前臂交叉放在烧烤桌上,面部向下枕在前臂上,被他人使用塑料凳多次砸击,每次使用单个塑料凳,先后拿着塑料凳砸击,砸击后该男子继续趴在烧烤桌面上,后被他人搀扶拖行十余米,突发意识丧失,经救治无效宣布死亡,系塑料凳多次打击造成寰枢椎半脱位、脑干损伤死亡(图5-13)。

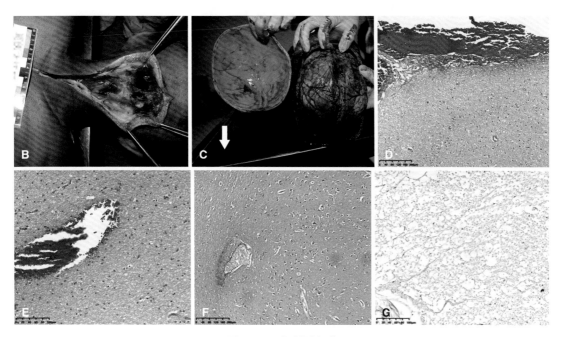

图 5-13 塑料凳损伤

A.损坏的塑料凳图片,使用多个塑料凳反复多次砸击后凳子被损坏;B.枕部及项部见挫伤出血;C.颅骨未检见骨折,但硬膜下有大量出血,出血积聚于解剖台面上;D.大脑枕部蛛网膜下腔见灶片状出血,脑组织水肿(HE 染色,×100);E.脑干小灶状挫伤出血(HE 染色,×200);F.局部脑干血管周围小灶状出血(HE 染色,×100);G.脑干纤维肿胀、断裂,神经细胞坏死崩解(HE 染色,×200)。

14. 碗底砸击致颅脑损伤

一男子被碗底分别砸击额部、右颞部,经过清创缝合、开颅去血肿减压术等救治措施,经救治无效,伤后第 3 天死亡(图 5-14)。

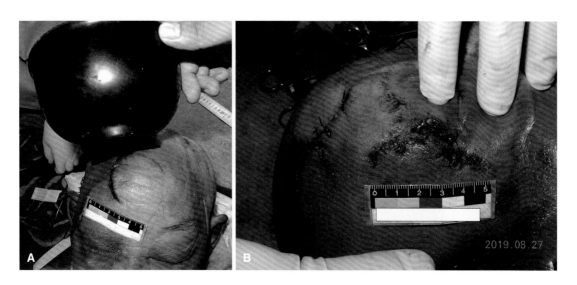

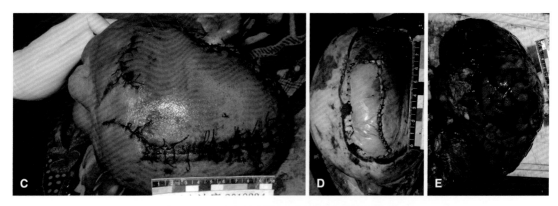

图 5 - 14　碗底砸击额部、右颞部后受害人死亡

A. 用碗底第一次砸击额部的损伤,尸检时使用同一款碗的对比图;B. 用碗底第二次砸击右颞部的损伤,致伤工具(碗底)砸击时碎裂形成的损伤,后经清创缝合;C. 右侧额顶枕部弧形的去骨瓣减压术手术痕迹;D. 伤后行开颅去骨瓣减压术及人工硬脑膜修补痕迹;E. 蛛网膜下腔出血及脑挫伤出血,出血分布符合冲击伤及对冲伤的分布特征,额部正中为第一次(碗底)砸击,右侧额颞部为第二次(碗底)砸击,两次砸击部位蛛网膜、脑组织为冲击部位(形成冲击伤),其对侧为对冲部位(形成对冲伤)。

15.“有平面、有棱缘、硬质的木制品”多次打击致颅脑损伤

一名智力低下的男子被“有平面、有棱缘、硬质的木制品”打击后,有“行动障碍、意识模糊”的症状,后症状渐进性加重,经救治无效,伤后 6 天死亡(图 5 - 15)。

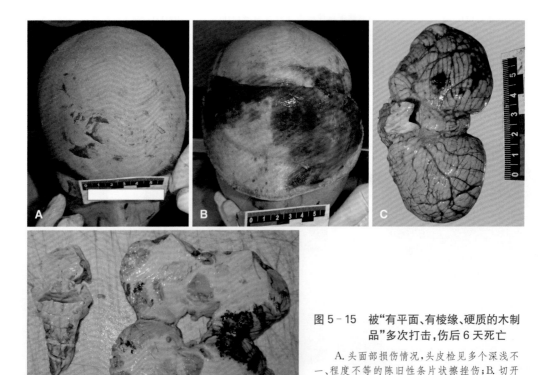

图 5 - 15　被“有平面、有棱缘、硬质的木制品”多次打击,伤后 6 天死亡

A. 头面部损伤情况,头皮检见多个深浅不一、程度不等的陈旧性条片状擦挫伤;B. 切开头皮检见头皮下组织多个深浅不一、程度不等的条片状挫伤出血;C. 左侧小脑后侧检见灶状蛛网膜下腔出血;D. 切开该处小脑组织,检见小脑实质挫伤出血。

16. 头部撞击墙面致颅脑损伤

一名 5 岁男孩,头部撞击墙面,伤后第 3 天死亡(图 5 - 16)。

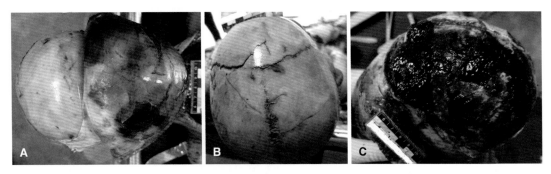

图 5 - 16　头部撞击墙面后死亡

A. 额顶部大面积头皮下出血;B. 颅骨整体变形所形成的颅骨骨折线,自左侧颅中窝起始,从左侧颞部经额顶骨骨缝处至右侧额部检见长 17.0 cm 的骨折线,骨折线最宽处在骨折线中段,宽达 0.5 cm,左侧顶骨检见斜行走向、长 5.0 cm 的不规则骨折线,右侧额顶骨骨缝处有 7.0 cm 的骨缝分离,伴分离处骨质出血,右侧顶骨检见横行走向、长 5.5 cm 的骨折线,右侧顶骨检见横行走向、长 1.5 cm 的骨折线,双侧顶骨骨缝处有 9.0 cm 的骨缝分离,伴分离处骨质出血;C. 左侧硬脑膜外检见大量血凝块形成。

17. 化脓性脑膜炎

一名 44 岁男性,在交通事故中头部碰撞玻璃后受伤,行颅内血肿清除术,7 个月后因化脓性脑膜炎死亡(图 5 - 17)。

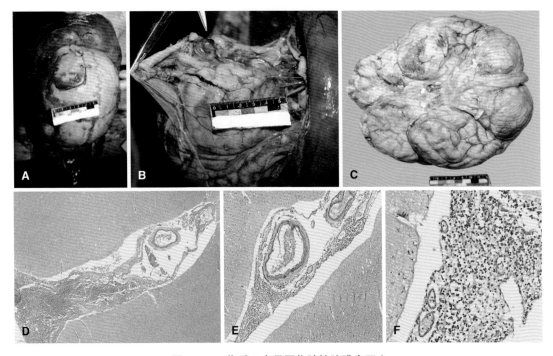

图 5 - 17　伤后 7 个月因化脓性脑膜炎死亡

A. 颅骨手术修复痕迹;B. 脑膜脓性分泌物附着,左额叶受损伤处脑组织液化坏死;C. 脑底脑膜检见大量脓性分泌物附着;D. 脑膜有大量炎症细胞浸润(HE 染色,×40);E. 脑膜有大量炎症细胞浸润(HE 染色,×100);F. 脑膜有大量炎症细胞浸润,脑膜下神经细胞变性坏死(HE 染色,×400)。

18. 中枢性呼吸、循环功能衰竭案例一

一名 21 岁男性，系驾驶员，在车辆发生正面碰撞后，头部撞击驾驶位置的车内结构及挡风玻璃，导致颅内出血、脑组织挫伤，诊断"特重型颅脑损伤、脑疝形成、弥漫性脑肿胀"，伤后 4 小时行去骨瓣减压术，术后一直处于深昏迷状态，在重症监护病房救治 6 个月后死亡（图 5 - 18）。

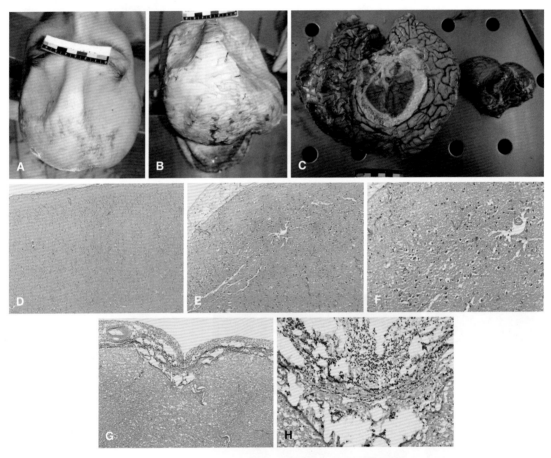

图 5 - 18　伤后 7 个月因中枢性呼吸、循环功能衰竭死亡

A、B. 开颅去骨瓣减压术手术痕迹，脑组织软化（液化坏死、结构松软）；C. 脑组织坏死、崩解，伤处结构不清；D~F. 神经细胞数量减少，部分神经细胞固缩明显（HE 染色，图 D×100，图 E×200，图 F×400）；G. 脑干的脑膜检见炎症细胞浸润，神经细胞坏死、崩解（HE 染色，×100）；H. 炎症细胞浸润伴少量纤维结缔组织增生（HE 染色，×400）。

19. 中枢性呼吸、循环功能衰竭案例二

一名 72 岁男性，被平头车辆碰到左侧头部，伤后诊断"多发性大脑挫裂伤、创伤性蛛网膜下腔出血、创伤性硬膜下血肿"，伤后处于昏迷状态，经救治未恢复，伤后 36 天死亡（图 5 - 19）。

20. 严重颅内感染

一名 42 岁男性，被他人使用木制长棍棒打击头部后昏迷，入院诊断"右颞顶部硬膜外血肿、右侧颞骨开放性骨折"，急诊行"去骨瓣减压、血肿清除、脑挫伤灶清除术"，术后对症支持治疗，伤后 29 天死亡（图 5 - 20）。

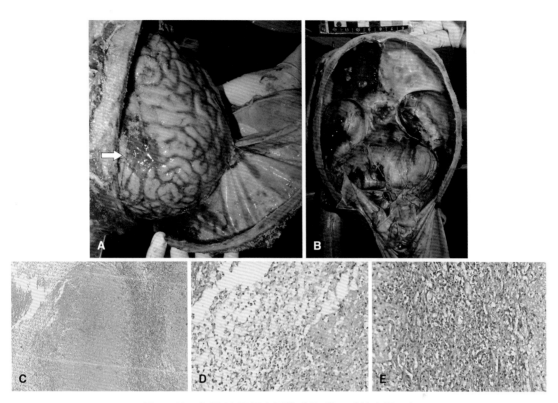

图 5‑19　伤后 36 天因中枢性呼吸、循环功能衰竭死亡

A. 左侧大脑陈旧性脑挫伤（箭头所示），出血呈棕黄褐色；B. 颅底陈旧性硬膜下出血，以左侧颅前窝为重；C~E. 左侧额叶陈旧性脑挫伤处，红细胞崩解，炎症细胞增生并吞噬红细胞，形成含铁血黄素细胞，可见少量成纤维细胞（HE 染色，×100）。

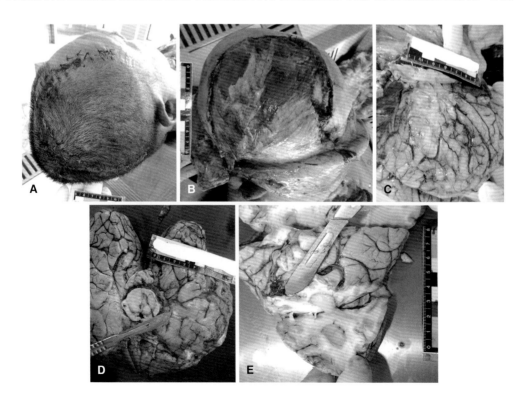

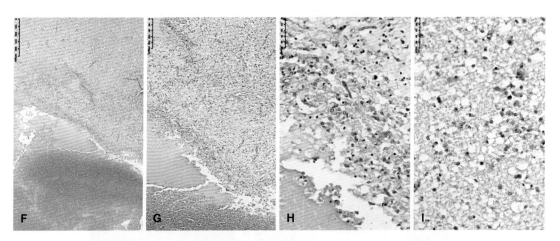

图 5 - 20 木制长棍棒打击头部,伤后 29 天因严重颅内感染死亡

A、B. 去骨瓣减压术的手术痕迹;C～E. 伤处(术区)脑组织检见大量灰绿色脓液附着,术区脑组织及脑室内亦检见大量淡绿色脓液;F. 脑实质脓液区域检见大量炎症细胞浸润灶,脑组织液化坏死灶形成(HE 染色,×40);G. 脑实质脓液区域检见大量炎症细胞浸润(HE 染色,×100);H. 脑组织液化坏死灶及少量纤维结缔组织增生(HE 染色,×100);I. 神经细胞坏死、崩解,炎症细胞浸润(HE 染色,×400)。

参考文献

[1] Sulaiman N A, Osman K, Hamzah N H, et al. Blunt force trauma to skull with various instruments [J]. Malays J Pathol, 2014, 36(1):33 - 39.

[2] Gupta M, Mower W R, Rodriguez R M, et al. Validation of the Pediatric NEXUS II Head Computed Tomography Decision Instrument for Selective Imaging of Pediatric Patients with Blunt Head Trauma [J]. Acad Emerg Med, 2018, 25(7):729 - 737.

[3] Pandor A, Goodacre S, Harnan S, et al. Diagnostic management strategies for adults and children with minor head injury: a systematic review and an economic evaluation [J]. Health Technol Assess, 2011, 15 (27):1 - 202.

[4] 丛斌. 法医病理学[M]. 5 版. 北京:人民卫生出版社,2016.

[5] 刘耀,丛斌,侯一平. 实用法医学[M]. 北京:科学出版社,2014.

(张　桓　欧俊兴　杨元青)

第六章

锐器致头部损伤

锐器伤指锐器切、砍、刺人体造成的机械性损伤,锐器所致头部损伤在法医学实践中较为少见,一旦发生,多为他伤案件,一般由致伤物尖端或刃口作用于头部,常形成开放性创,创缘可见擦(挫)伤。

一、常见锐器伤

1. 切割伤

一般会造成颅骨外软组织切痕或部分缺失,颅骨形成切痕。

2. 砍器伤

由斧刃、砍刀刃砍击头颅所致,可形成严重的颅脑开放性损伤。

3. 刺器伤

常由尖锐致伤物造成颅脑损伤,颅骨呈孔状缺损,碎骨片进入颅内。致伤物作用局部的骨折称为穿孔性骨折。

二、刺器的分类

1. 无刃刺器

较少见,如缝衣针、铁钉等。

2. 有刃刺器

(1)单刃刺器:如杀猪刀、水果刀、弹簧刀等。

(2)双刃刺器:如匕首、剑等。

(3)多刃刺器:如三棱刮刀等。

三、刺器伤的特点

(1)创道从头皮、颅骨一直穿入硬脑膜和脑组织,形成的颅脑损伤形态特点同其他部位的锐器伤及火器伤相类似。

（2）多发生于过激或激情伤害案中，多为 1 次损伤（多次损伤较少见）。

（3）创缘可见擦（挫）伤，创缘周围组织极少伴随擦伤或挫伤。

（4）出血：伤后存活时间短，出血少，且出血易流出至颅外，脑内血肿仅积聚于创腔内；创道经过脑室，可形成脑室内积血；创缘及创周伴有蛛网膜下腔出血。

（5）损伤程度轻的伤者可存活，创腔内有胶质纤维填充，形成胶质瘢痕或完全空腔化。

四、砍器伤的特点

（1）创腔深，相互融合的砍创可导致组织缺失，损伤程度重。

（2）多发生于预谋伤害案中，多为多次损伤（1 次损伤少见），有泄愤心理。

（3）常合并较重的骨质和脑组织损伤、破裂，颅骨见平直的砍痕，甚至颅脑部分缺失。

（4）刃部较钝或较宽的砍器所致的砍创创缘和创面可伴有擦伤。

（5）现场出血多；创口一般呈棱形，如砍器前端宽且在颅骨上，合并砍器刃缘，可形成小锐角三角形创口；可伴有身体其他部位的抵抗伤。

五、切器伤的特点

（1）颅外软组织的创口形状多为长棱形，呈条状裂隙，也可呈纺锤形、棱形和不规则形，两侧创缘合拢后呈细线状。

（2）单一切器损伤极为少见，常合并砍伤，多为多次，切创长度较长。

（3）创角尖锐细长，深浅不一，重复切割时见多个浅表鱼尾状小创角。

（4）创缘平整，有时呈波浪状或有小的尖锐皮瓣，刃钝时可伴有擦伤和挫伤。

（5）创底多不平直，呈倾斜状，一侧较深，另一侧较浅；最深处可见颅骨骨质。

（6）创腔不深，或可见颅骨切痕；颅外出血明显，颅内损伤多不严重。

（7）新生儿颅骨薄、软，其损伤可类似砍创。

六、典型案例

1. 非致死性头部锐器伤

受害人在被他人用菜刀"恐吓"过程中遭受非致死性锐器损伤，因诱发心脏疾病死亡（图 6 - 1）。致伤工具系菜刀。

2. 菜刀砍创案例一

一名男性因纠纷被他人砍伤，伤后当场死亡（图 6 - 2）。致伤工具为便于持握、易于挥动、刃口锋利且具有一定长度、一定重量的锐器——菜刀类（致伤工具系菜刀），且损伤为近距离"砍杀"所致。

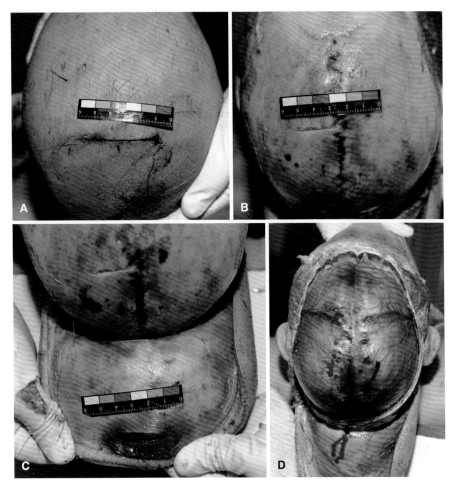

图6-1　非致死性头部锐器伤

　　A. 顶部头皮见一左右走行创口,创缘整齐,创壁光滑,无组织间桥,创角锐,创深及颅骨;B. 在颅骨上形成对应的骨质锐器损伤痕迹;C. 创周帽状腱膜见片状出血;D. 颅内未见出血及血肿形成。

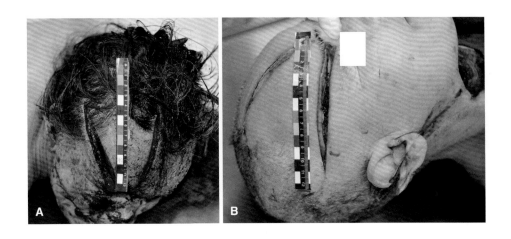

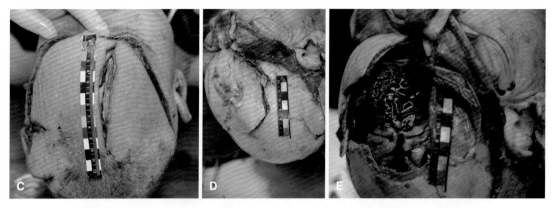

图 6-2　菜刀砍创

A. 砍创处出血重；B. 剃发后，右前额、右耳郭等处的锐器砍创；C. 剃发后，额顶部的砍创，创角较锐，创周无挫伤带，创腔内无组织间桥，创壁光滑，创底检见颅骨骨折和脑组织损伤；D. 剥离头皮后，颅骨砍创情况；E. 相互交接的颅骨砍创导致大片颅骨可被摘除，去除颅骨后见右额顶硬膜破裂，创腔出血积聚在硬膜下腔，伤处可见蛛网膜下腔出血及脑组织砍创。

3. 菜刀砍创案例二

一名女性因纠纷被他人用菜刀砍伤头部，伤后当场死亡（图 6-3）。创腔出血极易流出到颅外，故现场出血多。致伤工具为便于持握、易于挥动、刃口锋利且具有一定长度、一定重量的锐器——菜刀类（致伤工具系菜刀），且损伤为近距离"砍杀"所致。

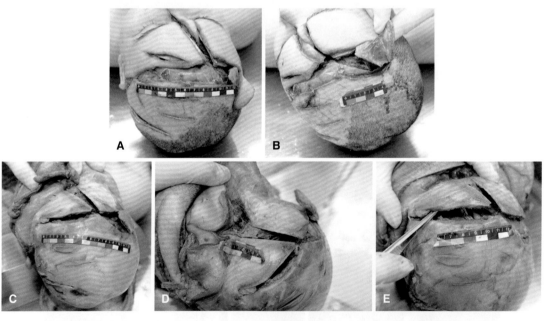

图 6-3　菜刀砍创

A、B. 前额、顶部检见锐器砍创，创角锐，创周无挫伤带，创腔内无组织间桥，创壁光滑，创底可见颅骨骨折、硬膜破裂和脑组织砍创，创腔内颅骨见开放性砍创；C～E. 相互交接的砍创可致颅骨脱落，创腔可见硬脑膜破裂，脑组织亦可见砍创。

4. 菜刀砍创案例三

因婚内女方"出轨第三者"，丈夫使用菜刀砍杀其妻子和"第三者"（图6-4）。本案致伤工具为菜刀。

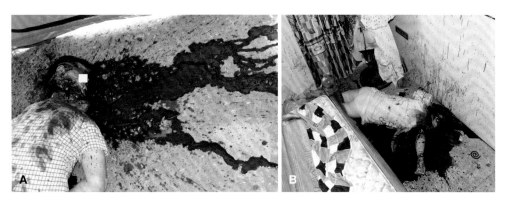

图6-4　菜刀砍创致死现场

A. 在户外被追到后"砍死"的"第三者"，图示现场出血量大且颅脑损伤程度严重，系多次重复使用菜刀砍击导致的颅脑结构严重破坏，反映施害人（其丈夫）有泄愤心理；B. 在室内砍杀其妻子的现场，同样具有多次重复使用菜刀砍击的情况，现场出血量大且机体损伤程度严重，反映施害人（其丈夫）有泄愤心理。

5. 镰刀刃尖刺创

一名男性因纠纷被挥舞的镰刀刃尖损伤，伤后短时间内死亡（图6-5）。本案致伤工具为尖端弯曲且细长、较锐利、呈一钝一锐的镰刀刃尖。

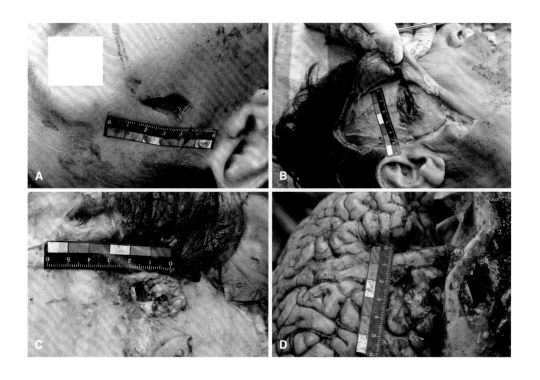

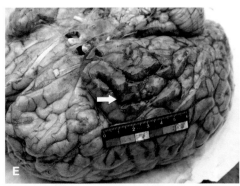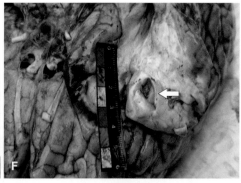

图 6-5 镰刀刃尖刺创

A. 右侧颞部检见镰刀刃尖刺入，刺创口的创角一钝一锐，创缘有挫伤带，镰刀钝角处可见软组织错裂创；B. 切开右侧颞部皮肤后，示镰刀刃尖刺入的创道，创腔内无组织间桥，创壁光滑；C. 剥离软组织后，示镰刀刃尖的创道，腔内颅骨见开放性骨折；D. 开颅后，示镰刀刃尖刺入的创道，创腔颅骨破裂，创腔经行处的硬脑膜、脑组织检见单刃刺创损伤特征（创角一钝一锐），脑组织的创壁光滑；E. 取脑后，示创道情况（箭头所示）；F. 局部切开脑组织，示创道情况（箭头所示）。因创口较小，创腔内血液不易流出至颅外，有少量出血积聚在硬膜下腔。

6. 非致命性镰刀刃尖造成头皮损伤

在收割工作中，镰刀刃尖误致受害人头部损伤，因挥舞速度较慢，且该镰刀刃尖较圆钝，创底的颅骨未见骨折，颅内未见其他类型的损伤，系非致命伤（图 6-6）。本案致伤工具为尖端弯曲、呈一钝一锐的镰刀刃尖。

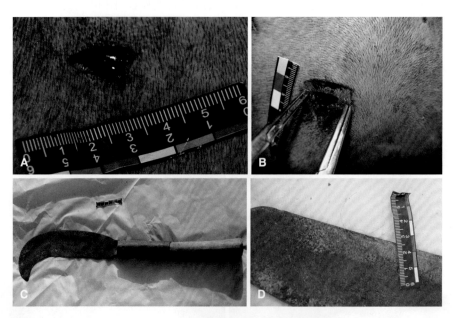

图 6-6 非致命性镰刀刃尖造成头皮损伤

A、B. 顶部头皮镰刀刃尖（类似单刃锐器）刺创，创角一钝一锐，创口呈类似三角形；C. 头皮锐器创致伤工具——镰刀；D. 镰刀上残留死者头发。

7. 细钢条刺创

一名 16 岁男性，因纠纷被他人使用无刃细钢条刺入左枕部，伤后立即送医，经开颅止血、去血肿等救治无效后,于伤后 18 小时左右死亡(图 6-7)。本案致伤工具为尖端锐利、宽约 0.8 cm 的无刃细钢条。

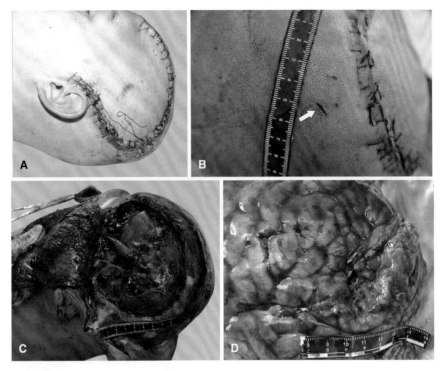

图 6-7 细钢条(尖端锐利,宽约 0.8 cm)刺创

A. 示开颅止血、去血肿的手术痕迹;B. 左枕部头皮锐器刺创(箭头示刺创口);C. 术中采用人工硬脑膜(TachoComb)植入(为防止脑脊液外漏、颅内感染、脑膨出、脑粘连和瘢痕等严重并发症,恢复硬脑膜的完整性);D. 创腔经行处的脑组织可见刺创,在细钢条刺入和拔出过程中因受害人和加害人体位变动或用力方向变动,造成较大范围的脑组织挫裂伤。

8. 单刃锐器刺创

一名 47 岁男性,在争执、打斗中被他人用单刃锐器刺入右额部,伤后 6 天死亡(图 6-8)。本案致伤工具为"打开为细长刃缘"的单刃折叠水果刀。

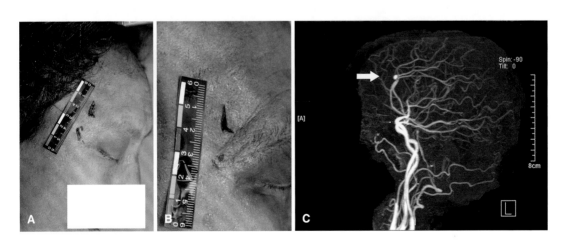

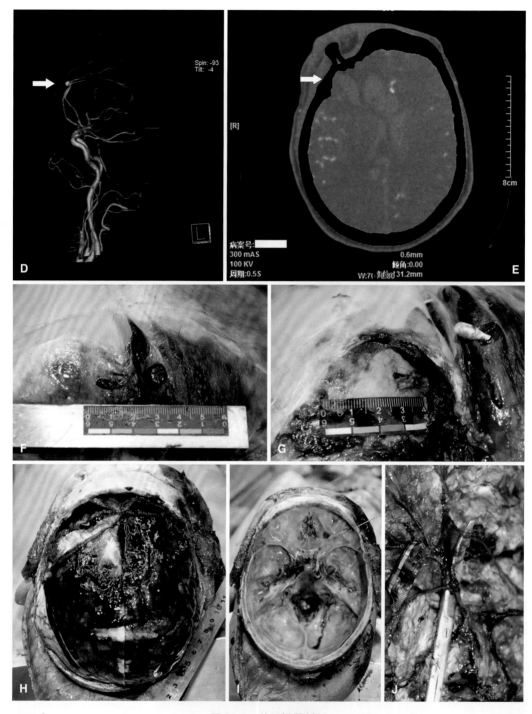

图6-8 单刃锐器刺创

A.右侧额颞部刺创的表面已形成痂皮;B.剥离痂皮后见一钝一锐的锐器创创口;C、D.单刃锐器刃尖刺入损伤处所致的牵拉外力导致血管壁菲薄,形成动脉瘤,CT血管成像示瘤体未破裂;E.颅脑影像学资料,示创道周围脑组织肿胀;F.创道经行处颞肌检见出血,创道经行处帽状腱膜、颞肌均可反映致伤工具的特征;G.创道经行处颅骨缺损,可反映致伤工具的特征;H.该锐器创导致硬脑膜下腔广泛性出血(创口较小,血液易积聚于硬脑膜下腔)和损伤周围蛛网膜下腔出血;I.金属探针示颅骨遭受锐器创的创道走向;J.锐器创创底处被损伤的前交通动脉形成未破裂的动脉瘤。

9. 头部较浅表的锐器创

头部被尖锐的金属尖端刺伤,伤后1个月时因自身疾病死亡(图6-9)。本案致伤工具为尖锐的金属尖端。

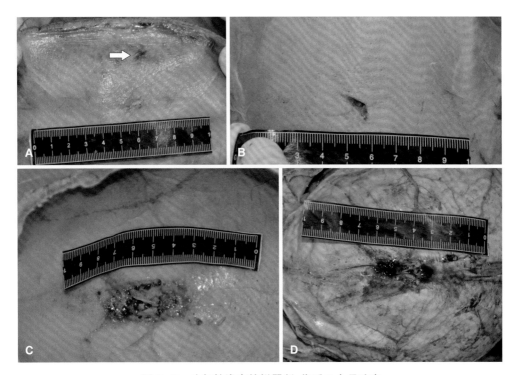

图6-9　头部较浅表的锐器创,伤后1个月改变

A. 头皮处损伤已愈合;B. 颅顶骨被金属尖端"磕伤"导致的凹陷性骨折;C. 顶骨凹陷性骨折的内侧面,有血凝块及纤维结缔组织增生,骨折边缘有吸收变圆钝的情况;D. 顶骨凹陷性骨折处的硬脑膜血凝块及纤维结缔组织增生。

参考文献

[1] Handlos P, Uvíra M, Dokoupil M, et al. Axe injury pattern in homicide [J]. Forensic Sci Med Pathol, 2019,15(3):516-518.

[2] Park J, Son H. Weapon Use in Korean Homicide: Differences Between Homicides Involving Sharp and Blunt Instruments [J]. J Forensic Sci, 2018,63(4):1134-1137.

[3] 丛斌. 法医病理学[M]. 5版. 北京:人民卫生出版社,2016.

[4] 刘耀,丛斌,侯一平. 实用法医学[M]. 北京:科学出版社,2014.

（张　桓　欧俊兴　杨元青）

第七章

火 器 损 伤

火器是借助爆炸物燃烧产生大量气体,将投射物投出的一类工具。火器致伤物的发射和爆炸导致其弹头或弹片对人体形成的损伤,称为火器伤,包括枪弹损伤和爆炸损伤。火器伤多见于战时,在刑事犯罪、恐怖袭击中也有发生。最早的火枪是由中国宋朝陈规于 1132 年发明的,最早的步枪是中国于 1259 年发明的,最早的手枪是意大利人于 1364 年发明的。我国对枪支严格管控,枪伤的发生率较世界上大多数国家低。自人类发明和制造枪支后,枪弹损伤的发生率逐年增长。枪击案件的性质多为他杀,自杀和意外少见。

一、枪弹的损伤机制

1. 弹头直接撞击作用

人体受枪击时,最初经受的是高速旋转的弹头冲击、碰撞组织所造成的撞击损伤,损伤程度从较轻的皮肤挫伤至严重的枪弹创。当弹头穿透皮肤,进入深层组织时,弹头对前方组织施予的压力,即前冲力,沿着弹道方向使组织撕裂、拉断和击穿,形成原发弹创管,即永久性创道(permanent wound track)。

2. 瞬时空腔效应

高速飞行的弹头进入组织时形成激波,以很大的压力压缩弹道周围组织,使组织向周围膨胀、扩张而发生迅速移位,形成一个比弹头大几倍至几十倍的瞬时空腔。弹头在机体内形成瞬时空腔而使创道周围组织和器官受到损伤的效应称为瞬时空腔效应(temporary cavitation effect)。

3. 压力波的致伤作用

高速弹头进入人体时,除产生瞬时空腔外,还有一部分能量以波的形式传递给创道周围组织和器官,这种由弹头能量所产生的不同类型强度的波称为压力波。由压力波作用导致远离创道部位产生的损伤和病理改变称为远达效应(remote effect)或远隔损伤。

二、枪弹创的类型

1. 按枪的种类分类

分为膛线枪枪弹创和滑膛枪枪弹创。

2. 按枪弹射入体前的经过分类

分为直射枪弹创、反跳枪弹创和枪弹与障碍物碎片所致枪弹创。

3. 按射击距离分类

（1）接触枪弹创：整个枪口抵住体表射击形成。

（2）半接触枪弹创：枪口部分紧压人体体表，部分离开人体体表射击形成。

（3）近距离枪弹创：距人体约 30 cm 以内射击形成。

（4）中距离枪弹创：膛线枪距人体 60 cm 内，滑膛枪约 5 m 以内射击形成。

（5）远距离枪弹创：超过以上距离射击形成。

4. 按穿透人体情况分类

（1）贯通枪弹创：弹头射入人体，穿过人体组织形成射创管后穿出体外形成的损伤，由射入口、射创管、射出口组成。

（2）盲管枪弹创：弹头射入人体后，在体内运行逐渐减缓并停留于体内，由射入口、射创管组成。

（3）擦过枪弹创：弹头以切线或极小角度擦过体表形成的开放性条状或沟状损伤。

（4）屈折枪弹创：弹头射入人体组织后，由于遇到质地硬的组织阻挡，致使其改变运行方向继续运行并射出体外。

（5）回旋枪弹创：弹头射入人体组织后，由于遇到质地硬的组织阻挡，致使其改变运行方向而形成曲线形的射创管，弹头未能穿出体外。

（6）反跳枪弹创：弹头在射入人体组织之前先击中较为坚硬的物体，弹头反弹后击中人体。

三、典型枪弹创的形态特点

1. 膛线枪管枪弹创射入口基本呈圆形或椭圆形，与弹头直径相近

（1）接触射入口（图 7-1）：当枪口接触体表射击时，火药颗粒和金属碎屑大部分直接进入创口皮下及深部组织，创口形态与射击部位的质地有关，创口周围或衣服上可见圆形或半圆形的枪口印痕，创口周围组织烧伤，组织缺损面积大于弹头。当接触射击部位皮下有骨质衬垫时，创口不整齐，可有面积较大的星芒状或十字形缺损，常见于前额、眉心、颞部或枕部。当接触射击在体腔表面或软组织丰富的部位时，则不会造成皮肤的较大缺损和边缘不整齐。创口周围可没有烟晕和火药残留，易与远距离射入口混淆，需要进一步探查射创管。

（2）半接触射入口（图 7-2）：燃烧残留物在皮肤表面形成一长椭圆形的分布区，创口呈椭圆形，不形成星芒状射入口，皮肤上可有枪口的部分压痕。

（3）近距离射入口（图 7-3）。

① 中心皮肤缺损：缺损边缘皮肤内卷，创口类似漏斗状，创缘整齐或略呈小锯齿状，创口组织形成缺损，不能合拢。当射击垂直于体表时，皮肤缺损呈圆形；当其他角度射击时，皮肤缺损呈椭圆形。

② 擦拭轮：当弹头进入皮肤组织时，附着在弹头上的金属碎屑、油污等异物黏附于创口边缘皮肤，形成黑褐色的轮状带，宽约 1 mm，位于挫伤轮的内缘，易被皮肤皮革样化掩盖。

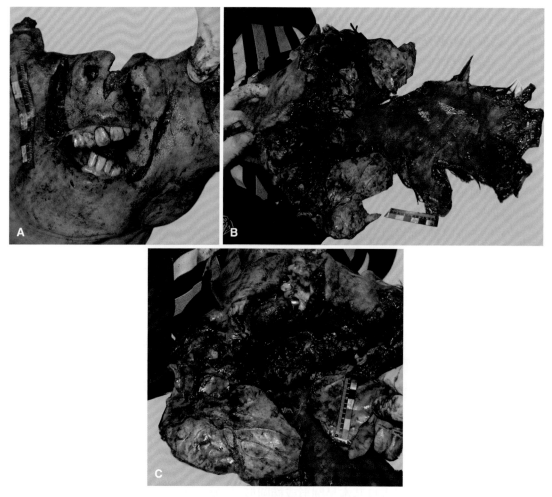

图7-1 接触的霰弹枪弹创

A. 射入口为口腔内,口腔严重毁损,下颌及下唇皮肤完整,上唇皮肤向上撕裂;B. 射创管和射出口所致头颅严重毁损,容貌不可辨,头皮向后撕裂外翻,颅骨崩裂骨折,脑组织严重碎裂;C. 颅骨内板见黑色的火药烟熏痕迹。

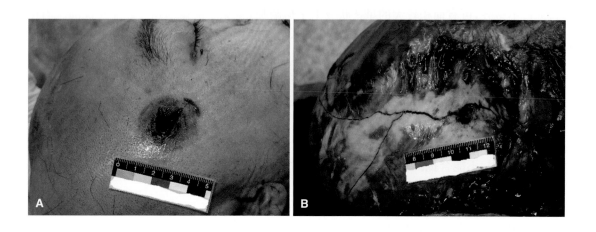

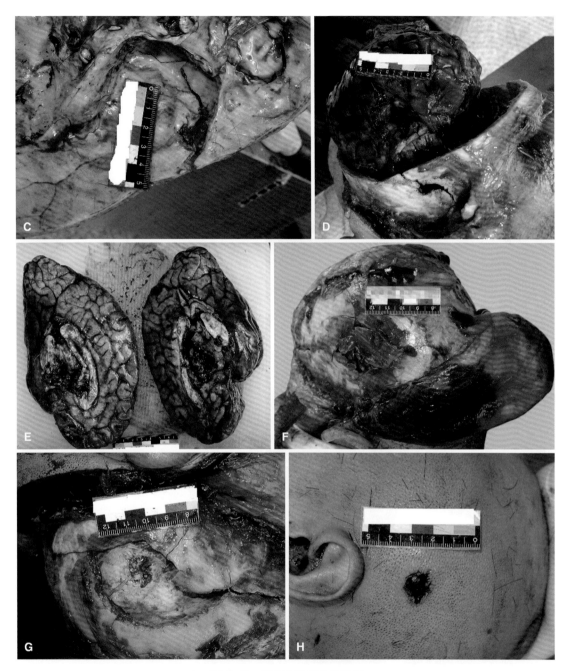

图 7‑2　颅脑的半接触枪弹创

　　A. 右额颞部头皮的接触射入口,射入口可见枪口印痕、中央圆形缺损、环状挫伤轮,颅骨衬垫和瞬时空腔效应导致射入口边缘组织向外隆起;B. 射创管行经处的右额颞部见帽状腱膜下血肿,额颞骨交界处见内向性孔状骨折,周围见少许黑色火药颗粒沉着,孔状骨折周围呈延伸性的线性骨折;C. 射创管行经处的右侧颞骨上方额颞骨交界处见内向喇叭口状的孔状骨折;D. 射创管经行处的大脑右额颞叶见类圆形孔状创口;E. 射创管贯通双侧大脑内囊区域;F. 射创管行经处的左侧颞骨见孔状骨折、颅骨粉碎性骨折,骨折线向前延伸至额骨,向后延伸至左枕骨;G. 射创管经行处的左颞部与骨折对应部位硬脑膜类圆形孔状创口;H. 头颅左侧的星芒状射出口。

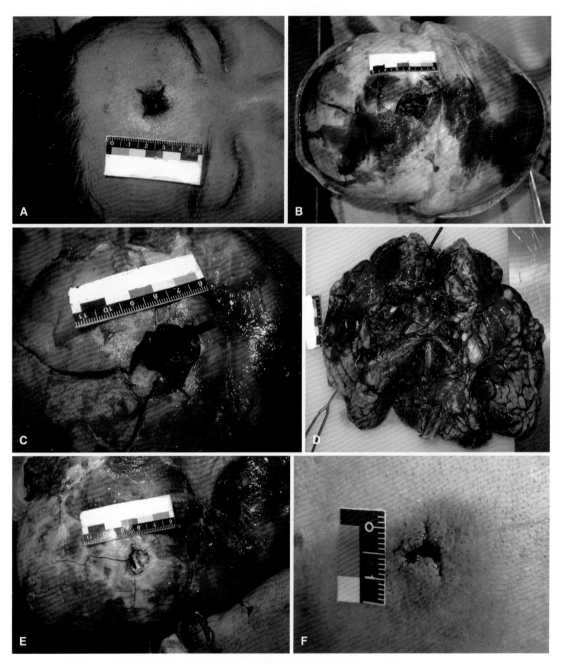

图 7-3　颅脑的近距离枪弹创

A. 皮下有骨质衬垫的接触射击射入口的中心皮肤缺损,缺损边缘见擦拭轮、挫伤轮,创缘有烧灼痕迹及星芒状挫裂创; B. 射入口为额部皮肤缺损处,皮下组织出血、帽状腱膜下出血、颅骨骨折;C. 将射入口处骨膜剥离,示额前部与皮肤创口对应处颅骨见圆形的孔状骨质缺损,孔状骨质缺损周围的骨折片向内凹陷,呈向内的喇叭口状,喇叭口状骨折周围见5条呈放射状、向四周延伸的线性骨折;D. 大脑自右额叶至右枕部脑组织见一直线型射创管,横穿内囊区,周围伴随脑出血,探针示射创管;E. 射出口:枕骨右侧见呈向外喇叭口状的孔状骨折,孔状骨折周围见3条呈放射状、向周围延伸的线性骨折;F. 枕部头皮处的射出口:射出口呈星芒状,边缘皮肤向外翻,创缘不整,无烧灼痕迹,创内见组织间桥。

③ 挫伤轮：弹头进入皮肤的瞬间，作用中心部位形成缺损，创周受弹头旋转、挤压而出现表皮剥脱或皮下出血，形成环形挫伤带，开始时为鲜红色，随时间延长、水分蒸发而发生皮革样化，呈现为褐色。宽度一般为 1～3 mm。当射击垂直于体表时，挫伤轮宽度一致；当挫伤轮宽度不一致时，宽的一侧为距枪管较近的一侧。

④ 射击残留物：随弹头一起射出并分布在射入口周围皮肤上的物质，其成分为火药颗粒、火药燃烧的烟晕、弹头与枪管内壁摩擦脱落的金属碎屑、枪管内的枪油等。射击残留物是认定射入口的依据之一，是近距离射击的指征。

（4）远距离射入口：仅见擦拭轮和污垢环，燃烧残留物镜下可见。

2. 膛线枪管枪弹创的射创管

（1）射创管的断面：射创管截面的大小和形态与弹头速度、形态及组织特征有关。

（2）射创管的内容物：弹头从外界带入的异物，以及人体内组织破裂被带入的异物。

（3）射创管曲折：弹头穿过不同密度的组织，运动方向并不一定呈直线，有可能呈曲线或折线状。

（4）射创管壁的组织学特征：包括原发创道区（弹头直接损伤的组织，可见破碎组织、凝血块、血液及异物）、挫伤区（围绕原发创道区的邻近组织挫伤）和震荡区（挫伤区外围的组织病变，主要表现为血液循环障碍）。

3. 膛线枪管枪弹创的射出口

创缘常向外翻，呈星芒状、"十"字形、圆形、椭圆形、新月形或裂隙等多种形状，创口一般大于同一弹头形成的射入口。当接触射击时，射出口周围皮肤表面可附有挫碎、出血的皮下脂肪组织。若射出口有硬物衬垫，创缘周围可检见环带状表皮剥脱。

参考文献

［1］丛斌.法医病理学［M］.5 版.北京：人民卫生出版社，2016.

［2］闵建雄.法医损伤学［M］.2 版.北京：中国人民公安大学出版社，2010.

［3］雷普平，瞿勇强.法医病理学鉴定实用图谱［M］.北京：科学出版社，2017.

（王尚文　赵永和）

第八章

颅脑交通损伤、高坠与摔跌性损伤

◆ 第一节　颅脑交通损伤 ◆

　　交通损伤(injury in transportation)指在交通运输过程中发生的各种损伤总称,即指各类交通运输工具和参与交通运输活动中的物体,在运行过程中导致人体组织器官结构的完整性破坏或功能障碍,甚至死亡。交通事故可分为道路交通事故(汽车、摩托车、电单车等)、铁路交通事故、船舶交通事故、航空事故(飞机、热气球)等。随着我国经济的高速发展,汽车保有量不断增加,交通事故率和死亡人数居高不下,道路交通安全已成为我国亟待解决的社会难题,严重威胁着人们的生命安全。在道路交通事故中,头部受伤是致死、致残的主要原因,创伤性脑损伤作为颅脑损伤的主要形式,受到了广泛关注。据统计,在各型颅脑损伤中,交通事故导致的颅脑损伤构成比超过50%。

一、交通损伤的分类

1. 按交通运输方式分类
可分为道路交通损伤、铁路交通损伤、航空交通损伤、船舶交通损伤等。

2. 按损伤发生性质分类
可分为交通事故损伤、交通意外损伤、自杀性交通损伤、他杀性交通损伤等。

二、交通损伤的特点

　　(1) 损伤发生在交通运输过程中,交通工具必须处于运动状态下。
　　(2) 损伤由交通运输工具直接、间接或两者联合造成。
　　(3) 绝大部分交通损伤属钝性机械性损伤,其损伤程度、特点与交通工具的接触部位特点、运行状态有关。
　　(4) 交通损伤常表现为多发性和复合性,形态复杂、类型多样、损伤严重、死亡率高,死亡多发在伤后近期内。
　　(5) 部分交通损伤案件的发生与驾驶人的精神、生理和疾病等有关。

（6）交通损伤多为意外，也可见于自杀或他杀。

三、交通事故的类型

包括直撞伤（挡风玻璃、前保险杠、框柱等撞击）、车底部损伤（碾压伤、车底盘砸压伤、挤压伤）、刮擦或拖擦伤、抛掷或摔跌伤、挤压伤或砸压伤、车内人员损伤（驾驶员损伤、副驾驶位乘员损伤、后排乘员损伤）、烧伤或爆炸伤，以及复杂情况（多车碾压、车内抛出后碾压、撞击后碾压、加速碾压伤）等。

四、行人的致伤机制

包括碰撞三联伤和碾压伤等。碰撞三联伤指首次碰撞伤或直撞伤、抛举性碰撞伤和滑动性碰撞伤。

五、行人的损伤特征

包括撞击伤、伸展伤、碾压伤、摔跌伤、拖擦伤、砸压伤和挤压伤等。撞击伤可分为保险杠损伤、承重腿损伤、机动车车头所致碰撞伤等。

六、车内人员的损伤特征

1. 驾驶员的损伤

包括挡风玻璃或挡风玻璃框碰撞伤、挥鞭样损伤、方向盘损伤、四肢反射性损伤和安全带损伤等。

2. 乘员的损伤

包括副驾驶位乘员的损伤和后排乘员损伤。

3. 车内人员的其他损伤

包括被抛出车外的损伤、异物穿刺伤、车门挤压伤和烧伤等。

七、典型案例

1. 颅脑挡风玻璃撞击伤

一名青年男性步行时，右额面部被车辆挡风玻璃撞击后形成的损伤（图8-1）。

2. 颅脑碾压伤案例一

一名46岁男性仰卧于路面，被重型半挂载重货车的车轮碾压头部，导致头颅粉碎性崩裂性骨折，颅骨整体呈向内压缩状，呈现开放性粉碎性骨折（图8-2）。该男性颅脑被车轮碾压，车轮及地面的双向暴力致使颅脑崩裂，脑组织崩出，伤后即时死亡。

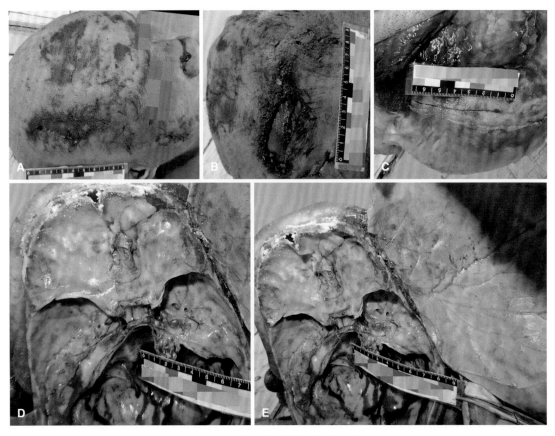

图8-1　行人颅脑挡风玻璃撞击伤

A、B.前额部大面积范围内可见多处条片状擦挫伤,右额颞部可见挫裂创,创口哆开,创腔中尚可见挡风玻璃碎片,创口周围皮肤可见大量类平行浅表碎玻璃划痕;C.右额颞部损伤处颞骨前后走向的线性骨折;D、E.伤处受力大,右额颞筛骨由撞击所致的线性骨折。

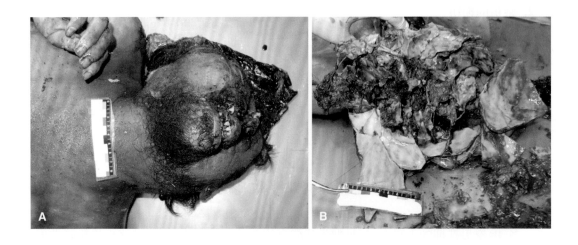

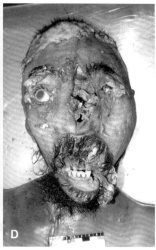

图 8-2 颅脑碾压伤

A. 脑组织部分缺失,头皮、皮下组织及帽状腱膜检见不规则的开放性破裂创;B、C. 开放性颅脑损伤,软组织破裂创,颅骨粉碎性崩裂性骨折,脑组织破碎、缺失;D. 颅脑部分复原后,在上颌骨正中及左侧、下颌骨左侧均检见粉碎性骨折,前额至鼻尖检见不规则破裂创,右眼外侧检见长 5 cm 的不规则破裂创,创内可见骨折断端。

3. 颅脑碾压伤案例二

一名 48 岁男性被轻型货车碾压头部、胸部、下肢等处并被拖行,伤后即时死亡,颅骨整体呈向内压缩状,呈现开放性粉碎性骨折(图 8-3)。

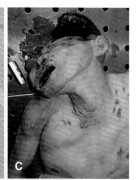
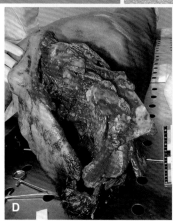
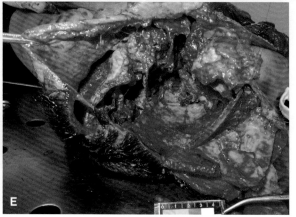

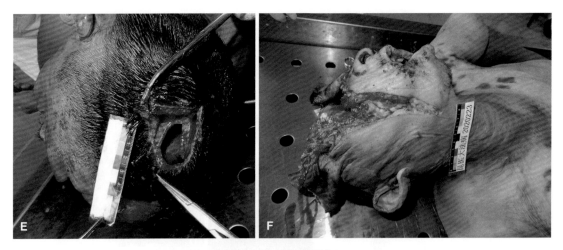

图8-3　颅脑碾压伤

　　A. 现场碾压车辆与人体的位置关系;B. 现场人体原始情况,脑组织崩出,下肢异常反转体位;C. 颅脑被车轮及地面的双向暴力挤压,脑组织崩出而缺失;D. 头部软组织形成不规则状的全层性破裂创,创口自枕部斜向前方,经右眼内侧至右面部后终止于右下颌处,创口处检见包括头皮、皮下组织、帽状腱膜、骨膜、颅骨及硬脑膜在内的颅脑组织结构破坏,全脑组织从破裂口脱出;E. 顶枕部颅外组织被颅骨断端刺破;F. 在遭受碾压时右侧面颊部软组织崩裂。

4. 颅脑碾压伤案例三

　　男童在石板地面处被小型车辆碾压头部,伤后11小时死亡(图8-4)。

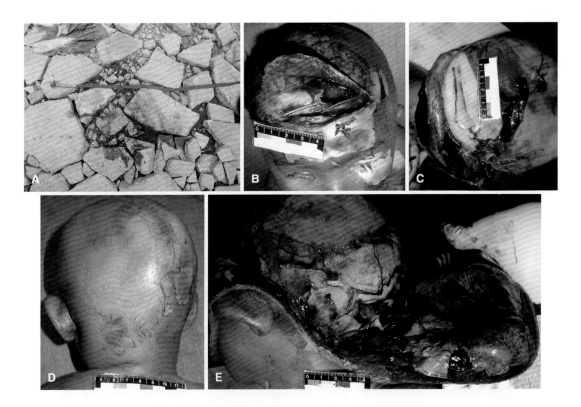

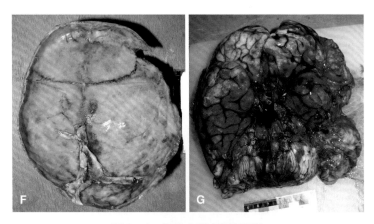

图 8-4 颅脑小型车辆碾压伤

A. 事发现场,地面石块对应额面损伤;B. 额面部向下遭受碾压,额部头皮挫裂创,边缘相对整齐;C. 额骨骨折,额骨有耐压不耐拉的特点,即受挤压颅骨凹陷处的颅骨外板无骨折,周围被牵拉的颅骨外板骨折;D. 轮胎接触面头皮损伤较轻;E. 头皮下出血及骨折严重,硬脑膜破裂,系开放性损伤,虽然脑损伤严重,但仍然存活了 11 小时;F. 额骨向内凹陷处内板局部线性骨折;G. 大脑枕叶部分脑组织挫伤,左额颞叶底部少许蛛网膜下腔出血。

5. 颅脑撞击伤

一名 29 岁男性被平头车辆(面包车)高速撞击头颅后(车速约 100km/h)即时死亡,颅骨整体呈向外膨胀状,呈现开放性粉碎性骨折(图 8-5)。

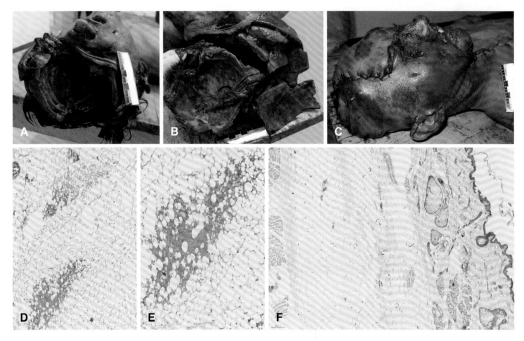

图 8-5 行人颅脑撞击伤

A. 右侧颅骨碎裂成较多的小块状碎骨片,脑组织已从颅骨破裂口脱出而缺失;B. 右侧颅骨碎裂成较多的小块状碎骨片(局部骨片已脱离),颅骨整体变形,骨折线向颅骨左侧蔓延,致使左侧颅骨分裂成大块状骨片,脑组织已从颅骨破裂口脱出而缺失;C. 局部缝合复原后,头皮检见长 32.0 cm 的全层性颅骨外组织破裂创,创口呈不规则状,创缘不光滑,创的走向贴近较完整的颅骨骨折线,缝合后在右侧额颞顶部检见撞击性损伤;D. 右侧头面部的皮下组织仅有少量小灶状挫伤出血灶形成(HE 染色,×100);E. 出血处红细胞腐败自溶,但轮廓清晰,系新鲜出血(HE 染色,×200);F. 大部分区域头皮下组织挫伤出血不明显(HE 染色,×100)。

6. 驾驶员烧伤

一名 30 岁男性,在高速驾驶重型半挂牵引车行驶过程中,被另一辆"从对向车道冲入其车道"的重型半挂牵引车撞击,后起火燃烧(图 8-6)。

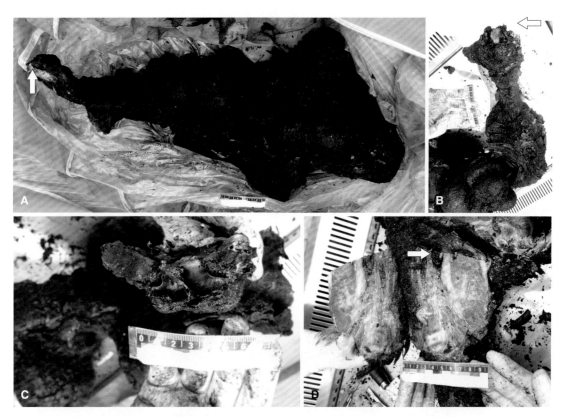

图 8-6 被交通事故车辆烧毁的驾驶员尸体

A. 该男性身体烧毁严重,头颅大部分缺失;B. 枕骨大孔周围的部分残留颅骨及颈部残余骨组织(箭头所示);C. 残存的小块状颅底骨及残存的颈椎;D. 寻找尸体血管(腹主动脉、下腔静脉)内残留血液进行碳氧血红蛋白含量检测(本例碳氧血红蛋白含量为 21%),可为诊断烧死提供证据。

7. 摩托车驾驶员减速伤

一名 25 岁男性驾驶二轮摩托车发生刮擦后倒地受伤,额顶部为摔跌接触地面后形成的减速伤,伤后有短时间的抽搐,之后活动能力未见异常,回到其住地后有呕吐,伤后 7 小时左右,被朋友发现已死亡(图 8-7)。

8. 摩托车乘客伤案例一

一名 20 岁男性,乘坐双轮摩托车与黑色轿车相撞后,左顶枕部着地,伤后立即送医,救治 7 天后死亡(图 8-8)。

9. 摩托车乘客伤案例二

一名 3 岁女童,在出生 1 个月时被两轮摩托车乘客抱着乘坐摩托车,发生交通事故致重度颅脑损伤,经救治好转出院,后"一直不会说话,双下肢不会走路,双手呈握拳状,难被掰直,睡眠中频繁发生抽搐,不会咀嚼食物,经常无法排便",3 岁时在家中床上被发现死亡(图 8-9)。

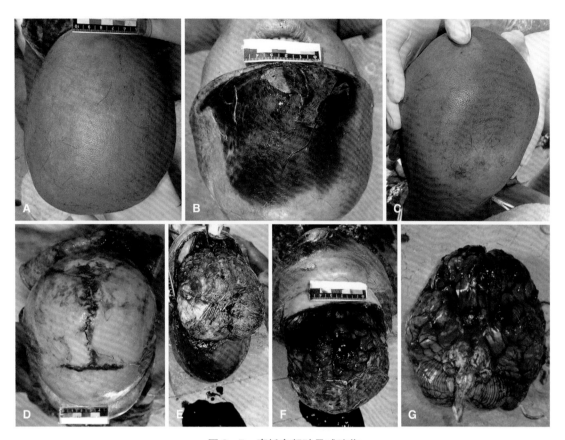

图 8-7　摩托车驾驶员减速伤

A. 额顶部头皮表面擦伤不明显,触之肿胀明显;B. 额顶部大面积帽状腱膜下出血;C. 颅骨整体变形,骨缝出血所致枕部头皮下出血伴有尸斑改变;D. 颅骨整体变形,颅盖骨有骨缝分离,矢状缝为重;E. 顶部头皮大片状挫伤出血,硬脑膜下腔检见大量出血并流注到解剖台上;F. 额部硬膜下出血、蛛网膜下腔出血、局灶状脑挫伤;G. 脑底部面显示减速伤。

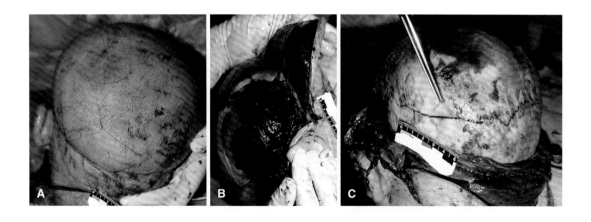

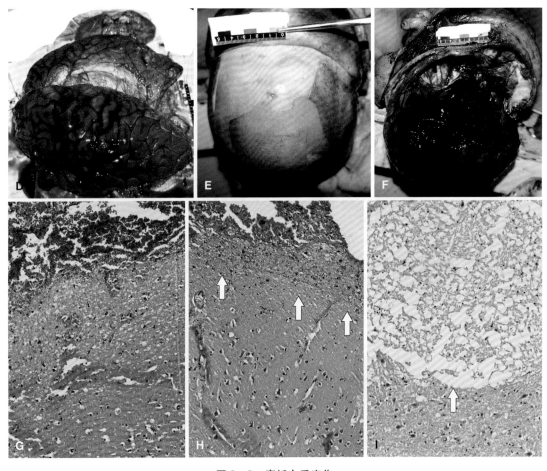

图8-8　摩托车乘客伤

　　A.左顶枕部冲击伤处头皮片状挫伤出血;B.左侧顶枕部头皮下组织挫伤出血,颞肌出血;C.左侧颞顶枕部颅骨骨折线形成;D.左侧颞顶枕部蛛网膜下腔出血;E.额部对冲伤处颅骨未见损伤;F.额部对冲伤处蛛网膜下腔出血、脑组织挫伤出血;G.蛛网膜下腔出血(HE染色,×400);H.局部蛛网膜下腔出血处的脑膜下脑组织受出血压迫,缺血缺氧导致神经细胞坏死,神经纤维崩解(箭头所示);I.伤后颅内高压,脑干组织受压,出现灶片状液化坏死(箭头所示)(HE染色,×400)。

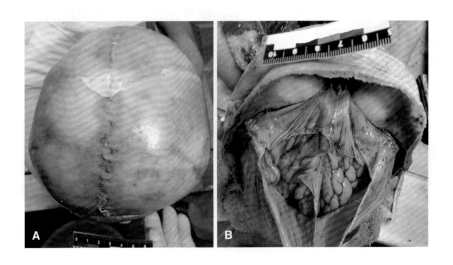

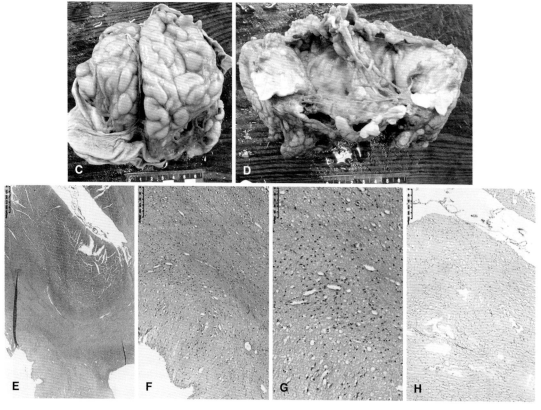

图 8-9 摩托车乘客伤

A. 颅外软组织及颅骨未检见新鲜的损伤；B. 硬脑膜外腔、硬脑膜下腔、蛛网膜下腔均未检见出血，大脑表面液化坏死明显，呈萎缩状；C. 固定后脑组织萎缩明显；D. 固定后脑室扩大，大脑皮质菲薄，脑室周围脑组织大面积液化、坏死；E. 脑皮质至脑室间的厚度明显变薄（HE 染色，×20）；F. 脑室周围部分神经细胞坏死崩解，部分神经细胞固缩（HE 染色，×100）；G. 神经胶质细胞明显增多（HE 染色，×200）；H. 脑皮质下脑组织结构紊乱，神经细胞坏死崩解，神经纤维呈团块状增生（HE 染色，×100）。

10. 自行车驾驶人损伤

一名 73 岁男性，"骑自行车与两轮摩托车发生刮擦"后倒地，致"头部接触地面损伤"，伤后急送医院救治，伤后 26 小时死亡（图 8-10）。

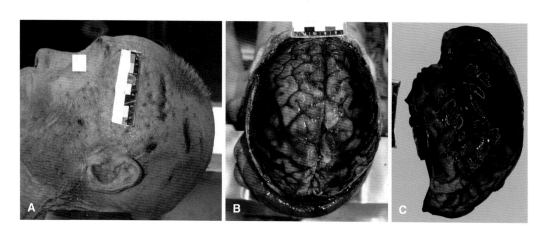

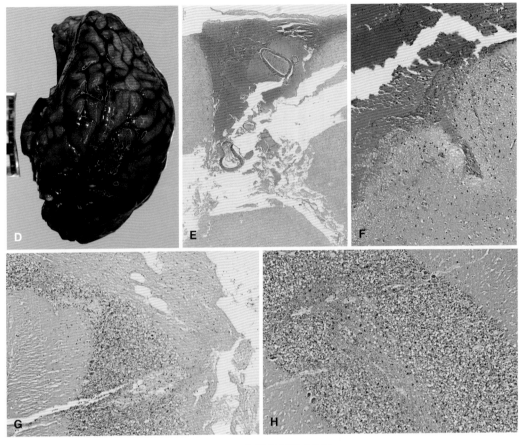

图 8‐10　自行车驾驶人损伤

A. 左颞顶部头皮接触地面后形成多处条片状擦伤；B. 大脑两侧颞顶部检见蛛网膜下腔出血；C. 左侧冲击伤处脑组织蛛网膜下腔出血及脑挫伤；D. 右侧对冲伤处脑组织蛛网膜下腔出血及脑挫伤；E. 左颞顶部蛛网膜下腔出血(HE 染色，×40)；F. 左颞顶部蛛网膜下腔出血，脑膜下脑组织小灶状液化坏死，脑组织水肿，部分神经细胞固缩(HE 染色，×200)；G、H. 小脑因颅内压升高、缺血缺氧，导致浦肯野细胞、颗粒细胞崩解，数量减少(HE 染色，图 G×100，图 H×200)。

11. 颅脑损伤术后 5 月余死亡

死者因交通事故致颅脑损伤，术后 5 月余死亡(图 8‐11)。

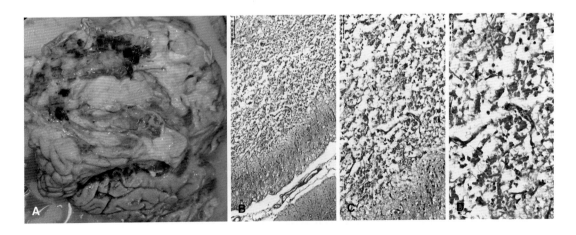

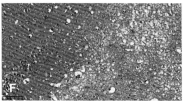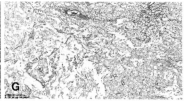

图 8-11　交通事故致颅脑损伤，术后 5 月余死亡

A. 交通事故致颅脑损伤术后，并发脑软化、小灶状出血、炎症细胞浸润；B. 大脑软化、液化，神经胶质细胞增生（HE 染色，×100）；C. 图 B 放大（HE 染色，×200）；D. 图 C 放大（HE 染色，×400）；E. 大脑软化、液化，神经胶质细胞增生，局部检见小灶状出血（箭头所示）（HE 染色，×200）；F. 海马区脑组织疏松水肿，呈空网状改变（HE 染色，×200）；G. 灶性大脑髓质软化，周围灶性炎症细胞浸润（HE 染色，×100）。

12. 颅脑损伤 5 个月后死亡

死者因交通事故致颅脑损伤，5 个月后死亡（图 8-12）。

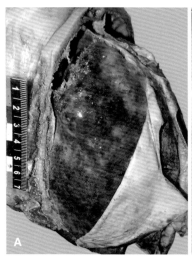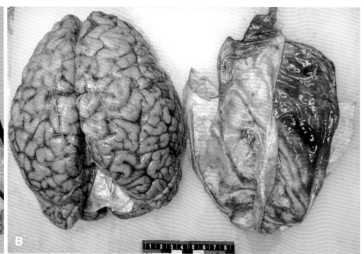

图 8-12　交通事故致颅脑损伤，5 个月后死亡

A. 左额顶部硬膜下血肿处形成的膜样结构；B. 剥离膜样结构后，蛛网膜下腔未见出血，脑表面未检见新鲜损伤。

◆ 第二节　颅脑高坠与摔跌性损伤 ◆

高坠伤（injury by fall from height）是指人体从高处以自由落体运动坠落，与地面或某种物体碰撞发生的损伤。高坠损伤在自杀、意外或灾害事件中多见，偶有他杀后伪装自杀或意外事件。高坠颅脑损伤的本质是处于运动状态的头部撞于固定的致伤物，或是具有一定重量的头部急骤减速运动，在数毫秒、短距离范围内停止，在颅骨停止运动的瞬间，脑因惯性作用继续运动，原始速度越大则脑向着力对侧运动的幅度也越大，造成对冲部位脑底面与颅前窝或颅中窝的骨质摩擦、冲撞而产生对冲性脑损伤。在此种损伤机制下，脑的冲击伤和对冲伤均较严重。

摔跌性颅脑损伤的本质也是处于运动状态的头部撞于固定的致伤物,为减速运动形式,与典型高坠案例相比,摔跌坠落高度低,形成的颅脑损伤或躯体破坏较轻微。在跌倒致颅脑损伤死亡的案件中,头部着力部位与跌倒方向、姿势及现场的地理状况等有密切关系。摔跌常导致枕部着地性损伤。人体的头颅形似球体,摔跌时与地面等平面接触,易形成圆形或类圆形、中央挫伤明显、外围较轻的头皮损伤,以头皮挫伤、点片状擦挫伤居多,颅骨骨折多为单条线性骨折,多出现硬膜下出血。

一、高坠伤的影响因素

1. 体重与高度

体重越大,高度越高,则冲击力越大,损伤越严重。

2. 着地点情况

柔软有弹性的地面能减轻损伤;反之,损伤重。

3. 接触方式和着地部位

(1) 头部:损伤严重。

(2) 下肢:内脏器官破裂及广泛性骨折。

(3) 背部:损伤相对轻。

(4) 臀部:损伤较轻,但脊柱易骨折。

4. 中间物

可缓冲、减轻损伤,但钢索、薄细金属板可产生切割样损伤。

二、头颅伤的尸表特点

(1) 擦伤、挫伤、挫裂创:额部及颌面部多见。

(2) 血肿:枕部最多见,颞顶部次之,多位于帽檐水平。

(3) 骨折:常见从耳、鼻、口等处流出血液和脑脊液。

(4) 眼结膜出血:轻者点状出血,重者出现血肿,甚至结膜及角膜破裂。

(5) 下颌骨骨折或切牙脱落。

三、颅脑伤的解剖检验特点

(1) 皮下出血、颅骨骨折及硬脑膜下出血较多见。

(2) 颅底骨折最常见,大多呈放射状,亦可为粉碎性骨折。

(3) 当枕部着地时,眶板对冲性骨折、脑挫伤(冲击伤和对冲伤)常见。

(4) 常见的颜面外伤有上、下颌骨骨折,鼻骨骨折,眼、口腔损伤出血等。

四、典型案例

1. 颅脑摔跌伤

一名44岁女性,跑到卫生间后发出"啊"的一声,家属随即进入卫生间,发现"其仰卧于地面,鼻腔内有泡沫血,意识丧失,呼吸、心跳丧失",经抢救未恢复,宣布死亡。该被鉴定人为站立位滑跌后,后枕部着地所致的损伤(图 8 - 13)。

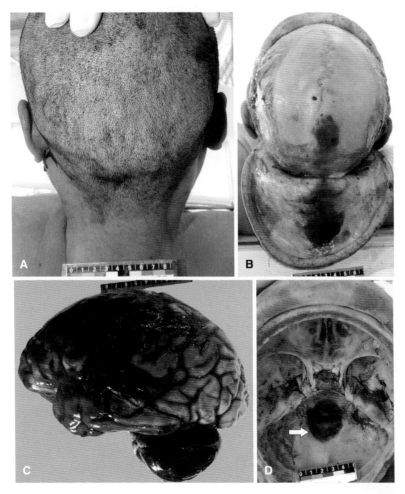

图 8 - 13 颅脑摔跌伤

A. 后枕部头皮擦伤不明显,触之肿胀明显;B. 后枕部检见片状头皮下挫伤出血;C. 蛛网膜下腔出血符合冲击伤(小脑后侧广泛性蛛网膜下腔出血)和对冲伤(额颞顶部广泛性蛛网膜下腔出血)的分布特征;D. 枕寰关节间隙增大,后侧寰枢关节呈半脱位,该处的软组织有细纹状破裂创形成。

2. 河底处颅脑高坠伤

一名青年男性高坠(坠落高度约 6 m)落水,入水处水面至水底约 40 cm,头部撞击河底不规则石块,导致头部损伤,伤后即时死亡(图 8 - 14)。

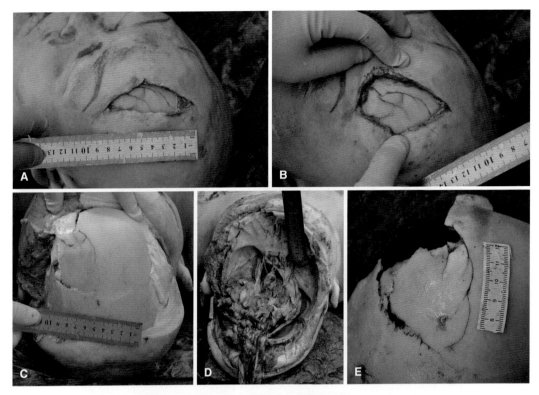

图 8-14　河底处的颅脑高坠伤

A. 额顶部头皮不规则挫裂创,因水流作用,伤处出血不明显;B. 挫裂创内颅骨线性骨折;C. 去除头皮后,见较大范围内额顶部颅骨骨折;D. 额顶部骨折区域的骨折线向颅前窝蔓延,脑组织腐败自溶性改变;E. 颅骨骨折中心区域的正面观。

3. 水泥地面 15 层楼高坠伤

一名 15 岁女性自 15 层楼处跳落,坠落地面为水泥地面,伤后即时死亡(图 8-15)。因伤后存活时间极短,现场死后出血较多,头皮组织挫伤出血局限,且脑组织出血不明显。

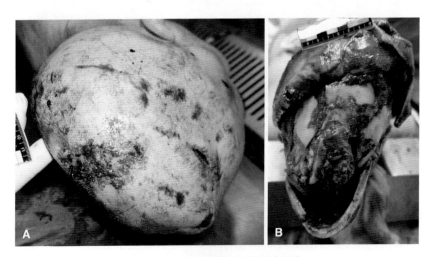

图 8-15　水泥地面 15 层楼高坠伤

A. 头颅明显变形,坠落高度高,冲击力大,颅骨粉碎性骨折,颅脑呈扁平状;B. 头颅粉碎性崩裂性骨折,脑组织挫裂创。

4. 水泥地面 5 层楼高坠伤

一名 20 岁男性自 5 层楼顶部跳落,坠落地面为水泥地面,伤后即时死亡(图 8-16)。

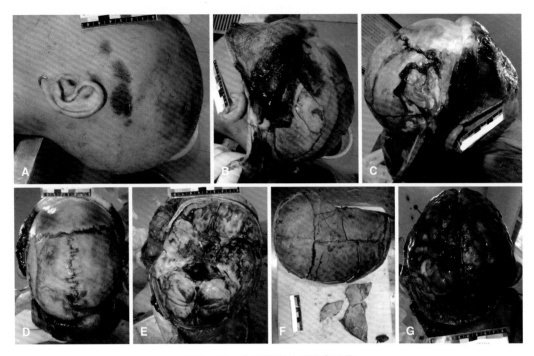

图 8-16　水泥地面 5 层楼高坠伤

　　A. 着地处头皮擦挫伤;B~F. 颅骨整体变形,呈崩裂样粉碎性骨折,左侧受地面外力后较右侧呈略凹陷状,右侧的骨缝分离较左侧明显,骨折线进入颅前窝、颅中窝、颅后窝,进入左侧颅中窝的骨折线延伸至垂体窝,将垂体结构破坏;E. 暴力将枕骨大孔结构破坏并导致寰枢关节脱位;F. 颅盖骨骨折的内面观;G. 检见大脑广泛性蛛网膜下腔出血。

5. 水泥地面 6.5 m 高坠伤

　　一名 62 岁男性,自 6.5 m 高处坠落,坠落地面为水泥地面,后枕部先着地,随惯性作用肩背部着地,最后为臀部和双下肢着地,伤后即时死亡(图 8-17)。

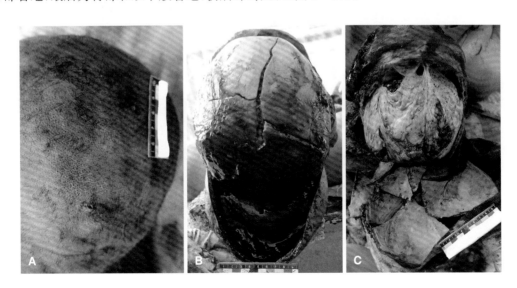

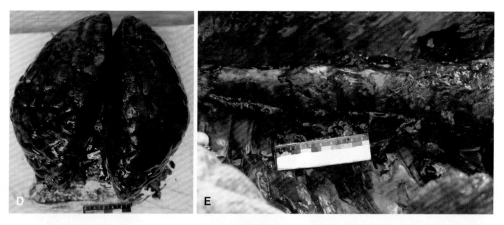

图 8-17　水泥地面 6.5m 高坠伤

A. 后枕部着地处检见头皮肿胀及细小的挫裂创形成；B. 着地处软组织挫伤出血，颅骨呈粉碎性崩裂性骨折；C. 颅骨粉碎性骨折，其骨折端刺破硬脑膜及脑组织；D. 大脑蛛网膜下腔出血，脑组织检见骨折缘的刺破痕迹；E. 后枕部着地，随惯性作用肩背部着地后发生的脊柱爆裂。

6. 醉酒撞击水泥地面致颅脑损伤

一名 21 岁女性，中午吃饭、饮酒，饭后 1 小时左右发生"呕吐、手脚无力"，在呕吐过程中"发生摔倒，头部碰到地面两次"，后出现"打呼噜、口唇发紫"的情况，送医抢救无效，伤后 10 余小时宣布死亡（图 8-18）。

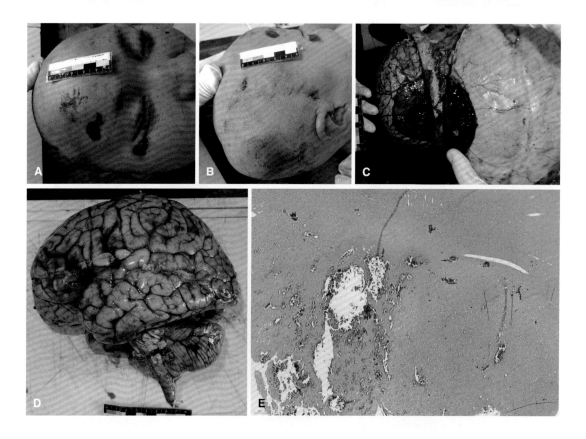

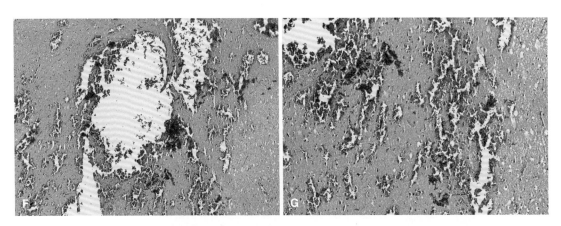

图 8 - 18　醉酒撞击水泥地面致颅脑损伤

A. 右额部撞击地面形成的头皮损伤；B. 右颞顶部撞击地面形成的头皮损伤；C. 右侧颞顶部硬膜外血肿；D. 左侧额颞顶部多个小灶状蛛网膜下腔出血及脑膜下脑组织挫伤出血（对冲伤）；E. 左侧大脑对冲伤处的脑实质挫伤出血伴挫裂创形成（HE 染色，×40）；F. 图 E 放大（HE 染色，×100）；G. 图 F 放大（HE 染色，×200）。

7. 油罐车顶部高坠伤

一名 47 岁男性自油罐车顶部坠落于水泥地面，伤后数小时死亡。死者颅骨整体变形骨折，广泛蛛网膜下腔出血，以左额、顶叶为重，有严重的对冲伤（图 8 - 19）。

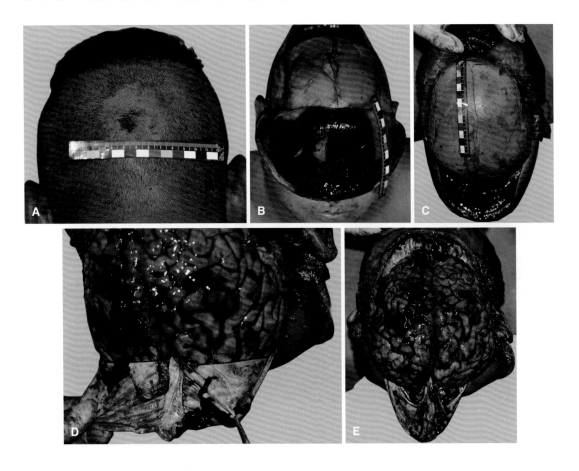

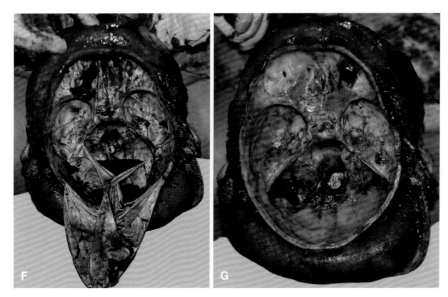

图 8-19　油罐车顶部高坠伤

A. 着地处头皮擦挫伤(冲击伤);B. 颅骨整体变形,骨折线经颅顶部后到达额部,自骨折线处出血流至帽状腱膜下层;C. 颅顶部的骨折线;D. 冲击部位硬脑膜下腔少量血凝块及蛛网膜下腔出血;E. 对冲部位硬脑膜下腔少量血凝块及蛛网膜下腔出血;F. 冲击部位(颅后窝)、对冲部位(颅前窝)均有少量硬膜下出血;G. 对冲部位(右侧颅前窝处)额骨的眶板、蝶骨小翼骨折。

8. 荡秋千致颅脑损伤

一名 5 岁女童,荡秋千时后枕部着地,着地部位为土质地面,伤后 10 余小时出现"呕吐",症状逐渐加重,又 3 小时后经抢救无效死亡(图 8-20)。就医时隐瞒病史,以医疗纠纷接受死亡原因鉴定委托。

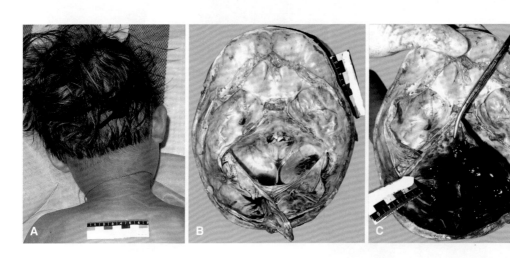

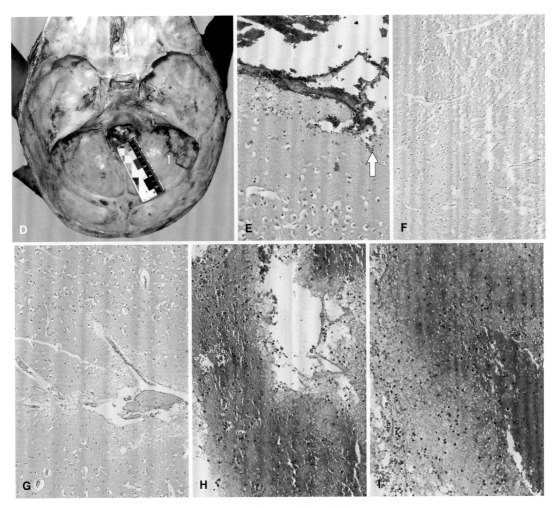

图 8-20　荡秋千时后枕部着地

　　A. 后枕部着地处头皮擦伤不明显，无破损及出血；B、C. 枕部硬膜外血肿；D. 右枕骨骨缝处出血，骨缝内侧约 1.0 cm 的斜向骨折线形成（箭头所示）；E. 脑组织水肿，局部脑膜下脑组织少量小灶状出血（箭头所示）；F. 后枕部脑组织神经细胞坏死崩解；G. 脑组织水肿伴筛状软化灶形成；H、I. 硬膜外血凝块，其间可见少量纤维组织。

9. 硬土质地面 2 m 高坠伤

　　一名 53 岁男性，从 2 米左右高的地方跌落，头面部着地，着地部位为硬土质地面，伤后意识清楚，伤后 14 小时出现呕吐，后症状逐渐加重，伤后 3 天经抢救无效死亡。本例硬膜下出血为桥静脉和皮层静脉破裂所致的出血可能性大，因硬脑膜血肿机化，难以确定出血点（图 8-21）。

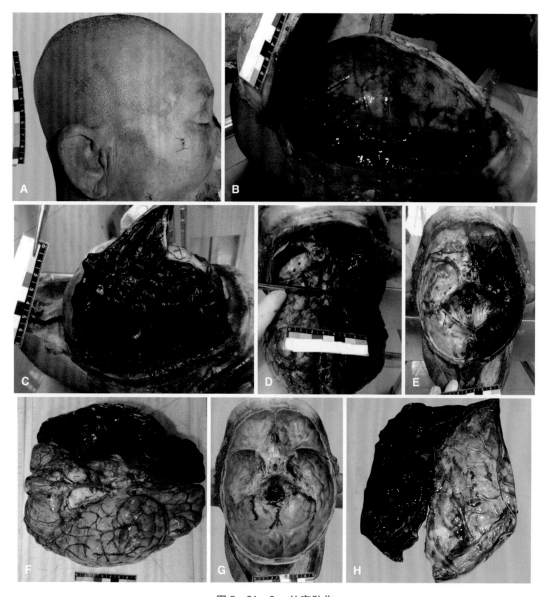

图 8-21 2m 处高坠伤

　　A. 右侧头面部皮肤挫伤出血并有医源性缝合线痕迹；B～E. 右侧大脑硬脑膜下腔出血并形成血凝块；F. 右侧大脑受出血的血液浸染，色泽呈铁锈红色，在切片检验时未检见脑梗死及挫伤出血；G. 颅底骨未检见骨折；H. 损伤处硬脑膜和血凝块粘连较紧密，硬脑膜未检见肿瘤及其他畸形。

10. 被摔跌在水泥地面导致颈髓损伤

　　一名 46 岁男性，被他人搂抱着摔跌在水泥地面，倒地后自脖子以下均无知觉，急送县医院救治，因病情危重，再次送往省级医院救治，入院诊断"第 4～5 颈椎脱位，四肢瘫痪，颈部脊髓损伤"，住院 20 天后，将呼吸机去除，心跳、呼吸随即在 1 分钟内消失（图 8-22）。

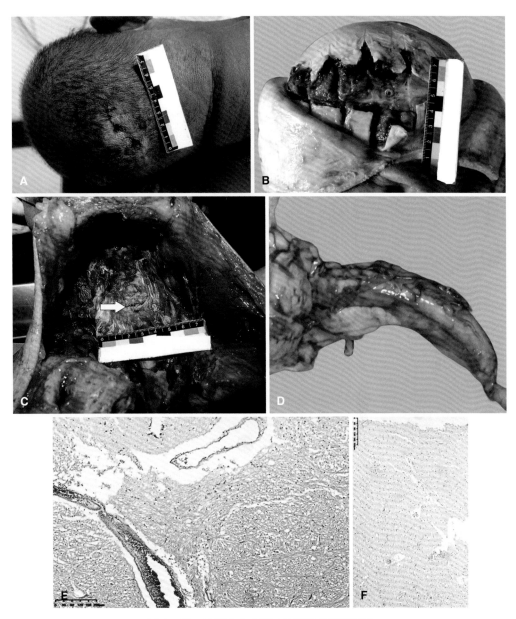

图 8-22　被摔跌在水泥地面所致的颈髓损伤

A. 后枕部头皮褥疮形成,非损伤所致;B. 颅骨牵引器在颅骨上的附着点;C. 在第 4、5 颈椎的椎体处检见自前向后、斜向上走形的分离性颈椎脱位,起点为第 5 颈椎体上缘,斜向上进入颈部脊髓腔;D. 颈椎脱位处的颈髓液化、坏死,致颈髓变细、变软;E. 脑干神经细胞坏死、崩解,脑干组织水肿,局部血管周围检见少量出血(HE 染色,×100);F. 部分脑干神经细胞坏死、崩解(HE 染色,×100)。

11. 呼吸机脑

一名 48 岁女性,突发心肌梗死,仰面无任何自我保护性反射地摔在平面地板砖上,后紧急送医。入院检查示"体温、心率、呼吸、血压、血氧饱和度未测出,格拉斯哥昏迷量表评分 3 分(E1V1M1),双侧瞳孔散大固定,对光反射消失",入院后予心肺复苏、电除颤,恢复心跳,呼吸未恢复,行呼吸循环支持(呼吸机、维持循环药物)、抗感染、止血、降低颅内压、止血、亚低温治疗、预防应激性溃疡、维持电解质平衡、补充白蛋白、肠内高营养及补液等治疗。维持 11 天后,宣布该女性死亡(图 8‑23)。

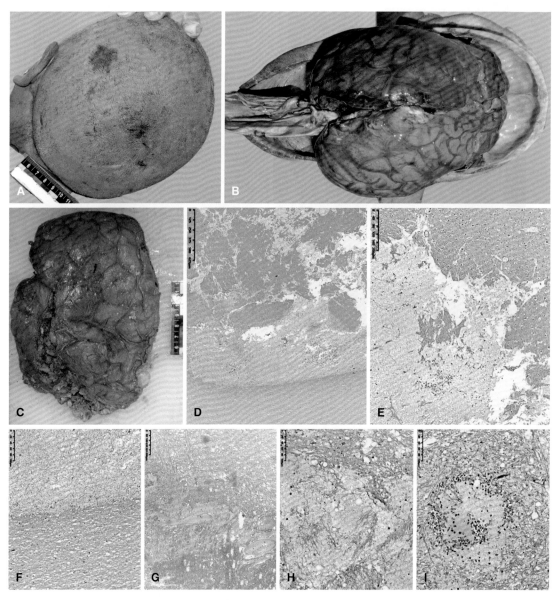

图 8‑23　呼吸机脑

A. 左侧顶枕部头皮因摔跌导致的头皮擦挫伤;B. 硬膜外、硬膜下及蛛网膜下腔均未检见出血,但脑组织肿胀,色泽呈暗紫红色(呼吸机脑);C. 脑组织经福尔马林溶液固定后色泽呈暗褐色结构不清状;D. 大脑组织检见大片状液化、坏死,伴炎症细胞浸润和灶片状出血(HE 染色,×40);E. 大脑组织检见大片红细胞,神经细胞坏死、崩解,脑组织弥漫性水肿(HE 染色,×100);F. 大脑组织出血,神经细胞坏死、崩解(HE 染色,×200);G. 脑干组织多发性小灶状液化、坏死伴出血(HE 染色,×40);H. 图 G 放大(HE 染色,×200);I. 脑干组织神经纤维坏死、崩解伴炎症细胞浸润(HE 染色,×200)。

参考文献

［1］田振中,孙振雷.我国道路交通事故死亡人数影响因素及管理对策研究［J］.中国人民公安大学学报(自然科学版),2022,28(2):38-44.

［2］Sun L L, Liu D, Chen T, et al. Analysis on the accident casualties influenced by several economic factors based on the traffic-related data in China from 2004 to 2016［J］. Chin J Traumatol, 2019, 22(2): 75-79.

［3］Pavlovic D, Pekic S, Stojanovic M, et al. Traumatic brain injury: neuropathological, neurocognitive and neurobehavioral sequelae［J］. Pituitary, 2019, 22(3):270-282.

［4］魏明,吴荣奇,陈新.28例摔跌致死的法医学分析［J］.法医学杂志,2012,28(6):438-440.

［5］Alizo G, Sciarretta J D, Gibson S, et al. Fall from heights: does height really matter［J］. Eur J Trauma Emerg Surg, 2018,44(3):411-416.

［6］Baig A, Drabkin M J, Khan F, et al. Patients with falls from standing height and head or neck injury may not require body CT in the absence of signs or symptoms of body injury［J］. Emerg Radiol, 2021,28(2): 239-243.

［7］丛斌.法医病理学［M］.5版.北京:人民卫生出版社,2016.

［8］刘耀,丛斌,侯一平.实用法医学［M］.北京:科学出版社,2014.

（张　桓　雷普平）

第九章

高低温损伤、杀婴及虐待

◆ 第一节　高低温损伤 ◆

在法医病理学实践中常会遇到热作用导致的组织损伤,甚至烧灼死亡,此时鉴别烧死还是焚尸十分重要。此外,在高温、高湿环境中因中暑突然死亡,在低温、潮湿等环境条件下发生低温损伤甚至冻死,有时也被疑为暴力死亡,需要认真鉴别。虽然高低温所致中枢神经系统损伤有时具有一定特异性,但仍需要结合尸体的整体改变以及现场、案情等综合考虑。

一、烧伤与烧死

通常所说的烧伤、烧死都是指火焰与躯体直接接触导致的损伤或死亡。因沸水、沸汤、沸油、蒸汽与躯体直接接触引起的组织损伤,称为烫伤。按烧伤形态,烧伤可分为以下四类。

（1）Ⅰ度烧伤(红斑性烧伤):仅伤及皮肤表皮层,表现为皮肤发红、肿胀。

（2）Ⅱ度烧伤(水疱性烧伤):浅Ⅱ度烧伤,皮肤表皮细胞坏死,表皮与真皮分离,形成水疱;深Ⅱ度烧伤,深达真皮层。

（3）Ⅲ度烧伤(焦痂性烧伤):皮肤呈棕色痂皮,累及皮肤全层及皮下组织。

（4）Ⅳ度烧伤(炭化):严重时由炭化转化为灰化,完全破坏皮肤及深层组织,可达骨质。

烫伤按损伤程度可分为Ⅰ～Ⅲ度,其表现与烧伤相似。除非是熔化的金属烫伤,否则一般不会出现炭化现象。

二、烧死尸体的病理学改变

1. 体表改变

（1）尸斑鲜红,尸表油腻。由于烧死者血液中碳氧血红蛋白含量较高,尸斑常呈现鲜红色。皮下组织中的脂肪在高温作用下渗出到皮肤表面,使得尸表油腻。在尸表完全炭化的尸体,尸表油腻也很明显。

（2）烧死者体表皮肤上可见各种深度的烧伤(红斑、水泡、焦痂、炭化)。

（3）眼部改变:在火场中,由于烟雾刺激,受害人往往反射性紧闭双目,死后可在外眼角形成未被烟雾、炭末熏黑的"鹅爪状"改变，称为外眼角皱褶。角膜表面和睑结膜囊内也无烟灰和炭末沉积。由于双目紧闭，睫毛仅尖端被烧焦，称为睫毛征候。

（4）当全身被烧时，肌肉遇高热而凝固收缩，由于屈肌较伸肌发达，屈肌收缩较伸肌强，所以四肢常呈屈曲状，类似拳击手在比赛中的防守状态，故称为拳斗姿势（图9-1A）。

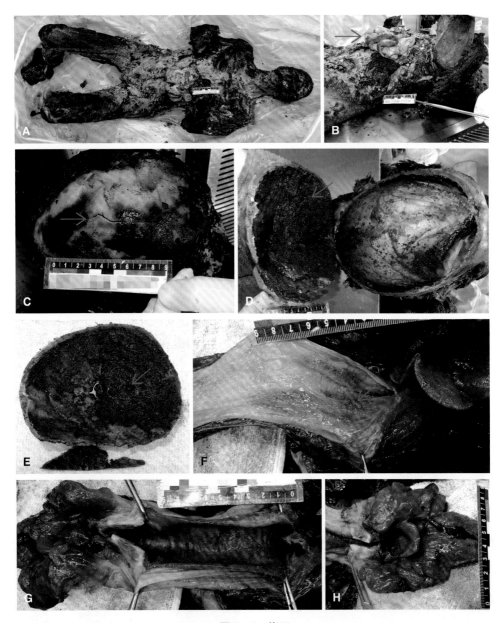

图9-1　烧死

A. 尸体呈拳斗姿势，全身皮肤炭化；B. 因高温作用，腹部肿胀，腹壁破裂，肠管外露；C. 颅骨因高温作用，头皮炭化脱落，颅骨呈裂隙状骨折；D. 颞顶部颅内硬脑膜外热血肿，血肿松软，颜色呈砖红色，为典型死后硬膜外热血肿；E. 硬膜外热血肿为砖红色，血肿结构松软，内含脂肪及气泡，呈蜂窝状，与颅骨相贴；F. 食管下段可见烟灰、炭末沉着；G. 气管腔黏膜呈热作用呼吸道综合征改变，黏膜表面炭末沉积，黏膜充血、红肿，蛋白变性；H. 喉头黏膜呈充血、水肿状。本例被鉴定人是一名保安，上班处岗亭内发生火灾，家属到达后发现被鉴定人已死亡。

（5）高温使皮肤组织中的水分蒸发，干燥变脆，皮肤凝固收缩，发生顺皮纹的裂创，形成梭形创口，酷似切创，称为假裂创。假裂创创腔、创底常无烟灰、炭末沉积。

（6）高温破坏骨的有机质而使其松脆，也可使颅骨及长骨骨髓腔内产生气泡，造成骨破裂（图9-1C），易发生于上肢的腕部及下肢的踝部。头面部被焚烧时，软组织容易被焚毁，导致颅骨暴露，颅骨大量星芒状、裂隙状骨折等。

2. 内部器官及颅脑改变

（1）热作用呼吸道综合征：在火场高温环境中，灼热的火焰、空气、蒸汽、烟雾或其他有害气体随呼吸进入呼吸道、肺，引起呼吸道和肺的损伤。

（2）颅脑烧伤者常有脑水肿、小脑扁桃体疝形成，有时可发生海马沟回疝，脑实质充血、水肿，血管血浆渗出，有时发生纤维素样坏死。显微镜下见神经细胞肿胀、均质化或空泡变性，以小脑浦肯野细胞、脑桥及大脑皮质神经细胞表现较为明显，胶质细胞增生，可见卫星现象。头部受火焰高温作用，脑及脑膜受热、凝固、收缩，与颅骨内板分离，形成间隙，由于硬脑膜血管及颅骨板障的血管破裂，流出的血液聚集于该间隙中形成血肿，即硬脑膜外热血肿（extradural heat hematoma）（图9-1D、图9-1E）。

（3）硬脑膜外热血肿与外伤性硬脑膜外血肿的鉴别：①硬脑膜外热血肿的形成原因是高温作用，为死后形成；血肿部位多在额顶部；范围较大，重可达100 g以上；质地脆；血肿颜色为砖红色或暗红色；血肿结构松软，内含脂肪及气泡，呈蜂窝状；与颅骨内板粘连，与硬脑膜粘连不紧密；头部无外伤，颅骨可有烧焦、炭化，颅骨骨折呈外凸或星芒状。②外伤性硬脑膜外血肿的形成原因是外力作用，为生前形成；血肿部位不固定，双额部多见；血肿范围较局限；质地软，有弹性，血肿致密；血肿颜色为暗红色；血肿挤压颅骨，并与硬脑膜紧密粘连；头部相应部位有外伤痕迹，常伴有颅骨骨折。

（4）烧死与焚尸的鉴别：烧死的皮肤烧伤伴有生活反应；眼睛有睫毛征候、"鹅爪状"改变；呼吸道、气管、大支气管内可见烟灰、炭末沉着，呼吸道表现为热作用呼吸道综合征；胃内可见炭末等（图9-1、图9-2）。焚尸则无上述改变。

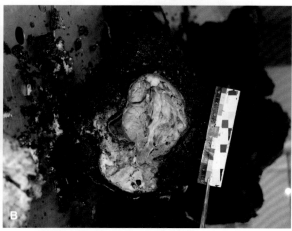

图 9-2 烧死

A、B.头部长时间受热作用后脑组织变白,为蛋白变性所致,未见颅内出血;C.头部长时间受热作用后颅骨碎裂、呈碎片状,局部颅骨炭化。

三、冻伤与冻死

低温所致体表局部损伤称为冻伤(frostbite)。人体长时间处于寒冷环境中,因保暖不足,散热量远超过产热量,超过人体体温调节的生理限度,物质代谢和生理功能发生障碍所引起的死亡,称为冻死(death from cold)。冻死者脑及脑膜充血水肿。若颅内容物冻结,容积膨胀,可发生颅骨骨缝裂开。尸体冰冻后,同样可发生颅骨骨缝裂开,故非冻死所特有。

◆ 第二节 杀婴及虐待 ◆

一、杀婴

杀婴(infanticide)指非法使用暴力手段,加害分娩过程中或娩出后不久、已具有生活能力的新生儿生命的犯罪。新生儿尸体的法医学检验,必须确定是否为新生儿、有无生活能力、胎儿月份(成熟度)、活产或死产、分娩后存活时间以及死亡原因,其中以有无生活能力和死亡原因最为重要。

(一) 新生儿存活时间确定

1. 新生儿确定

皮肤上黏附羊水、血液,肛门周围及大腿部有墨绿色胎便。胎脂呈灰白色泥土样,娩出时大部分胎脂已脱落,在腋窝、腹股沟、耳后、颈部等皮肤皱褶或关节处尚有残留。新生儿小肠下段及全部大肠充满黄褐色至墨绿色胎便,胎便黏稠如泥状。法医学上判断新生儿的主要特征为脐带湿润柔软,有光泽,呈灰白色、蜡样,在脐带根部无明显分界线。

2. 存活时间确定

(1)皮肤:关键特征为新生儿红斑、新生儿黄疸。成熟儿皮肤紧张、丰满,出生5、6小时后出现新生儿红斑;1～2日后红斑消退,同时脱皮;2～3日出现轻度新生儿黄疸,皮肤、巩膜上出现程度不等的黄染;4～5日黄疸加深,皮肤呈棕黄色;7～10日后黄疸自然消退。未成熟儿黄疸较重者,可延迟至生后14～30天消退。

(2)脐带:关键特征为炎症环、脐窝形成、脐带瘢痕化。出生后不久死亡的新鲜尸体,脐带湿润柔软,有光泽,呈灰白色、蜡样,在脐带根部无明显分界线;出生6～12小时后脐带根部组织发生轻度炎症反应;24～36小时后出现一圈明显的红色分界线,即炎症环;2～3日后炎症环显著发红、肿胀,同时脐带从游离端的血管内膜逐渐增厚闭塞至脐根部,并逐渐干燥而皱缩呈黑色;至第5～8日,脐带全部干燥、萎缩、脱落;第12～15日形成脐窝;经3周全部瘢痕化。检验时应仔细观察脐带的残端是否有发炎和化脓等,必要时应做细菌培养。需要注意的是,脐带未结扎导致脐带出血,一般不会造成新生儿失血性休克死亡。

(3)胎头水肿:在分娩过程中,胎儿先露部的部分软组织受到强力压迫,使不受压的先露部发生淋巴液及血液淤积,形成局限性皮下组织水肿,出现瘤样突起,称产瘤(caput succedaneum),亦称胎头水肿。常见于颅顶部或顶枕部,亦可以发生于臀部,触之如黏土样感。分娩后数小时胎头水肿开始缩小,1～3日内消失。无血液循环的死产儿不发生胎头水肿。胎头水肿不局限于一块颅骨,可越过骨缝或囟门而波及其他颅骨,其骨膜下常伴有点状出血。尸检时,切开胎头水肿部分可见疏松的皮下组织充满液体,状似胶冻,周围界限不清,有波动感。

(4)胎头血肿:因胎头通过产道受到强力压迫,或因胎头负压吸引和产钳助产术等,致颅骨外的软组织与骨膜剥离,骨膜下的小血管破裂,血液淤积在骨膜下形成血肿,称为胎头血肿(cephalohaematoma)。胎头血肿在刚分娩后不明显,产后数小时到两三天内逐渐增大,数周后消失。血肿的中心部有波动感,周围有堤状质硬的隆起,无移动性,并常以一块颅骨的边缘为界限,不越过骨缝或囟门而波及另一块颅骨。

(5)胎便:胎儿一般出生10小时开始排胎便,4天才能排净。镜下,胎便的主要成分为肠黏膜分泌的黏液,特殊成分是胎便小体(meconium corpuscle)。胎便小体是圆形或卵圆形的褐绿色小体,直径20～40μm,无明显结构,有时呈颗粒状。胎便中还含有胆汁及羊水成分,包含角化上皮细胞、毳毛、脂肪球等。

(6)胃肠内容物:胃内如有血液或胎便,证明分娩时胎儿是活的。胃内如有乳汁,证明已经哺乳。存活一天以上时,注意勿将黏液误认为奶汁,奶汁含脂肪而黏液无脂肪。开始呼吸时,胃内即咽入空气,30分钟后空气进入十二指肠,约6小时可越过小肠,进入全部大肠需24小时以上。

(7)新生儿循环系统:胎儿时期循环系统为胎盘循环,即血液的气体交换与物质交换过程在胎盘内进行。胎儿出生后肺循环代替了胎盘循环,脐静脉、脐动脉、动脉导管、静脉导管及卵圆孔开始发生器质性变化,经过数日、数周或数月,内腔缩小、闭锁,变成相应的韧带,分别称脐静脉索、脐动脉索、动脉导管索、静脉导管索,卵圆孔闭锁需要数月,甚至还有永久性开放的。

3. 新生儿存活能力确定

(1)定义:胎儿出生后能够继续维持生命的能力,称生存能力。

（2）胎儿发育程度：通常以妊娠月数或周数来表示胎儿发育程度，妊娠 10 个月或 40 周的胎儿完全成熟。

（3）影响生存因素：暴力导致堕胎、杀婴、高度畸形、严重疾病、重度分娩障碍、孕妇使用某些药物等都会影响成熟儿生存。

（二）常见的杀婴方式

杀婴案件的常见死因是机械性窒息及致死性头颈部损伤。国内报道的杀婴案件中以机械性窒息最为常见，此外，溺死、失血性休克致死也很常见。以不作为形式杀婴也并不罕见，诸如遗弃、低温（图 9-3～图 9-5）、重度营养不良、中暑、多器官功能衰竭等，其他罕见方式有投喂动物、活埋、高坠（图 9-6）、用针插入颅内等。

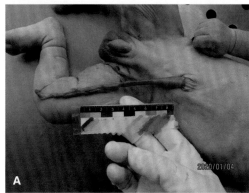
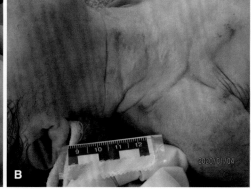

图 9-3 弃婴（一）

A. 腹部脐带残留，未结扎，断端不整齐；B. 右侧颈部皮肤小灶状皮肤青紫伴划痕（询问笔录显示为生产过程中手掐颈部把胎儿从体内取出所导致的）。被鉴定人母亲在厕所内分娩，脐带为被鉴定人母亲用手指掐断，被鉴定人头朝下掉入厕所蹲坑里，出生后有哭声，经送医检查后被遗弃。事发当时为初春季节，气温较低。新生儿娩出时为活产，死亡原因为失血、低温致内脏器官衰竭死亡。

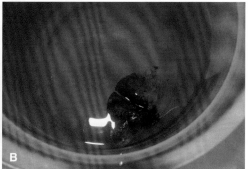

图 9-4 弃婴（二）

A. 被鉴定人在女厕内被发现时已死亡；B. 尸体解剖时，双肺浮扬试验阳性。经调查，被鉴定人母亲诉在上厕所（单体冲水蹲坑）过程中自然分娩一女婴，娩出后被鉴定人直接落到厕所里，胎盘也一并娩出。随后，其母亲未查看，直接离开。被鉴定人为足月新生儿，双肺浮扬试验阳性，提示出生后具有生活（生存）能力并存活了一定时间。事发当时为春季，气温较低。死亡原因为产后护理缺失（失血、低温、缺氧）致器官功能衰竭死亡。

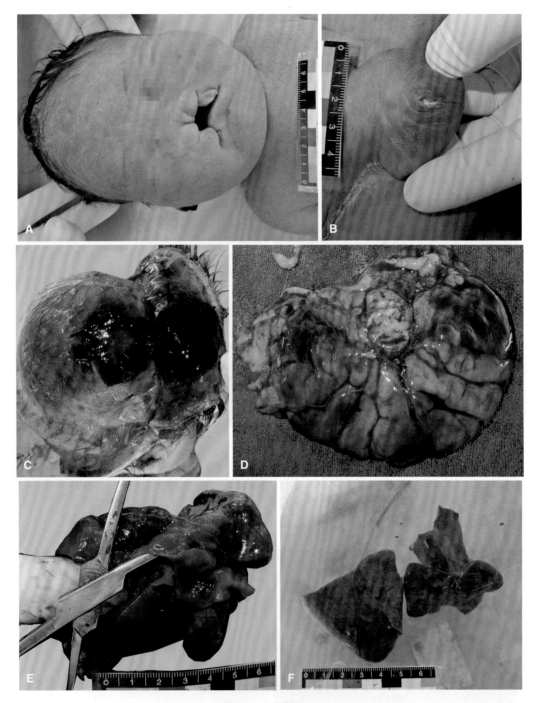

图 9-5　弃婴(三)

　　A. 被鉴定人鼻腔、口腔唇腭裂畸形；B. 外生殖器尿道外口狭窄畸形；C. 左顶部头皮下片状出血、血肿形成；D. 双侧大脑枕叶多处片状蛛网膜下腔出血；E. 心脏大血管畸形(肺动脉在肺动脉导管开口处移行为主动脉)；F. 双肺浮扬试验阳性。被鉴定人因出生后被发现唇腭裂畸形、生殖器畸形，被其父母遗弃在室外垃圾桶内。事发当时为冬季，遗弃约 1 小时左右被人发现后报警。被鉴定人为足月新生儿，出生后具有一定的生活能力并存活了一定时间。死亡原因为心脏大血管畸形合并产后护理缺失(低温、缺氧)致其衰竭死亡。

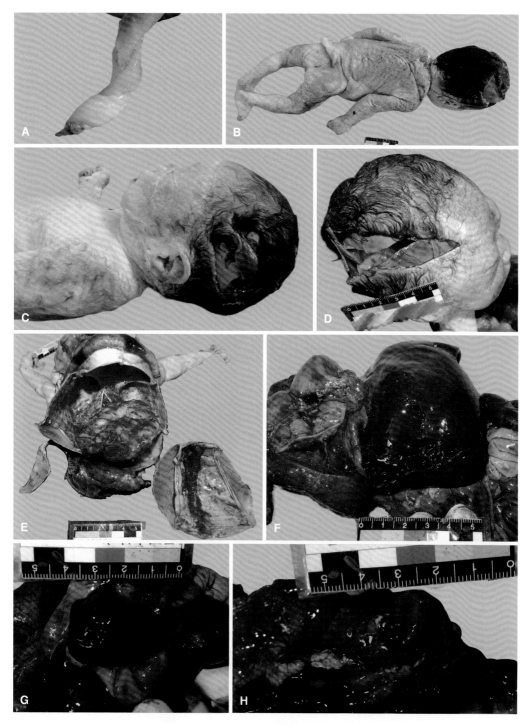

图9-6 杀婴

A. 脐带未结扎,断端不整齐,断面出血;B. 被鉴定人躯干背侧皮肤检见胎脂附着;C、D. 被鉴定人双侧颞顶部挫裂创形成,创缘不整齐,其下颅骨骨折、崩裂,脑组织溢出;E. 双侧颞顶部颅骨崩裂、硬脑膜破裂伴脑组织溢出,残留脑组织局部蛛网膜下腔出血;F. 肝右叶膈面破裂、出血;G. 脾脏破裂;H. 左肾破裂出血。被鉴定人被发现在女生宿舍楼外侧地上死亡。经调查,被鉴定人系住校学生所生子,在宿舍内自然分娩后被其母亲从六楼抛出窗外,坠落于楼下地面死亡。被鉴定人系活产(气管腔、支气管腔见泡沫样黏液,双肺扩张呈充气状,浮扬实验阳性,说明出生后存在呼吸活动),出生后具有一定的生活能力。死亡原因为高坠致颅脑、腹腔脏器等损伤死亡。

二、虐待

虐待儿童(child abuse, child maltreatment)是指对儿童有义务抚养、监管及有操纵权的人有意做出的足以对儿童健康、生存、生长发育及尊严造成实际的或潜在的伤害行为,包括各种形式的躯体虐待(physical abuse)、性虐待(sexual abuse)及儿童忽视(child neglect)等。受虐待的儿童所表现的症状和体征称为虐待儿综合征(child abuse syndrome),因遭受虐待而发生死亡的称虐待死。

1. 虐待事件特征

受虐待儿童以3岁以下的婴幼儿为多见,因生活不能自理,必须由他人哺育照顾;伤害属多次发生或重复的他伤,而非误伤或偶然事故;伤害属他伤,并具有显著的故意性;致伤者是身边的父母或者其他保护人、看护人,致伤条件方便,手段多种多样,伤害具有反复性和经常性的特点;致伤因素有机械性暴力、高温、低温、电流等物理因素,还有断食所致的营养不良或饥饿(图9-7)。

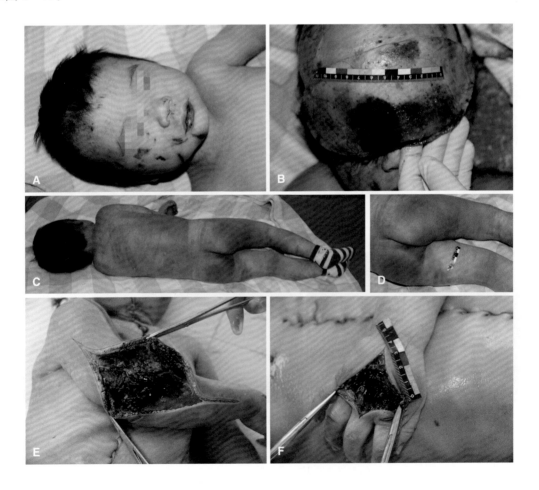

图9-7　虐待致死

A. 被鉴定人头、面部散在皮肤灶状、小片状、细条状擦挫伤；B. 头皮下组织出血，头皮肿胀；C、D. 被鉴定人尸体背部及臀部、双下肢大面积皮肤青紫，此外，背部皮肤尚可见数条"竹打中空"样皮肤挫伤；E、F. 右上臂、右手背大面积皮下挫伤、出血；G、H. 双侧臀部、双大腿后、小腿后可见严重皮下挫伤、出血。被鉴定人，男，3岁，被其母亲用手、细木棍抽打；约1小时后，被其母亲朋友带走并脱掉衣服进行惩罚，约1小时后给予穿上衣服，并在肚脐上滴藿香正气水；2小时后，被鉴定人出现手脚冰凉症状。次日上午，被鉴定人手冰冷，并出现意识丧失；下午，被鉴定人发生死亡。被鉴定人死亡原因为机械性损伤（失血、疼痛）致急性创伤性休克死亡。

2. 虐待儿童损伤特征

软组织损伤、骨折较为常见（图9-7），其余还有内脏器官损伤、面部五官损伤。其中摇晃婴儿综合征（shaken baby syndrome，SBS）泛指成人通过剧烈摇晃的方式造成5岁以下儿童（尤其是婴幼儿）颈部过伸和过屈，进而引起脑实质病变（脑水肿、缺血缺氧性脑病）、硬膜下出血和视网膜出血。婴幼儿颈部肌肉尚未发育完全，头部相对较重并且颅骨和大脑均未发育成熟，在剧烈摇晃过程中更容易遭受惯性作用而导致颅内小血管破裂，以及脑和颅骨之间的碰撞（特别是头部减速运动期），形成脑损伤。SBS被认为是成人虐童的依据，该类儿童常伴有软组织挫伤、四肢骨折等虐待伤。由于SBS具有挥鞭样损伤特征，解剖时应注意检查颈椎、颈髓（甚至整段脊髓）及其脊神经根、硬脊膜下腔、颈椎周围韧带等。一旦发现寰枕关节损伤等外伤性病理表现，将会有助于SBS的诊断。

3. 法医病理学鉴定

根据尸表检查和尸体解剖判断虐待手段及死亡原因。调查案情，全面检查伤痕，分清损伤次数、时间、种类和程度。尸体解剖可以借助影像学检查、提取检材做组织学检查、毒物分析及牙痕鉴定。

● **参考文献** ●

［1］丛斌. 法医病理学［M］. 5版. 北京：人民卫生出版社，2016.

［2］雷普平. 法医病理学学习笔记［M］. 北京：科学出版社，2017.

［3］陈康颐. 现代法医学［M］. 上海：复旦大学出版社，2004.

（李跃生　宋礼贵）

第十章

颅脑损伤影像学

颅脑损伤后未立即发生死亡的被鉴定人往往经过诊疗,有大量的影像学资料,尤其是伤后较长时间才发生死亡的鉴定。法医病理学者如果仅仅进行尸体解剖而不结合影像学图像,就很难全面认识颅脑损伤发生发展的病理变化并做出全面准确的鉴定。因此,法医病理学者不仅要通过被鉴定人颅脑损伤的临床症状、病理学检验来鉴定,还需要借助影像学分析进行损伤鉴定。X线、CT、MRI设备和技术的改进,以及图像处理手段的优化,使得颅内的结构与病变可以被清晰地展现,影像学检查图像能客观真实地反映颅脑损伤后颅内的组织改变特征。医学影像技术不仅能够帮助鉴定颅脑损伤的程度,而且能够帮助解决损伤时间的推断、损伤与自身疾病的鉴别、医疗损害、复杂人体损伤特殊案例中的因果关系、并发症产生的确定等一系列法医学相关问题。

◆ 第一节　常见颅脑损伤影像学检查 ◆

一、X线平片检查

X线平片为颅骨最基本的影像学检查方法,常用头颅后前位及侧位片(图10-1),主要用于显示颅骨骨折。但由于重叠影的干扰,平片对颌面部及颅底骨折的诊断存在明显的局限性,同时对诊断细微的骨折或鉴别线性骨折与颅缝也不理想,故临床上应采用不同的摄片角度、范围,针对具体部位的损伤进行观察,尤其是鼻骨、颧弓、下颌骨等头颅周缘突出部位,以此减少重叠影的相互干扰。

二、CT及MRI检查

CT骨窗技术(图10-2)显示颅骨骨折明显优于X线平片,还可以重建冠状位、矢状位图像以及三维重组图像,避免漏掉颌面部微小骨折或与扫描层面平行的骨折,完整地显示骨折线的分布。脑窗及软组织窗主要用于观察颅内脑组织、头皮结构及损伤情况,必要时还可进行增强扫描,用于观察脑血管损伤、肿瘤或其他合并疾病等。头部CT图像容易受运动伪影、射束

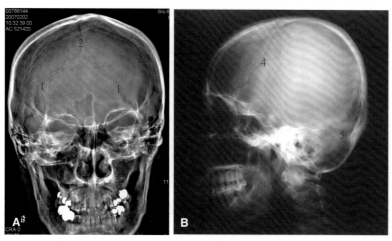

图 10 - 1　颅骨正常结构（平片）

A. 颅骨正位片,1—人字缝,2—矢状缝,3—冠状缝;B. 颅骨侧位片,4—冠状缝,5—枕骨。

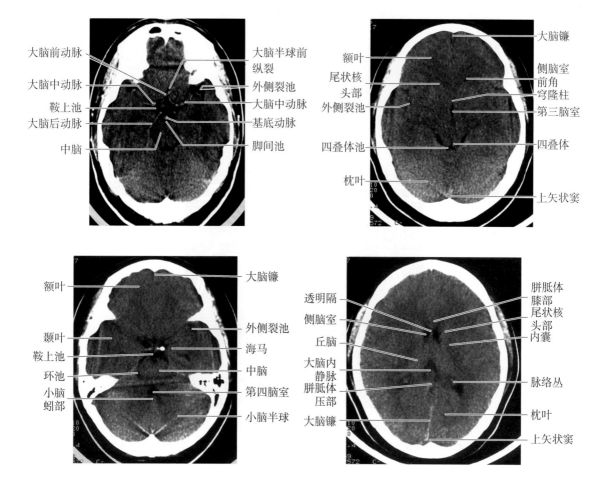

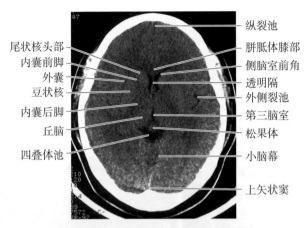

图 10-2　头部正常结构(CT 轴位脑窗)

标注（从左侧，自上而下）：尾状核头部、内囊前脚、外囊、豆状核、内囊后脚、丘脑、四叠体池

标注（从右侧，自上而下）：纵裂池、胼胝体膝部、侧脑室前角、透明隔、外侧裂池、第三脑室、松果体、小脑幕、上矢状窦

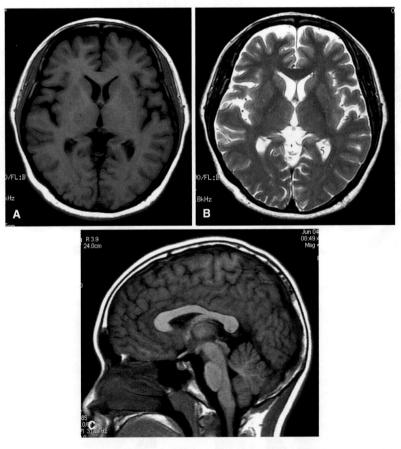

图 10-3　头部正常结构(MRI)

A.T1 加权图像,1—额叶,2—基底节区,3—枕叶;B.T2 加权图像,4—侧脑室前脚,5—侧脑室三角区;C.头部矢状面, 6—小脑半球,7—小脑扁桃体。

硬化、容积效应等伪影干扰，尤其后者有时候容易与颅骨内板下方的薄层出血或脑挫裂伤相混淆。MRI(图 10-3)显示颅内脑组织灰白质对比及损伤的情况明显优于 CT，但对颅骨骨折及颅内钙化灶的显示不如 CT。

◆ 第二节　常见颅脑损伤类型及影像学诊断 ◆

一、头皮损伤

1. 概述

头皮损伤是原发性颅脑损伤的常见类型之一，多为机械性直接暴力所致，如打击、冲撞、切割、摩擦、牵拉、挤压等，损伤程度由轻微擦伤至撕脱伤不等。

2. 影像学诊断要点

头皮损伤分为擦伤、挫伤、裂伤、撕脱伤、血肿，影像学检查主要用于评价头皮血肿，首选 CT 检查，应注意双侧对比。头皮血肿分为头皮下血肿、帽状腱膜下血肿和骨膜下血肿。

头皮下血肿位于头皮下组织层，由于该层与皮肤层、帽状腱膜层之间连接紧密，血肿不易扩散，故范围较局限。在 CT 图像(图 10-4A)上主要呈半球形或椭圆形高密度影，边缘较钝，可跨越骨缝，与颅骨外板之间有一定的间隔。

帽状腱膜下血肿位于帽状腱膜与骨膜间的帽状腱膜下层，由于该层组织疏松，血肿易扩散，故范围较大。帽状腱膜下血肿早期范围较小，影像学表现特点不明显，需定期随访，及时复查头部 CT。在 CT 图像(图 10-4B)上，典型的帽状腱膜下血肿呈新月形不均匀高密度影，边缘较锐利，表面不光滑，常跨越骨缝，但在颞部有颞肌相隔；血肿虽然紧贴颅骨外板，但其间可见一条状稍低密度影。帽状腱膜下血肿在 MRI 上的表现如图 10-5 所示。

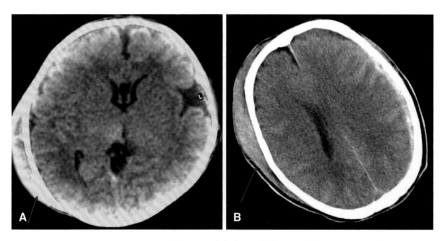

图 10-4　头皮下血肿与帽状腱膜下血肿(CT)

A. 头皮下血肿：半球形高密度影，范围较局限(箭头所示)；B. 帽状腱膜下血肿：新月形不均匀高密度影，范围广，跨越骨缝(箭头所示)。

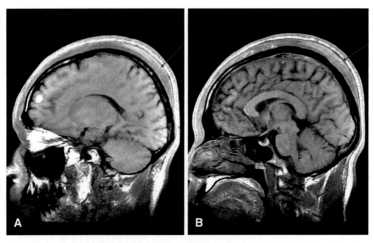

图 10-5　帽状腱膜下血肿(MRI)

帽状腱膜下层,新月形不均匀高密度影,表面不光滑,跨越骨缝(箭头所示)。

二、颅骨损伤

颅骨骨折常常损伤脑膜、脑实质、脑血管、颅神经、眼球等重要组织结构。颅骨骨折根据形态分为线性骨折、凹陷骨折、粉碎骨折及骨缝分离等。

1. 概述

颅骨骨折包括颅盖骨骨折和颅底骨折。颅盖骨骨折以额骨和颞骨多见,多由直接暴力所致,骨折类型多样;颅底骨折以颅中窝最多见,多由颅盖骨骨折延伸所致。颞骨骨折常累及内耳结构,骨折线向前达颅中窝,向后可累及枕骨。影像学检查除明确骨折线外,还应注意是否伴有听骨链损伤(听小骨脱位、听小骨骨折)、面神经管及内耳损伤。当骨折累及外耳道或鼓膜时,可发生鼓室积血或外耳道流血。当骨折线经过上鼓室发生听小骨移位时,可并发传导性耳聋。当骨折线邻近但未真正累及迷路时,由于前庭震荡,可发生不完全性神经性耳聋和前庭麻痹。迷路外纵行骨折由于前庭震荡同时伴有听小骨错位,临床上表现为混合性耳聋。当骨折线累及迷路时,出现脑脊液耳漏,累及面神经管时出现面瘫。

2. 影像学诊断要点

(1) 颅盖骨骨折:颅骨骨折可分为线性骨折、凹陷骨折、粉碎骨折和骨缝分离等,以线性骨折最常见。影像学诊断由 X 线平片(图 10-6)或 CT 薄层(图 10-7)确定,注意对比双侧颅骨的形态、骨缝走行有助于避免漏诊或误诊骨折。

颅盖骨的线性骨折可同时发生于内外板,也可单独发生于内板或外板,X 线表现为清晰锐利的线样、分叉形或星形透光影,若内、外板骨折线不重叠,可见两条并行透光影。CT 显示颅骨全层的连续性中断,断端边缘光滑、锐利,断端有或无错位,骨折线为边缘锐利的线状或带条状低密度影。凹陷骨折为颅板全层或内板向颅内的凹陷。骨折线可显示为环状、星芒状或不规则形,切线位显示骨折片游离,向下移位。CT 骨窗可清晰地显示凹陷骨折的详细情况。儿

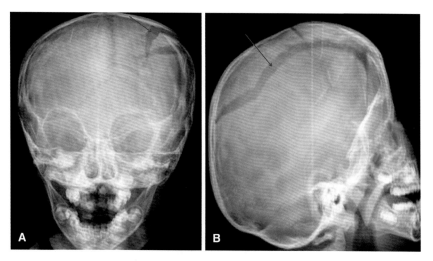

图 10-6 头颅线性骨折(X线)

A. 正位;B. 侧位。

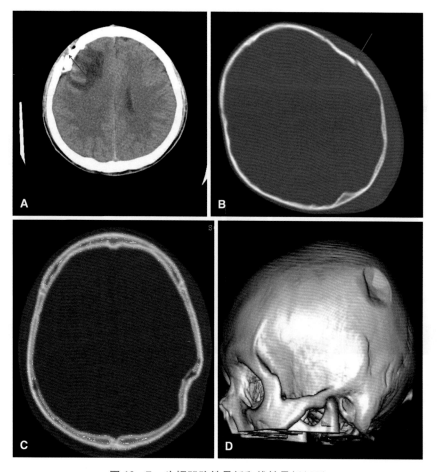

图 10-7 头颅凹陷性骨折和线性骨折(CT)

A. 头颅凹陷性粉碎性骨折:骨折断端错位,局部伴有脑挫裂伤;B. 头颅线性骨折:骨折处连续性中断,断端边缘光滑;
C. 头颅凹陷性骨折;D. 头颅凹陷性骨折(CT三维重建)。

童凹陷骨折有时仅见乒乓球样凹陷,无明显骨折线。粉碎骨折的骨碎片多分离、移位,常有凹陷,甚至嵌入颅内、损伤脑组织。穿入骨折可显示为颅骨局限性缺损,缺损骨片嵌入颅内,骨缺损周围有时可见放射状骨折线。

(2)颅底骨折:颅底骨折多为线性骨折,亦有粉碎骨折、骨缝分离。额骨眶部是颅底骨折的好发部位之一。在CT影像(图10-8)中,骨折的直接征象表现为线样或条状低密度影,边缘光滑、锐利。由于CT普通扫描的层厚较厚,一些细小骨折容易被漏诊,此时有些间接征象可以给予提示,例如鼻窦或乳突气房积液、鼻咽壁软组织肿胀、颅内积气等。当骨折累及鼻窦或乳突时,血液或脑脊液可进入窦腔或乳突气房,显示为密度增高,有时可见液气平面。颅底骨折常伴耳鼻出血或脑脊液漏。

颅前窝骨折CT(图10-8A)多表现为眶顶和(或)筛骨骨质结构连续性中断,额窦、筛窦腔内可见积液,密度均匀或不均匀,眶内可见斑状、结节状高密度血肿,额骨内板下有时可见不规则低密度积气。

颅中窝骨折CT(图10-8B)多表现为蝶骨和(或)颞骨岩部骨质结构连续性中断,蝶窦腔内可见积液,有时可见颅中窝或颞骨内板下出现不规则低密度积气。

颅后窝骨折CT多表现为颞骨岩部后外侧和(或)枕骨骨质结构不连续,可见低密度线状骨折线,边缘锐利,长短不一,累及乳突处时可见乳突壁断裂,小房内见液气平面或积液,枕骨、岩部内缘可见不规则低密度积气。

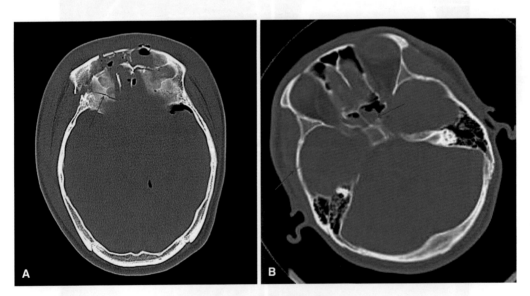

图10-8 颅底骨折(CT)

A.颅前窝骨折,眶顶结构连续性中断,呈线状骨折线;B.颅中窝蝶骨连续性中断、移位,右颞骨岩部线性骨折。

三、颅内结构损伤

脑损伤是指暴力作用于头部造成的脑组织器质性损伤。根据受伤后脑组织与外界是否相通,分为开放性及闭合性脑损伤。开放性脑损伤多系致伤物直接作用所致。闭合性脑损伤多系头部在外力作用下发生骤然加速、减速或旋转,脑组织与颅骨、硬脑膜发生撞击、摩擦撞击、切割损伤,或脑组织内部神经纤维扭曲、牵拉形成损伤。根据暴力作用于头部时是否立即发生脑损伤,分为原发性脑损伤和继发性脑损伤。二者的病理生理过程也不相同,前者包括脑震荡、脑挫裂伤、原发性脑干损伤及弥漫性轴索损伤等,后者包括脑水肿、脑梗死、脑肿胀和颅内血肿等。颅内血肿又分为硬脑膜外血肿、硬脑膜下血肿和脑内血肿。颅脑损伤后可能引起多种并发症,如脑脊液漏、视神经损伤、颈动脉-海绵窦瘘、外伤性脑脓肿、外伤性脑动脉瘤、外伤性脑积水等。

1. 原发性脑损伤

(1)脑挫裂伤:脑挫裂伤分为冲击伤、对冲伤。通常将受力侧的脑损伤称为冲击伤,其对侧者称为对冲伤,对冲伤一般较冲击伤严重;头部在受外力作用时未发生明显移位,可只有冲击伤;若头部受外力作用的瞬间同时存在骤然加速或加速运动,除了接触部位的冲击伤外,通常合并对冲伤。

在脑挫裂伤的继发改变中脑出血、脑水肿更具临床意义,可在短时间内使颅内压升高,形成脑疝,危及生命。外伤性血肿多发生于脑损伤附近,可单发也可多发,在 CT 图像(图 10-9、图 10-10)上呈灶性高密度影,挫伤及血肿周围可见片状低密度水肿带,通常属于血管源性水肿,有明显占位效应。脑内血肿破入脑室系统可出现脑室积血。

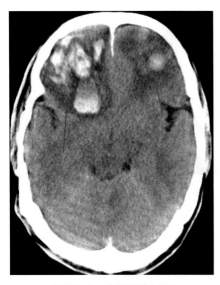

图 10-9 脑挫裂伤(CT)

多发性脑挫裂伤常累及颞叶下表面,其次为颞叶前部、小脑,呈不规则低密度区(箭头所示),其内混有点状高密度出血灶。

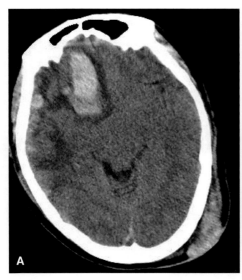
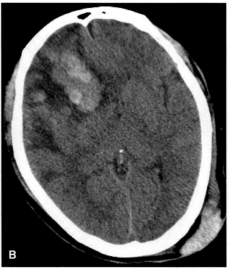

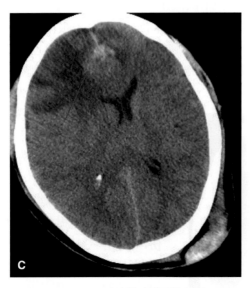

图 10-10　对冲性脑挫裂伤(CT)

不同层面均显示后枕部着力点可见头皮血肿,脑挫伤位于着力点对侧,多位于前额底部及颞部(箭头所示)。

　　(2) 弥漫性轴索损伤:由于头颅受到突然加速或减速力、旋转力的作用,引起皮髓质相对运动、大脑绕中轴旋转运动,导致相应部位撕裂及轴索损伤。弥漫性轴索损伤发生于脑的中央,呈双侧性,以脑白质、灰白质交界区、胼胝体、脑干及小脑处为多。病理上表现为轴索弥漫性断裂、点片状出血和水肿。临床症状较严重,常出现原发性昏迷,与CT(图10-11)表现不成比例。

　　部分病例首次 CT 扫描即见出血;首次 CT 扫描阴性者,再次扫描可显示点状出血灶,应注重随访。半球弥漫性脑水肿及脑肿胀,胼胝体、第三脑室旁、中央白质、脑干及小脑有点片状出血。大脑皮质、髓质交界部位出现多发点状高密度灶,可结合临床做出诊断。

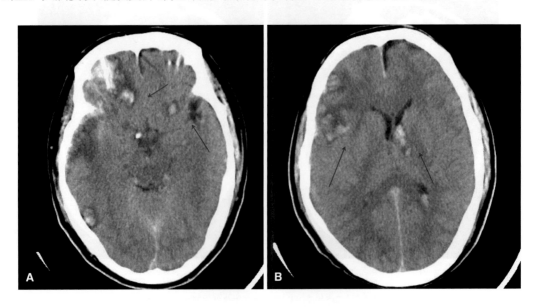

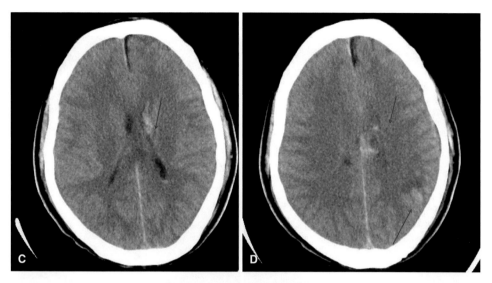

图 10-11　弥漫性轴索损伤(CT)

弥漫性轴索损伤多发生于皮髓质交界区、胼胝体、脑干或小脑,在 GE 序列中呈极低信号,呈针尖状或斑点状,范围稍大者表现为类圆形混杂信号(箭头所示)。

2. 继发性脑损伤

(1) 硬膜外血肿:发生于颅骨内板与硬脑膜之间的血肿称为硬膜外血肿,多系直接暴力所致,常伴有颅骨骨折。常见原因为颅骨骨折或短暂变形,导致硬脑膜血管、板障内血管或静脉窦破裂出血。硬膜外血肿以额颞部和顶颞部最常见,颞部含有脑膜中动脉、静脉。在 CT 图像(图 10-12)上急性硬膜外血肿呈梭形高密度影,由于硬脑膜在颅底和骨缝处与颅骨连接紧密,因此硬膜外血肿不易跨越颅缝。较大的硬膜外血肿具有一定占位效应,随着时间的推移,血肿密度逐渐减低、血肿体积变小(图 10-13)。

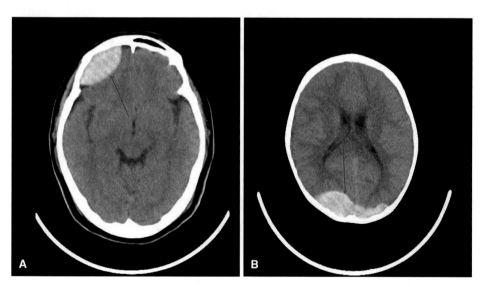

图 10-12　急性硬膜外血肿(CT)

A. 额部梭形高密度影(箭头所示);B. 枕部跨越中线的梭形高密度影(箭头所示)。

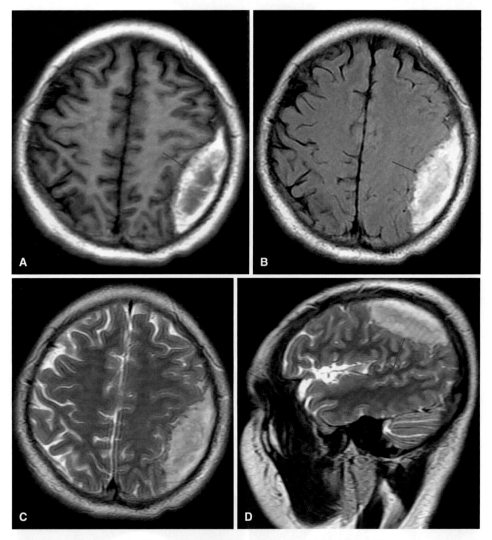

图 10‑13　亚急性期硬膜外血肿 15 天内进展过程(MRI)

　　A、B. 外伤当日呈梭形高密度影(箭头所示);C. 外伤后第 5 日复查,血肿密度逐渐减低(箭头所示);D. 外伤后第 15 日,血肿密度进一步减低,体积逐渐缩小(箭头所示)。

　　(2)硬膜下血肿:出血积聚于硬脑膜和蛛网膜之间的硬脑膜下腔内。外伤是硬膜下血肿的主要病因,出血来源主要是大脑皮质动脉、大脑皮质静脉、桥静脉破裂,常常伴有脑实质挫裂伤;非损伤性硬膜下血肿患者常常患有高血压或凝血功能障碍等基础疾病,多为慢性。硬膜下血肿在 CT 图像(图 10‑14、图 10‑15)上呈新月形高密度影,贴于脑表面。由于硬膜下间隙的阻力较小,故硬膜下血肿分布较为广泛,脑组织、脑室及中线受压移位的现象较硬膜外血肿明显。

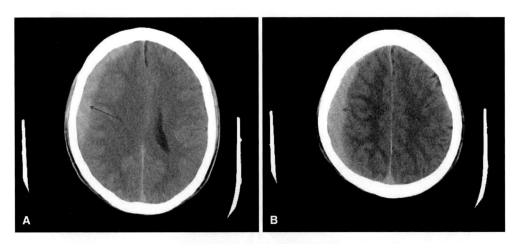

图 10－14　急性硬膜下血肿(CT)

急性硬膜下血肿贴于脑表面,呈新月形高密度影,扩散范围广(箭头所示)。

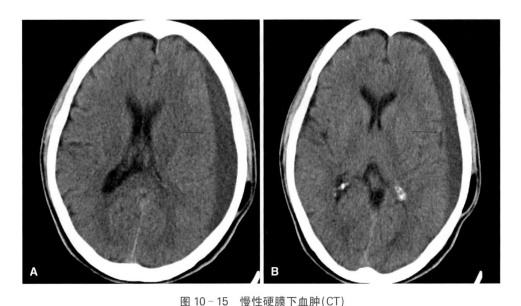

图 10－15　慢性硬膜下血肿(CT)

病程长,慢性硬膜下血肿与周围组织分界明显,局部机化(箭头所示)。

(3) 脑内血肿:外伤性脑内血肿源于直接暴力,血肿可发生于任何部位,常分为浅部和深部。浅部血肿常有脑皮层血管破裂,几乎均合并脑挫裂伤和(或)急性硬膜下血肿。深部血肿为大脑深部较大血管撕裂所致。脑内血肿在 CT 图像(图 10－16)上表现为一处或多处局灶性高密度影,形态及边缘不规则,周边可见低密度水肿带影,界限不清,有明显的占位征象。脑内血肿破入脑室可出现脑室积血。2～4 周内颅内血肿可由高密度变为等密度;4 周后变为混杂密度;8 周左右,部分血肿液化形成软化灶,邻近脑室扩张,脑沟及蛛网膜下腔增宽。

(4) 蛛网膜下腔出血:创伤性蛛网膜下腔出血多伴有脑挫裂伤或硬膜下血肿,单纯的非创伤性蛛网膜下腔出血较少见,出血来源主要是软脑膜、蛛网膜下腔或皮质血管破裂,也可由脑内血肿破入蛛网膜下腔形成。蛛网膜下腔出血可随脑脊液循环分布于脑池、脑沟,并进入脑室

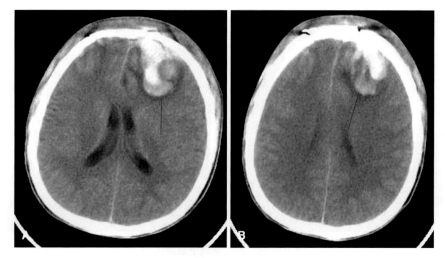

图 10‑16　左额叶外伤性脑内血肿(CT)

A. 外伤后 2 周(箭头所示)；B. 外伤后 4 周(箭头所示)。

系统。蛛网膜下腔出血在 CT(图 10‑17)上表现为脑池、脑沟密度增高；少量蛛网膜下腔出血可使侧脑室后角出现短小的液-液平面,易被遗漏。出血量越大,脑脊液稀释越少,红细胞压积越高,其密度越高；如出血量少,或者患者即使出血量较多但严重贫血,均不易发现。在出血开始几天,CT 的发现率为 80%～100%,但随着时间的延长,其发现率逐渐下降,一般出血一周后 CT 扫描已很难检出。偏密征、"之"字征是诊断外伤性蛛网膜下腔出血少量积血的可靠 CT 征象。脑池偏密征指脑池、天幕区表现为一侧不对称高密度的 CT 征象。正常大脑镰表现为一稍高密度纤细线状影,边界清楚,有时可见钙化,两旁呈间断或连续状纵裂池低密度影,两侧基本对称,前纵裂池稍宽,后纵裂池有一略高密度影,呈两侧对称的三角形为上矢状窦,如发现偏侧性高密度影或向一侧或两侧伸展的"之"字影,即可确诊少量蛛网膜下腔出血。

非创伤性蛛网膜下腔出血的病因较多,以颅内动脉瘤、动静脉畸形和血液病较常见。发病前常有情绪激动、用力、运动等诱因。出血部位集中在畸形、病变、薄弱区,常位于基底部,呈弥漫性分布,界限不清。

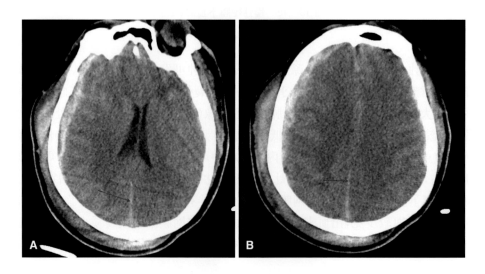

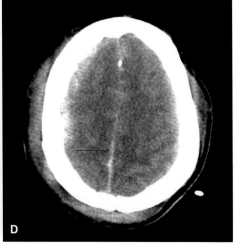

图 10-17 创伤性蛛网膜下腔出血 2 天进展过程(CT)

A、B. 外伤当日脑沟局部密度增高(箭头所示);C、D. 外伤后第 2 日,"之"字影逐渐明显(箭头所示)。

(5)脑梗死:脑梗死发生后的 24 小时内,一般无影像学改变。在脑梗死的超早期诊断(发病 6 小时内),CT(图 10-18)可发现一些轻微的改变:大脑中动脉高密度征,皮质边缘(尤其是岛叶)以及豆状核区灰白质分界不清,脑沟消失等。在 24 小时后,梗死区出现低密度病灶,1～2 个月内头部 CT 呈规律性变化。发病后 2 周左右,脑梗死病灶处因水肿减轻和吞噬细胞浸润,可与周围正常脑组织等密度。脑梗死灶的密度变化、占位效应和强化效应等的出现有助于梗死发生时间的判定。

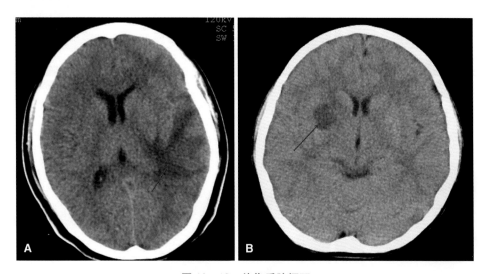

图 10-18 外伤后脑梗死

颅脑外伤后基底节区外伤性脑梗死(箭头所示)。

3. 脑损伤后遗症

脑损伤后遗症主要包括脑软化灶、脑脓肿(图 10-19)、脑萎缩、脑积水(图 10-20)等,较

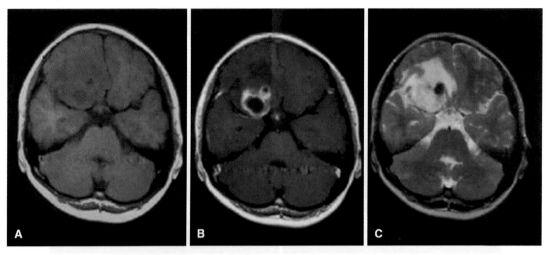

图 10 - 19　弹片所致外伤后脑脓肿的发展过程(CT)

A. 外伤当日(箭头所示);B. 外伤后 1 周(箭头所示);C. 外伤后 3 周(箭头所示)。

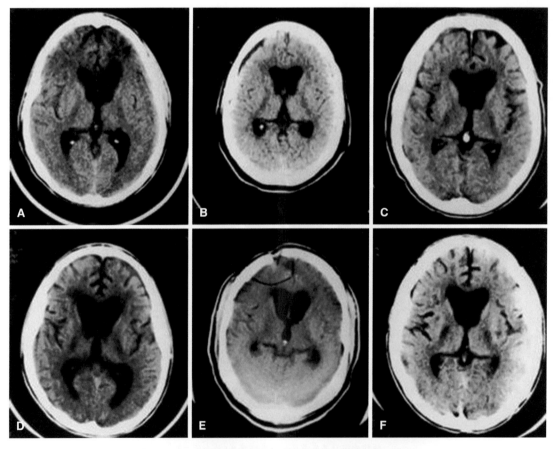

图 10 - 20　脑损伤后脑积水、脑室扩张的发展过程(MRI)

A. 显示为脑积水;B. 为正常压力;C. 脑萎缩,脑室扩张,脑池及侧裂池扩大;D. 高压力性脑积水,脑室扩张,脑池及侧裂池扩大,脑室周围见半透明;E. 脑萎缩,脑室扩张,脑池及侧裂受压;F. 高压力性脑积水,脑室扩张,脑池及侧裂池扩大。

小的脑实质损伤灶可以被完全吸收,而损伤灶较大时常遗留不同程度的软化灶,软化灶主要是脑挫裂伤后坏死的脑组织及血肿吸收后形成的空腔,与脑室相通时形成穿通畸形。外伤后脑脊液循环通道粘连、阻塞,易引起脑室积水。

◆ 第三节　颅脑损伤影像学在特殊案件中的作用 ◆

一、交通事故与脑梗死因果关系案件

外伤性脑梗死是指头部和颈部外伤引起脑组织缺血而发生坏死,是颅脑损伤少见的并发症。外伤性脑梗死的发病机制可能与局灶占位作用(脑外伤致脑组织机械性移位或脑疝,使脑动脉及其分支受到压迫、牵拉、扭曲,造成脑血管的狭窄、痉挛而导致脑缺血性梗死)、血栓形成(头颈部外力直接造成颈内动脉或脑内血管内膜损伤,激活凝血系统)及血管痉挛(多见于大量外伤性蛛网膜下腔出血)有关。头颈部外伤时,头颈部突然的伸屈活动造成颈部血管的牵拉,使血管壁挫伤或内膜和中膜层受损,一方面直接形成创伤性血栓,另一方面可反射性地引起血管痉挛,血管痉挛本身为血栓形成提供了可能。血管损伤、痉挛、管腔狭窄或血栓形成出现脑缺血改变,血栓扩大或血栓脱落,栓塞了颈内动脉、基底动脉、椎动脉、大脑前动脉、大脑中动脉或大脑后动脉,从而引起脑梗死。

外伤性脑梗死起病急骤,在1～2天内脑损害症状达到高峰,大多数患者在数周内可有不同程度的明显恢复。主要症状有头痛、意识障碍、脑损害的局灶症状(偏瘫、感觉障碍、失语)。CT表现为基底节区及大脑半球白质内小片状低密度影,边界较清楚,周围无明显水肿。MRI表现为长T1、长T2信号,急性期在弥散加权像上呈高信号。外伤性脑梗死与自发性脑梗死的CT和MRI表现相似,单从影像学上难以区分,因此需结合外伤史、既往病史、年龄等。脑梗死发生后的24小时内,一般无影像学改变。在脑梗死的超早期诊断(发病6小时内),CT可发现一些轻微的改变:大脑中动脉高密度征,皮质边缘(尤其是岛叶)以及豆状核区灰白质分界不清,脑沟消失等。在24小时后,梗死区出现低密度病灶;1～2个月内头部CT呈规律性变化(与病理过程一致)。发病后2周左右,脑梗死病灶处因水肿减轻和吞噬细胞浸润,可与周围正常脑组织等密度。脑梗死灶的密度变化、占位效应和强化效应等的出现有助于梗死发生时间的判定。影像学检查中CT可见楔形、三角形或不规则的低密度灶,但24小时内脑梗死灶多为阴性;MRI检查表现为T1W低信号和T2W高信号,大多在6小时后才有阳性结果。伤后3天至3周内发生的脑梗死为亚急性外伤性脑梗死。

外伤性脑梗死认定的依据:①有明确的头部与颈部外伤史;②多于伤后24～48小时内出现明显的神经系统定位体征;③头部CT或MRI检查可见原发性脑损伤或颈部损伤器质性病变以及脑梗死的征象;④伤前无脑梗死病史和其他导致脑梗死的病变。外伤性脑梗死常伴发于严重的颅脑外伤,如脑挫裂伤、广泛的蛛网膜下腔出血、硬膜下血肿等,多单发。

本例为交通事故后损伤,被鉴定人为中年女性,有明确的头部外伤史,伤后当即出现昏迷,治疗1天后苏醒,对事情发生经过不能回忆,伴有烦躁不安,呈嗜睡状,诉头昏,伴失认、失语、饮水呛咳、少言懒语等神经系统症状,病情随病程发展进行性加重。根据送检病历材料(血液检验报告单、体温单及护理记录单等),受伤当天入院时血液黏度、血压及相关指标正常,CT、MRI等检查未见自身动静脉血管异常,CT检查(图10-21)未见颅内陈旧性病灶或损伤。受伤后第3日起(图10-22,图10-23)逐渐出现脑挫裂伤、硬膜下血肿、外伤性脑梗死的临床表现,其病史、体征、影像学检查结果均符合外伤致脑挫裂伤、亚急性脑梗死的病理生理发展过程,故上述"脑挫裂伤、亚急性脑梗死"与道路交通事故有因果关系。

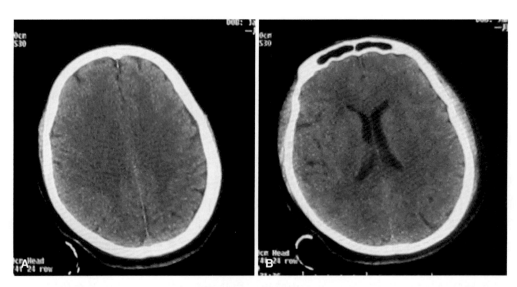

图10-21　受伤当天CT

显示颅内结构正常,未见陈旧性病灶或损伤。

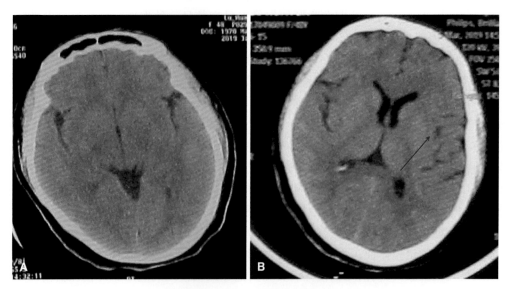

图10-22　受伤后第3日CT

显示左侧颞部可疑少许硬膜下血肿,左侧颞顶部头皮软组织稍肿胀,局部脑挫裂伤(箭头所示)。

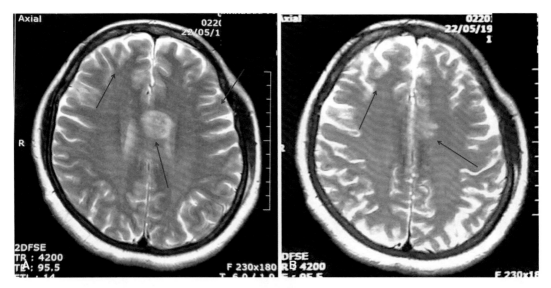

图 10‑23 受伤后第 5 日 MRI

提示左侧小脑半球、小脑扁桃体区及双侧额顶叶散在亚急性期脑梗死病灶，双侧额叶散在缺血灶（箭头所示）。

二、蛛网膜囊肿破裂影像学检查判断伤病关系案例

蛛网膜囊肿是指由蛛网膜所构成的囊壁包裹无色透明的脑脊液形成的袋状结构病变。蛛网膜囊肿可发生在有蛛网膜分布的任何部位。蛛网膜囊肿分为先天性和继发性两大类。先天性蛛网膜囊肿一般是指在胚胎发育中，蛛网膜分裂或复制异常形成的囊肿。蛛网膜囊肿破裂常继发硬膜下或硬膜外血肿、硬膜下积液、囊内出血等并发症。

导致蛛网膜囊肿破裂的危险因素包括：囊肿大小（直径大于 5 cm）、头部外伤史、高张力性囊肿等。关于颅内蛛网膜囊肿并发慢性硬膜下血肿的机制，目前认为：第一种与颅脑外伤有关，由于蛛网膜囊肿壁的顺应性较脑脊液及脑实质差，外伤后囊肿壁上及其邻近的桥静脉由于缺乏结构维持和保护而断裂，从而形成血肿；第二种为无明显的外伤史，与蛛网膜囊肿的自行破裂有关。

本例被鉴定人为 5 岁儿童，某年 5 月 17 日（图 10‑24）"头部外伤"，伤后到医院就诊，诊断为"①左颞枕硬膜下出血；②颅内积气；③左颞骨骨折；④右颞部蛛网膜囊肿"。同年 6 月 25 日（图 10‑25）复查示：右侧颞枕部蛛网膜囊肿，较前大致相同，右侧额颞部硬膜下少量积液。同年 7 月 22 日（图 10‑26）复查显示右侧额顶颞枕部硬膜下血肿。

本案中被鉴定人有明确头部外伤史，受伤后多次头颅影像学检查提示其先天性蛛网膜囊肿存在，无高张力性表现。5 月 17 日外伤导致的颅脑损伤较为严重，影像学检查显示被鉴定人存在的先天性蛛网膜囊肿位于头颅外伤直接损伤部位的对冲部位。其硬膜下出血的影像学表现在外伤后 2 月余出现，为慢性硬脑膜下血肿。从本次硬脑膜下出血的发生、发展过程及影像学表现特点来分析，符合慢性硬脑膜下血肿的病理改变过程。被鉴定人就诊后的检验报告显示其血压、血小板、凝血酶原时间、血糖等均在正常范围内，未见脑血管疾病史。本次颅脑外

伤所致原始损伤较为严重,随病情发展在本次外伤的对冲部位出现慢性硬脑膜下血肿。根据被鉴定人外伤史,原始损伤(左颞枕硬膜下出血、颅内积气、左颞骨骨折)、伤后影像学检查动态观察记录,综合分析认为:被鉴定人5月17日头部外伤后并发慢性硬膜下血肿与其蛛网膜囊肿破裂存在因果关系,是导致其蛛网膜囊肿破裂的主要因素。

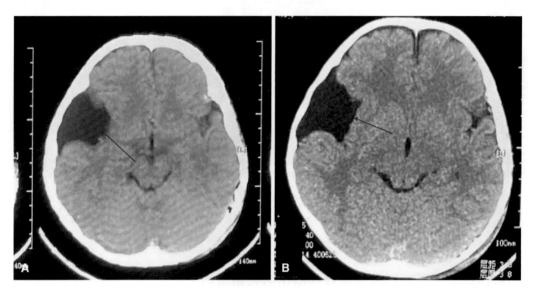

图 10-24　受伤时头部 CT

　　A.某年5月17日CT显示:左侧颞枕部少量颅内脑外出血,左侧乙状窦、颞枕部少量积气,左侧颞骨线样骨折,邻近头皮血肿,右颞枕部蛛网膜囊肿,最大层面 3.2 cm×3.9 cm(箭头所示),左侧乳突少量积血;B.5月18日CT示右侧颞枕部蛛网膜囊肿(箭头所示)。

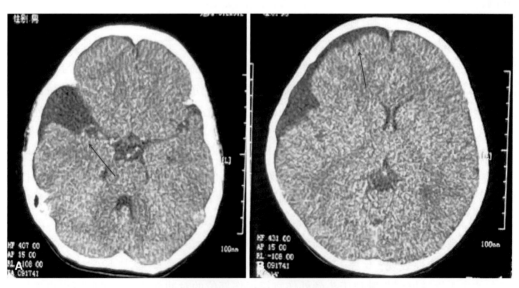

图 10-25　受伤后 1 月余头部 CT

　　A.6月25日CT(与图 10-24 同一患者)显示:右侧颞枕部蛛网膜囊肿(箭头所示),形态与前片大致相同;B.右侧额颞顶部硬膜下积液(箭头所示),枕骨左侧、左侧颞骨骨折。

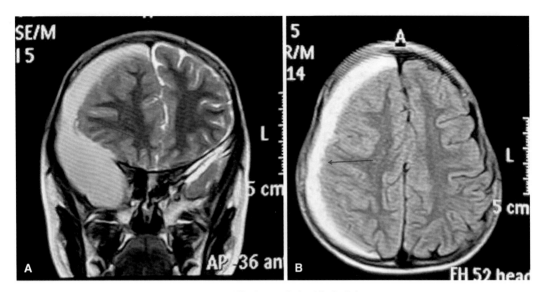

图 10 - 26　受伤后 2 月余术后复查头部 MRI

7 月 22 日 MRI(与图 10 - 24、图 10 - 25 同一患者)显示:右侧额顶颞枕部硬膜下血肿。

三、影像学检查判断颅脑损伤与视功能障碍的关系

颅脑 CT 及 MRI 等影像学检查可发现颅脑肿瘤、脑挫裂伤、颅内血肿、蛛网膜下腔出血、颅骨骨折等病变,为视觉障碍提供视觉传导通路器质性损伤的证据。结合视觉诱发电位检查、眼科电生理检查可以检测视觉传导通路是否受损,此外还可以反映大脑初级视皮质的功能状态。

视路是视觉信息从视网膜光感受器开始到大脑枕叶视中枢的传导路径,临床上通常指从视神经开始,经视交叉、视束、外侧膝状体、视放射到枕叶视中枢的神经传导通路。视神经是中枢神经系统的一部分,分为眼内段、眶内段、管内段和颅内段。大脑作为整合中枢,对不同的视觉信息分类编码、储存、识别与加工。眼球至枕叶视皮质形成初级视觉环路,初级中枢枕叶皮质的损伤或疾病,可造成不同程度视觉功能的损害,在临床表现上与外周性眼损伤具有一定的相似性。中枢损伤性视觉障碍的认定需要结合病史、眼部检查(瞳孔对光反射检查、眼底检查)、视野测试、颅脑影像学检查、视觉电生理、其他实验室检查(脑脊液)等综合评判。基本判断依据为:①病史:眼部外伤史、颅脑损伤或疾病病史。②眼部检查:视力进行性减退;视野改变,反映视路损伤的节段;瞬目反射消失,强光照射及恐吓后伤者眼睑不出现闭目保护现象;瞳孔对光反射正常;眼底正常,视网膜正常,视盘无萎缩性改变;眼外肌运动正常,在动眼神经无损伤的前提下,眼球运动正常。

本例被鉴定人头部外伤史明确,右颞枕骨骨折并右颞枕部硬膜外血肿形成(图 10 - 27)。经右侧枕部颅内血肿清除术后,遗留右侧颞顶枕叶及左侧额枕叶软化灶形成(图 10 - 28),被鉴定人损伤后出现了视力进行性减退,视野部分缺损,瞬目反射消失,双眼球各转向运动正常,经检查提示视网膜及视觉传导通路尚正常。根据被鉴定人外伤史、送鉴病历材料及其出现的

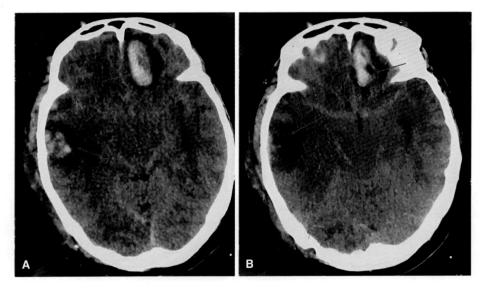

图 10 - 27　患者 CT(一)

　　某年 6 月 3 日 CT 显示:右侧颞枕骨骨折,断端稍错位;左侧额叶及右侧颞叶团片状脑挫裂伤(箭头所示);右侧颞枕部薄层硬膜外/下血肿;右侧额颞枕部头皮血肿;蛛网膜下腔出血。

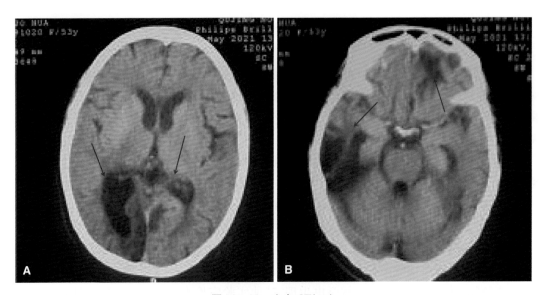

图 10 - 28　患者 CT(二)

　　两年后 5 月 24 日 CT 显示:右侧颞顶枕叶及左侧额枕叶大片状软化灶形成(箭头所示),右侧脑室稍扩大。

临床症状和体征,符合初级视觉中枢损伤的病理生理学演变过程,故其双眼视力严重减退的损害后果与外伤后原始损伤位于颅脑(视中枢)区域有关。

　　颅脑损伤的临床医学诊断和法医学鉴定结论有着较为明显的区别,不能仅仅依靠医生的诊断结论或疾病证明书来评定被鉴定人的损伤程度,必须对临床医学诊断的所有材料包括病历、各种检查(特别是影像学资料)等进行全面认真的复核,在确证某种类型的颅脑损伤后再做损伤及因果关系相关评定。对一时弄不清的疑难案例或专科性问题,必要时可聘请有经验的专科医生和影像学专家共同会诊做出正确诊断,然后才能对损害后果进行客观评价。

参考文献

［1］张俊涛,苏伟民.影像检验在颅脑损伤中的法医学应用[J].河南科技大学学报(医学版),2015,1:67-68.

［2］赵经隆.法医学颅脑损伤[M].2版.北京:群众出版社,1986.

［3］包朝胜,徐雷鸣.颅内血肿及其估算方法比较[J].法医学杂志,2003,19(2):107-108.

［4］张玲莉.临床法医学鉴定指南[M].武汉:华中科技大学出版社,2008.

（官莉娜　洪仕君）

第十一章

中枢神经系统血管疾病

在我国,脑血管疾病(cerebral vascular disease)已成为危害中老年人身体健康和生命的主要疾病。据 2021 年统计数据,中国居民脑血管病(粗)死亡率为 163.40/10 万,占总死亡人数的 23.02%。在所有死亡原因中,脑血管病仅次于恶性肿瘤(180.63/10 万)和心脏病(164.20/10 万),位居第三。此外,有文献报道,从 2010 年至 2020 年,实际脑卒中死亡人数增加了 23.8%。易导致猝死的脑血管疾病中最常见的是脑动脉粥样硬化,其次是动脉瘤、脑血管畸形、脑血栓栓塞以及血管炎等。尸体解剖检验可见脑实质出血、蛛网膜下腔出血、脑室积血、脑血栓、脑梗死等。在法医学检验鉴定过程中,应当首先注意排除外伤性脑出血,同时还应尽力找到病变的血管和出血的原因。当既有外伤和(或)中毒,又有血管病变时,应当综合分析外伤、中毒的程度和时间,以及病变的部位、程度、死亡过程等,明确各因素在死因中的作用大小。

◆ 第一节 脑 出 血 ◆

脑出血是指原发性脑实质出血,又称自发性脑出血,系指脑内血管因病变破裂而引起的出血。自发性脑出血占脑卒中(脑血管意外)患者的 20%～30%,50 岁以上多见,80% 发生在大脑,20% 发生在脑干、小脑。高血压性脑出血(图 11-1～图 11-4)、动脉粥样硬化出血占脑出血总数的 2/3 以上,此外脑血管畸形(图 11-5、图 11-6)、动脉中膜钙化(图 11-7)、血管炎(图 11-8)等也是引起脑实质出血的常见原因。脑桥出血多因动脉粥样硬化、恶性高血压;小脑出血常见于高血压、动脉硬化、动脉瘤、血管畸形;大脑出血常见于基底节、内囊区;脑室出血多由室周脑组织出血引起。

本例为 47 岁女性,高血压性大脑出血死亡(图 11-1)。

本例为 52 岁男性,门卫室值班人员,中午在值班室的床上休息,某日 13:00 左右被发现在其休息的床上死亡(图 11-2)。死者七八年前曾患脑出血,有多年的高血压病史,长期服用尼莫地平片。

本例为 53 岁女性,被人推倒后臀部着地,之后出现头晕,入院诊断为脑干出血、高血压 3 级(极高危险组)、左耻骨上支骨折,入院 9 天后抢救无效死亡(图 11-3)。

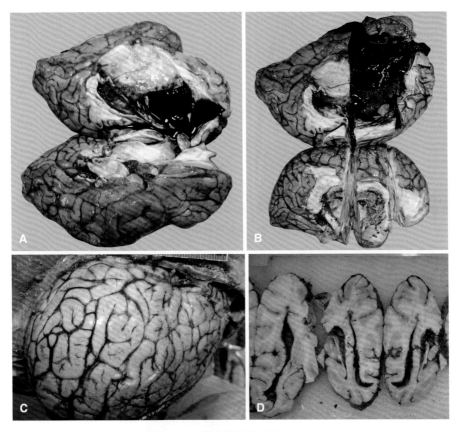

图 11‑1 高血压性大脑出血(一)

A. 大脑右侧侧脑室内及右侧侧脑室外侧的脑实质检见血肿形成;B. 大脑切开后可见右侧大脑实质内出血破入右侧侧脑室,致脑室血肿形成;C. 右侧大脑肿胀明显,脑回增宽、脑沟变窄;D. 固定后右侧大脑冠状切面脑实质出血所致腔隙,腔隙内尚可见少许出血,此外右侧侧脑室因积血导致明显扩张。

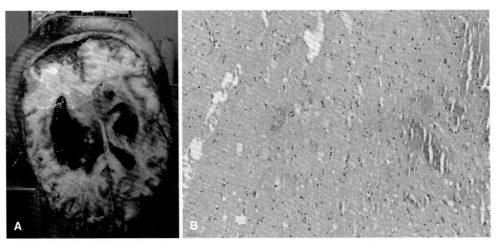

图 11‑2 高血压性大脑出血(二)

A. 大脑水平切面,可见双侧大脑豆状核区出血,以左侧较为严重,大脑中线明显右移;B. 脑实质内有灶片状出血(HE 染色)。

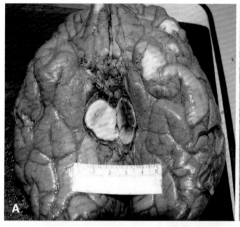
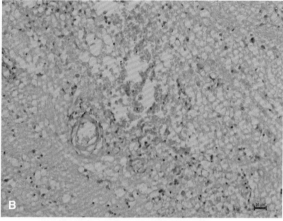

图 11-3　高血压性中脑出血

　　A. 左侧大脑脚灶片状出血；B. 小动脉纤维素样坏死并周围脑实质出血，出血区域少量炎症细胞浸润，脑组织变性坏死，小动脉管壁纤维素样变性坏死（HE 染色）。

　　本例为 48 岁女性，因琐事与他人发生争吵，"相互揪拉对方头发、衣服，随后坐在附近石坎上和他人说话，边说边哭，被送回家后坐在沙发上说不出话，肢体活动障碍"。急送医院诊断为脑干出血、高血压 3 级（极高危组），经救治无效死亡（图 11-4）。平素有高血压，每天吃降压药。

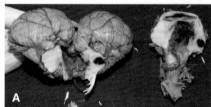

图 11-4　脑干自发性出血

A. 左侧小脑角小灶性出血；B. 脑桥区大面积脑实质出血。

　　本例为脑动脉畸形致脑实质出血、中枢性呼吸循环衰竭死亡（图 11-5）。

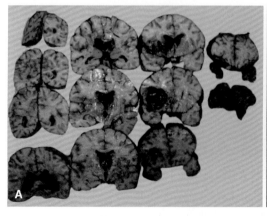
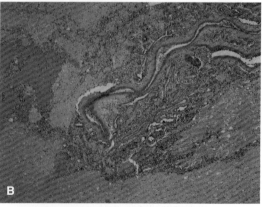

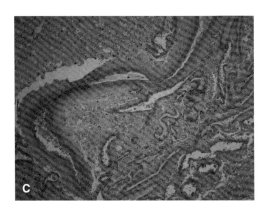

图 11‑5 右侧大脑实质脑动脉畸形致脑实质出血

　　A.畸形血管破裂致脑实质出血,出血破入双侧侧脑室;B、C.脑实质部分区域见动脉血管团,血管密集且血管大小不等、血管迂回曲折,血管间脑实质可见少许出血(HE 染色)。

　　本例为 16 岁女性,头部受轻微外力作用诱发脑实质畸形血管破裂、少许出血,经临床治愈后出院,2 个月后相同部位再次突发大出血死亡(图 11‑6)。

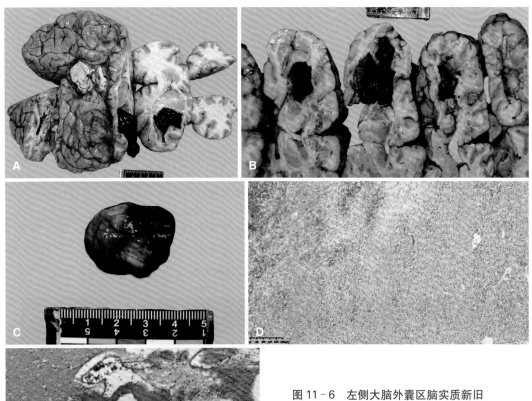

**图 11‑6 左侧大脑外囊区脑实质新旧
不等出血**

　　A、B.左侧大脑外囊区脑实质新鲜血肿;C.新鲜血肿中见纤维包裹的陈旧性出血;D.左侧为新鲜血肿,周围纤维组织增生包裹,右侧纤维组织中可见大量含铁血黄素(HE 染色);E.脑实质中可见多根静脉血管与动脉血管构成血管团,呈血管畸形改变(HE 染色)。

被鉴定人因"全身疼痛、头痛 2 天"到卫生院门诊输液治疗后死亡。被鉴定人左侧大脑尾状核头部区域脑实质出血,出血破入双侧侧脑室及第四脑室(图 11 - 7)。

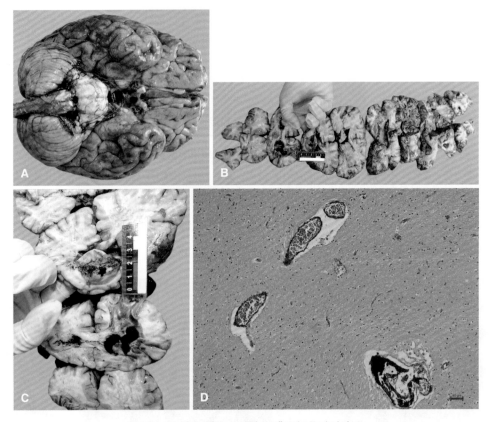

图 11 - 7　脑实质细小动脉中膜层钙化致脑出血

A. 脑底视交叉池、小脑延髓池少许蛛网膜下腔出血;B、C. 左侧大脑尾状核头部区域脑实质出血,双侧侧脑室积血;D. 大脑实质动脉中膜层钙化,钙化区域呈蓝色,钙化的动脉容易发生破裂出血(HE 染色)。

本例为 21 岁男性,因"头痛两三天"到诊所就诊,诊断为感冒。给予"清开灵、地塞米松"输液治疗,输液 5 分钟后发生抽搐,后昏迷、小便失禁。用银针扎"人中穴"后苏醒,仍自诉头痛。10 分钟后送镇卫生院治疗,患者一直处于昏迷状态。抢救无效于当日死亡(图 11 - 8)。

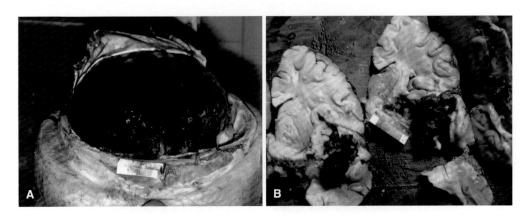

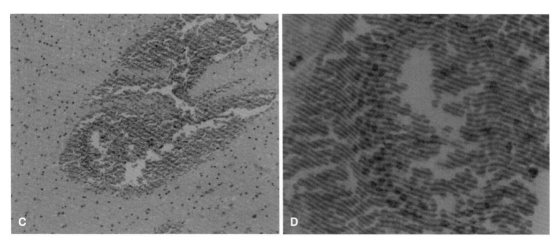

图 11 - 8　脑实质小动脉炎致脑实质出血,并发蛛网膜下腔出血

A. 右侧大脑广泛性蛛网膜下腔出血;B. 右侧大脑外囊区血肿形成;C、D. 小动脉炎,小动脉管壁坏死、大量炎症细胞浸润,周围大量出血(HE 染色)。

◆ 第二节　蛛网膜下腔出血 ◆

　　根据出血来源的不同,蛛网膜下腔出血可分为原发性蛛网膜下腔出血(软脑膜或蛛网膜下腔内血管破裂出血)和继发性蛛网膜下腔出血(脑实质出血穿破脑皮质进入蛛网膜下腔,或穿入脑室由脑脊液带入蛛网膜下腔)。蛛网膜下腔出血可因出血后继发脑血管痉挛、脑缺血、脑水肿,致颅内压增高,或因大量出血、颅内压增高直接导致呼吸、循环中枢抑制。常见出血原因包括:脑表浅动脉瘤破裂(图 11 - 9、图 11 - 10)、脑血管畸形破裂(图 11 - 11)、脑内异常血管网症(烟雾病)、脑肿瘤(脑浅部血管性或血管丰富的肿瘤)、动脉粥样硬化(图 11 - 12、图 11 - 13)、血液病、脑血管栓塞、颅内静脉血栓形成、颅内动脉炎等。引发蛛网膜下腔出血常见的动脉瘤形态多呈囊状,向外膨出,有一狭小囊口与动脉相通,有的呈管状、梭形,多为单发(图 11 - 9、图 11 - 10),也有多发,动脉瘤直径多为 0.5～2 cm,偶见 3～4 cm,直径小于 0.2 cm 的微小动脉瘤称为粟粒样动脉瘤。继发性蛛网膜下腔出血通常出血量较少(图 11 - 14、图 11 - 15),以脑实质出血为主。对于新生儿及婴儿来说,由于其囟门未完全闭合,即使出现大量大脑蛛网膜下腔出血,也不一定立即导致死亡(图 11 - 16)。

　　本例被鉴定人酒后在与人拉扯过程中倒地(头部未直接撞击在地上),经送医院抢救无效死亡。尸体检验示血酒精浓度为 189 mg/100 ml。酒精中毒与倒地共同构成脑动脉瘤破裂的诱发因素(图 11 - 9)。

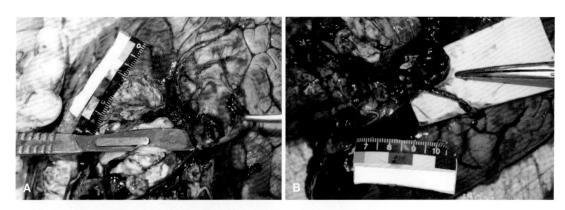

图 11 - 9　大脑后动脉动脉瘤破裂

图示大脑后动脉直径约为 1 cm 的动脉瘤破裂,致广泛性脑底蛛网膜下腔出血死亡。

本例为 48 岁男性,系某公司巡夜职工,某日上午 8:00,被发现躺在料场地上,裤腰位于膝盖,手中持有卫生纸,旁边有大便,已死亡(图 11 - 10)。尸体检验无外伤。

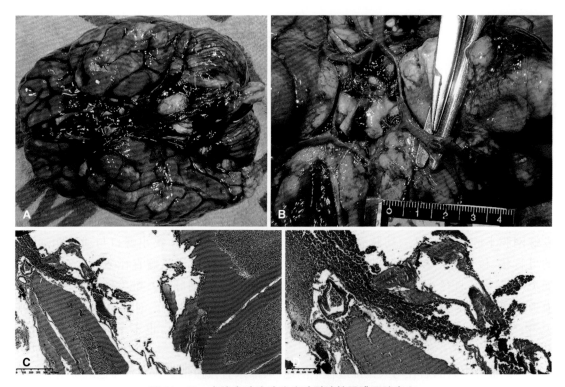

图 11 - 10　大脑中动脉动脉瘤破裂致蛛网膜下腔出血

A. 大脑底部、小脑及脑干周围大量蛛网膜下腔出血,以视交叉池、小脑延髓池周围较为严重;B. 右侧大脑中动脉分叉处检见一直径约 0.5 cm 的动脉瘤,经注水试验证实为血管破裂出血位置;C. 广泛性大面积小脑蛛网膜下腔出血(HE 染色); D. 为图 C 局部放大,示蛛网膜下腔尚可见厚薄不均的血管动静脉畸形。

本例为 49 岁男性，某日早晨诉"头晕、头痛"，半小时后到达医院，下午出现"昏迷"，经抢救无效于当晚死亡（图 11 - 11）。

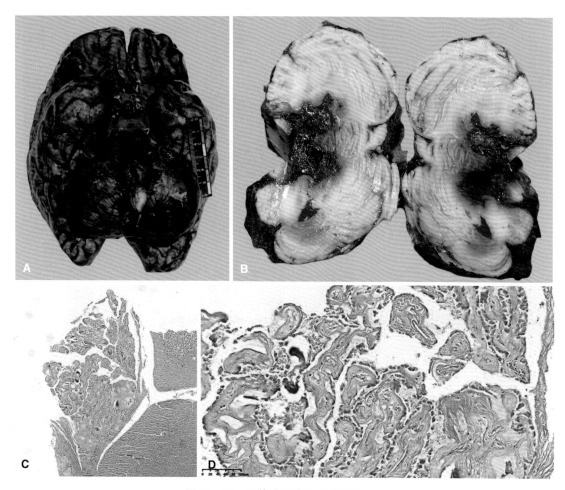

图 11 - 11　血管畸形致蛛网膜下腔出血

A. 广泛性蛛网膜下腔出血；B. 小脑实质未见挫伤、出血等异常，局部蛛网膜下腔出血；C. 小脑蛛网膜下腔出血，局部蛛网膜下腔中见大量小动脉血管呈团块状分布，小脑实质未见挫伤出血（HE 染色）；D. 为图 C 局部放大，示大量小动脉血管密集排列，组织一定程度自溶，血管壁似玻璃样变性，管腔狭窄。

本例被鉴定人酒后头部受拳击后倒地死亡，尸体解剖发现脑底部广泛性蛛网膜下腔出血，右侧大脑前动脉血管硬化，头皮无明显损伤，全脑组织无挫伤，血酒精含量为196.69 mg/100 ml。死因为在脑底动脉粥样硬化、饮酒基础上头部受外力作用致脑底血管破裂出血、蛛网膜下腔出血、颅内压增高、小脑扁桃体疝形成，致急性呼吸、循环功能衰竭死亡（图 11 - 12）。

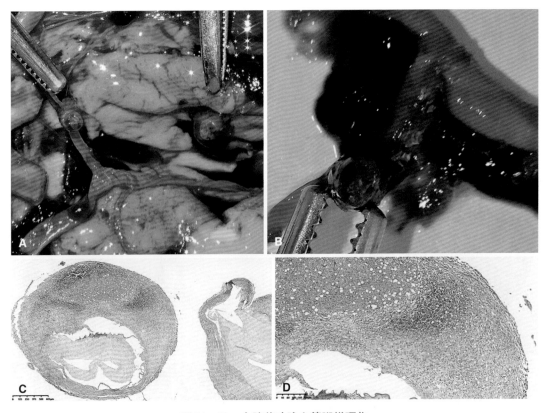

图 11‑12　大脑前动脉血管粥样硬化

A. 右侧大脑前动脉血管硬化、管腔狭窄，呈实心状，大脑广泛性蛛网膜下腔出血；B. 血管局部放大，可见管壁粥样硬化斑块形成，管腔狭窄达Ⅳ级；C. 大脑前动脉内膜纤维斑块形成，中膜层平滑肌明显萎缩，由大量纤维结缔组织增生替代，其间尚可见大量出血及大量炎症细胞浸润，管腔Ⅳ级狭窄（HE 染色）；D. 为图 C 局部放大，示中膜层平滑肌明显萎缩，由大量纤维结缔组织增生替代。

本例为 65 岁男性，与他人争吵中突发倒地死亡（图 11‑13）。

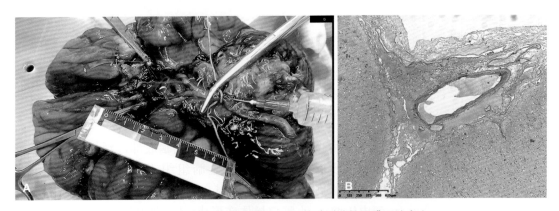

图 11‑13　脑底血管粥样硬化、血管破裂致蛛网膜下腔出血

A. 剥离脑底部血凝块，脑底动脉检见多量散在分布的点灶状动脉粥样硬化斑块形成，左侧大脑后动脉上检见大小分别为 0.5 cm×0.2 cm、0.5 cm×0.3 cm 两处动脉粥样硬化斑块形成，后一处动脉粥样硬化斑块处（距基底动脉约 0.7 cm 处）检见细小破裂口，脑底血管注水检查检见有水柱从破裂口喷出；B. 镜下大脑蛛网膜下腔出血（HE 染色）。

本例为 9 岁女性,凌晨 6:00 许,在小学宿舍内被发现抽搐并呕吐,送卫生院抢救半小时后宣布死亡(图 11-14)。

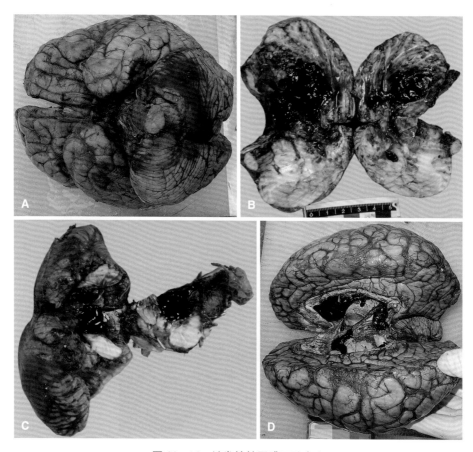

图 11-14　继发性蛛网膜下腔出血

A. 自发性小脑实质出血,出血破入小脑蛛网膜下腔;B. 小脑切面观,见小脑实质出血;C. 出血破入第四脑室;D. 出血逆行进入双侧侧脑室,双侧侧脑室积血。

本例为 28 岁男性,晚 8:00 许从出租屋出来之后倒在马路的人行道上,附近医院护士赶到后随即开展抢救,约 1 小时后宣布死亡(图 11-15)。其倒地后曾诉"头痛欲裂"。

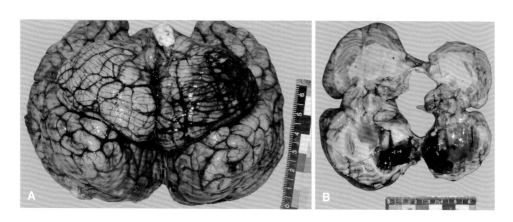

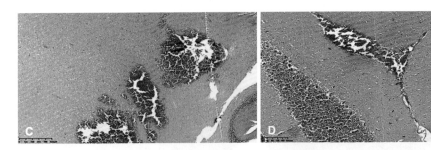

图 11 - 15　继发性蛛网膜下腔出血

　　A. 左侧小脑蛛网膜下腔出血;B. 小脑实质出血灶状出血;C. 显微镜下小脑实质散在小灶状出血(HE 染色);D. 显微镜下小脑蛛网膜下腔出血(HE 染色)。

　　本例为早产儿,出生后 10 余天死亡,出生时即存在蛛网膜下腔出血,终因脑实质出血及蛛网膜下腔血肿、循环衰竭而死亡(图 11 - 16)。

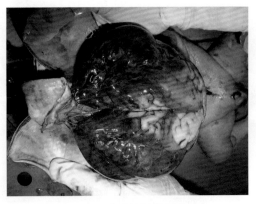

图 11 - 16　大脑蛛网膜下腔出血

　　图示双侧大脑半球颞、顶、枕部巨大蛛网膜下腔血肿形成,总面积约 16 cm×10 cm,双侧大脑明显受压变形,蛛网膜下腔血肿因出血时间较长而颜色变淡。

◆ 第三节　脑梗死与脑血栓形成 ◆

　　脑梗死是指脑组织的血液供应发生障碍后由缺血、缺氧引起的脑组织坏死、软化(图 11 - 17),以脑血管意外多见,含脑动脉血栓形成与脑动脉栓塞两大类。脑血栓形成多见,但发生猝死者少见。脑血栓形成常在脑动脉硬化的基础上发生,累及大脑中动脉、基底动脉或椎动脉(图 11 - 18、图 11 - 19)。此外,因脑出血、颅内高压导致脑血流减慢或停止,继发脑血栓的情况在法医学实践中并不少见。脑血管血栓栓塞如果引起重要部位或大面积脑组织缺血、梗死,也会导致猝死(图 11 - 20)。急性脑梗死往往需要经历数天后才容易通过肉眼观察到缺血、出血、脑梗死的形态改变(图 11 - 21)。

本例为 47 岁女性,输液过程中自诉"头晕、想吐、呼吸困难、想解小便又解不出来、尿道口疼痛",2 小时后在转院途中出现意识模糊。次日被鉴定人意识模糊加重,诉头痛、耳聋,CT 示左侧颞枕叶区见片状低密度影、脑梗死、小脑脑干出血。4 天后被鉴定人因抢救无效宣布死亡(图 11 - 17)。

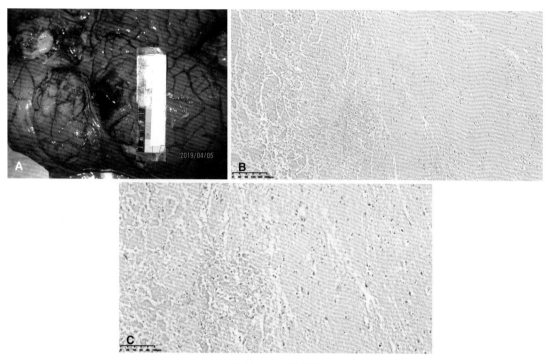

图 11 - 17　脑梗死

A. 大脑左额叶表面小片状蛛网膜下腔出血,左颞叶脑表面梗死区颜色苍白;B、C. 左侧区急性脑梗死,组织结构模糊、崩解,神经细胞变性坏死,右侧区域相对正常(HE 染色)。

本例为男性 53 岁,左面部受伤后倒地,无脑损伤及颅内出血等。数日后,诊断为左侧大脑半球大片状急性期脑梗死。住院治疗期间病情持续恶化,伤后 15 日治疗无效死亡(图 11 - 18)。

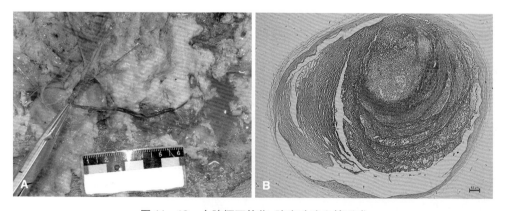

图 11 - 18　大脑梗死软化、脑底动脉血栓形成

A. 脑底动脉血栓形成,广泛性脑组织梗死、软化、液化;B. 脑底动脉血管腔内混合血栓结构,血栓与血管壁粘连紧密、融为一体(HE 染色)。

本例患者自感眩晕,感觉天旋地转,呕吐不止,持续一整夜;次日血压 151/83 mmHg,诉"头痛得不行",治疗过程中不停地说"头里面像有块石头转着疼",随后发生死亡(图 11 - 19)。

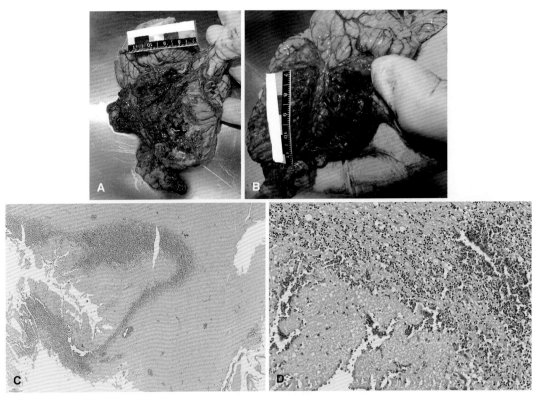

图 11 - 19 小脑梗死、脑底动脉血栓形成

A、B. 小脑左后侧脑组织梗死软化,梗死软化脑组织中脑血管内血栓形成;C、D. 小脑皮质和髓质中梗死、出血灶形成,小脑浦肯野细胞减少(HE 染色)。

本例为 34 岁男性,既往有精神病史,先后出现"睡眠中打鼾、呕吐、呼之不应"的情况,于睡眠中突发死亡,尸体检验仅发现脑动脉血管栓塞并大面积脑梗死(图 11 - 20)。

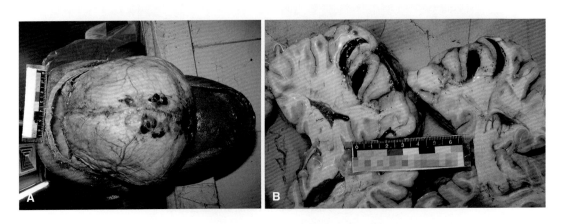

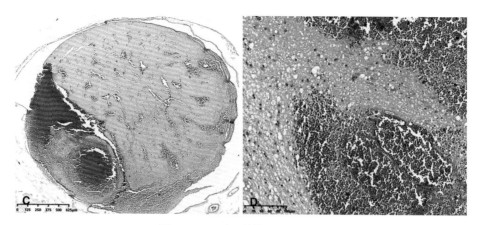

图 11 - 20 脑血管栓塞并脑梗死

A. 头皮无损伤,硬脑膜外无血肿,蛛网膜颗粒处可见血凝块溢出;B. 左侧额顶叶距软脑膜约 0.5 cm 处的左侧大脑实质在 6.5 cm×5.0 cm×3.0 cm 的范围内检见脑组织梗死、出血,梗死区色泽呈无光泽的灰暗状,质地松软,其间可见大小不等的灶片状出血,其对应脑表面蛛网膜下腔疑似血管内血栓栓塞;C. 脑表面蛛网膜下腔血管内血栓栓塞,栓子与脑血管无粘连(HE 染色);D. 脑实质梗死合并灶片状出血(HE 染色)。

本例为 69 岁女性,因"头昏 1 周,头昏呈阵发性发作,发作时间长短不一"入院,血压 170/100 mmHg,医院诊断:①高血压 3 级(极高危组);②脑动脉供血不足;③颅内多发性脑梗死(陈旧性)等(图 11 - 21)。

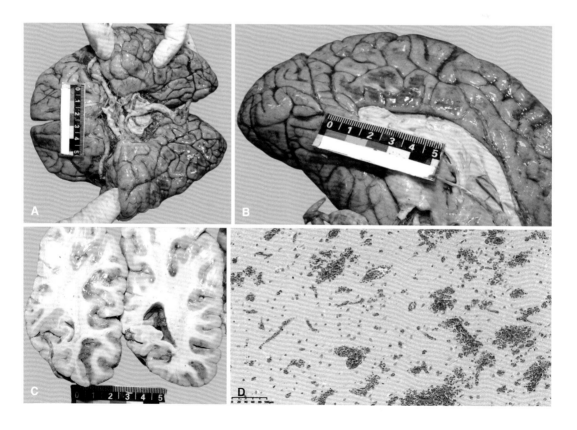

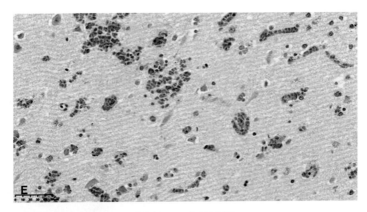

图 11 - 21　急性脑梗死

　　A. 脑底广泛性严重血管粥样硬化斑块形成；B、C. 大脑灰质表面及切面检见散在大量灶状急性脑梗死、出血改变；D、E. 镜下脑皮质大量灶状出血，图 E 尚可见部分神经细胞变性坏死（HE 染色）。

● 参考文献 ●

［1］ 中国疾病预防控制中心慢性非传染性疾病预防控制中心，国家卫生健康委统计信息中心编著. 中国死因监测数据集 2021［M］. 北京：中国科学技术出版社，2021.

［2］ Tsao C W, Aday A W, Almarzooq Z I, et al. Heart Disease and Stroke Statistics-2023 Update: A Report From the American Heart Association ［J］. Circulation, 2023,147(8):e93 - e621.

（雷普平　位斯杰）

第十二章

中枢神经系统感染

　　感染是病原微生物侵入机体后，在体内生长、繁殖，致使机体的正常功能、代谢、组织结构受到破坏，引起组织损伤性病变的病理反应。当病原体入侵中枢神经系统时，可导致神经组织在形态、功能上发生改变，并产生相应的临床症状，严重时可致死亡。随着我国经济的发展、国家医疗政策的健全和国民在饮食、居住等方面卫生意识的加强，近年来中枢神经系统感染的报道多为个别案例，大规模发生在国内已属罕见，但纵观全球仍时有相关报道，如：2022年6月美国佛罗里达州多人感染脑膜炎球菌；2021年9月刚果（金）暴发脑膜炎疫情，共报告脑膜炎病例2 662例，205例死亡病例；2017年尼日利亚脑膜炎疫情大暴发，感染者数以万计。

　　病原微生物入侵是中枢神经系统感染性疾病发病的根本原因，机体的状态如血脑屏障发育情况、长期昏迷、恶病质、营养不良以及开放性颅脑损伤均是中枢神经系统感染的重要影响因素。可引起中枢神经系统疾病的病原体种类繁多，包括病毒、细菌、真菌及寄生虫等。

　　病原体入侵人体的途径多样，包括蚊虫叮咬、饮食传播、自身病灶转移、开放性外伤等，不同病原体各自遵循有利路径入侵体内。在入侵之后，不同病原体在中枢神经系统的细胞组织层面表现各异，通过对大体器官和病理切片的观察有助于鉴别。

◆ 第一节　病　毒　感　染 ◆

　　病毒是中枢神经系统感染的常见病因，各年龄段均可感染，儿童因血脑屏障发育不全导致其发病更为常见（图12-1、图12-2、图12-3）。常见的可引起中枢神经系统感染的DNA病毒包括单纯疱疹病毒、水痘-带状疱疹病毒、巨细胞病毒等，RNA病毒有柯萨奇病毒、虫媒病毒、狂犬病毒（图12-4）等，其中以单纯疱疹病毒所致感染最为常见。中枢神经系统被病毒感染后，患者常出现头痛、发热等亚急性临床症状，也有少数患者起病急骤，进展迅速，在短期内死亡。在鉴定方面，除HE染色显微镜下观察外，提取脑脊液进行聚合酶链反应检测对病毒的确诊有重要意义。

　　本例死者为 1 岁女性幼儿,因高热 4 天,吃药治疗无效后到卫生院就诊,检查过程中突发抽搐、昏迷,抢救无效死亡(图 12-1)。

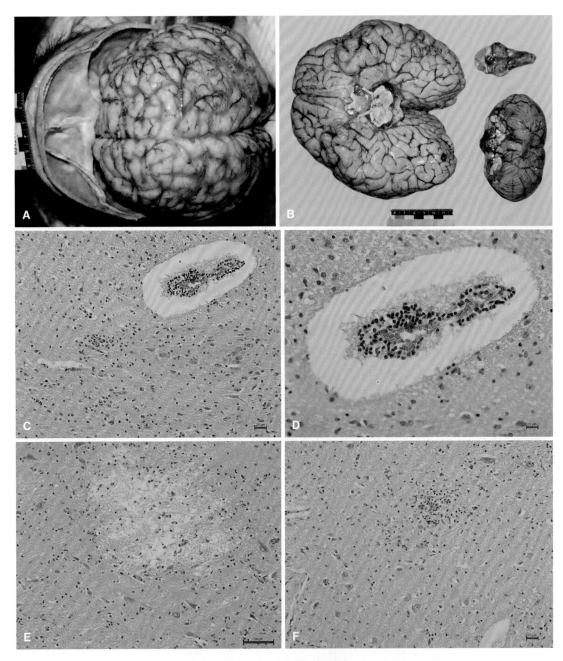

图 12-1　流行性乙型脑炎

　　A、B. 大脑脑膜血管高度扩张充血,脑实质水肿;C、D. 神经细胞变性坏死,小胶质细胞增生,局部形成胶质结节,脑实质血管周围炎症细胞袖套状浸润(HE 染色);E. 灶状脑组织坏死液化,呈镂空状(HE 染色);F. 灶状神经细胞变性坏死,胶质结节形成(HE 染色)。

本例死者为 3 岁男童,某日上午出现"精神症状差、不发热、不咳嗽、有些懒得活动"。次日凌晨,被鉴定人出现"呕吐",当天 6:30 送到医院治疗,6:50 出现烦躁、面色发绀、口腔血性泡沫、四肢青紫、厥冷、双肺有啰音、手足掌起斑丘疹等症状。疾控中心做咽拭子检查,发现"肠道病毒 71 型阳性"。医生检查后给予输液治疗,治疗过程中被鉴定人病情持续恶化,约 2 小时后死亡(图 12-2)。

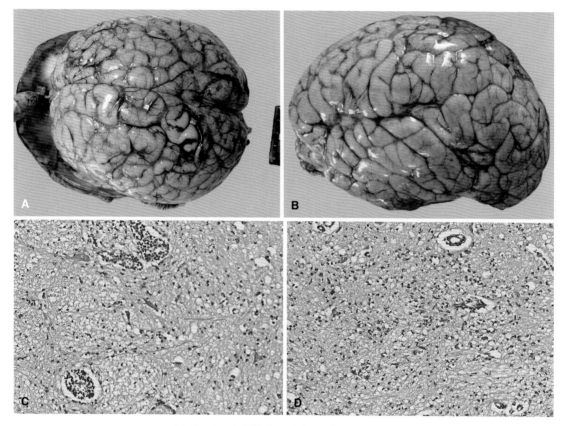

图 12-2 病毒性脑干脑炎(肠道病毒 71 型)

A、B. 大脑明显水肿;C. 脑干神经细胞坏死,血管周围炎症细胞呈袖套状浸润(HE 染色);D. 脑干神经细胞坏死,胶质细胞增生,局部形成胶质结节(HE 染色)。

本例死者为女性幼儿,2 岁 10 个月,病毒性脑干脑炎(肠道病毒 71 型)。某日上午,被鉴定人因"发热,体温 38.5℃,嗜睡"就诊,诊断为"感冒",给予输液治疗,当天 11:00 许输完液后回家。当天 16:00,被鉴定人再次因发热入院输液治疗。次日中午,被鉴定人因"发热,体温 38.5℃,频繁呕吐"就诊,入院初步诊断为"①急性胃肠炎,②急性咽炎,③肠系膜淋巴结炎",给予输液治疗。次日 18:00 许,被鉴定人突然出现面色青紫、口周发绀,体温 35.8℃,1 小时后死亡(图 12-3)。疾控中心做咽拭子检查,发现"肠道病毒 71 型阳性"。

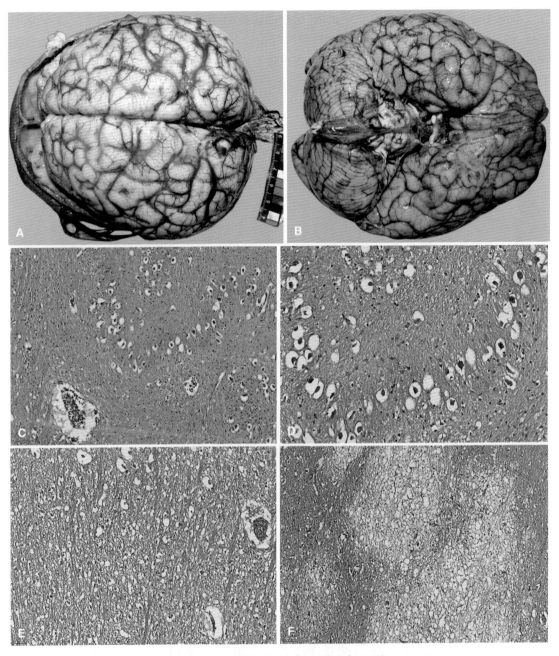

图 12 - 3　病毒性脑干脑炎(肠道病毒 71 型)

　　A、B. 大脑脑沟变浅,脑回增宽,脑水肿;C、D. 血管袖套状炎症细胞浸润,神经细胞变性坏死,细胞周围间隙增宽(HE 染色);E. 脑干神经纤维肿胀(HE 染色);F. 多发性筛状软化灶形成,部分神经细胞崩解消失(HE 染色)。

　　本例死者为 6 岁男孩,因"发热、头痛、咽痛、腹痛、食欲缺乏 2 天"于当地卫生院就医,予输液治疗,期间出现颤抖,输完液回到家中后发生呕吐。次日凌晨 1:30 左右,被鉴定人呕吐剧烈,救护车赶到抢救 1.5 小时后死亡。尸体解剖时提取大脑、小脑和脑干组织,狂犬病直接免疫荧光试验结果显示狂犬病毒抗原均为阳性(＋～＋＋＋＋)。经调查,头皮及颅骨损伤为 3 岁时高坠损伤形成(图 12 - 4)。

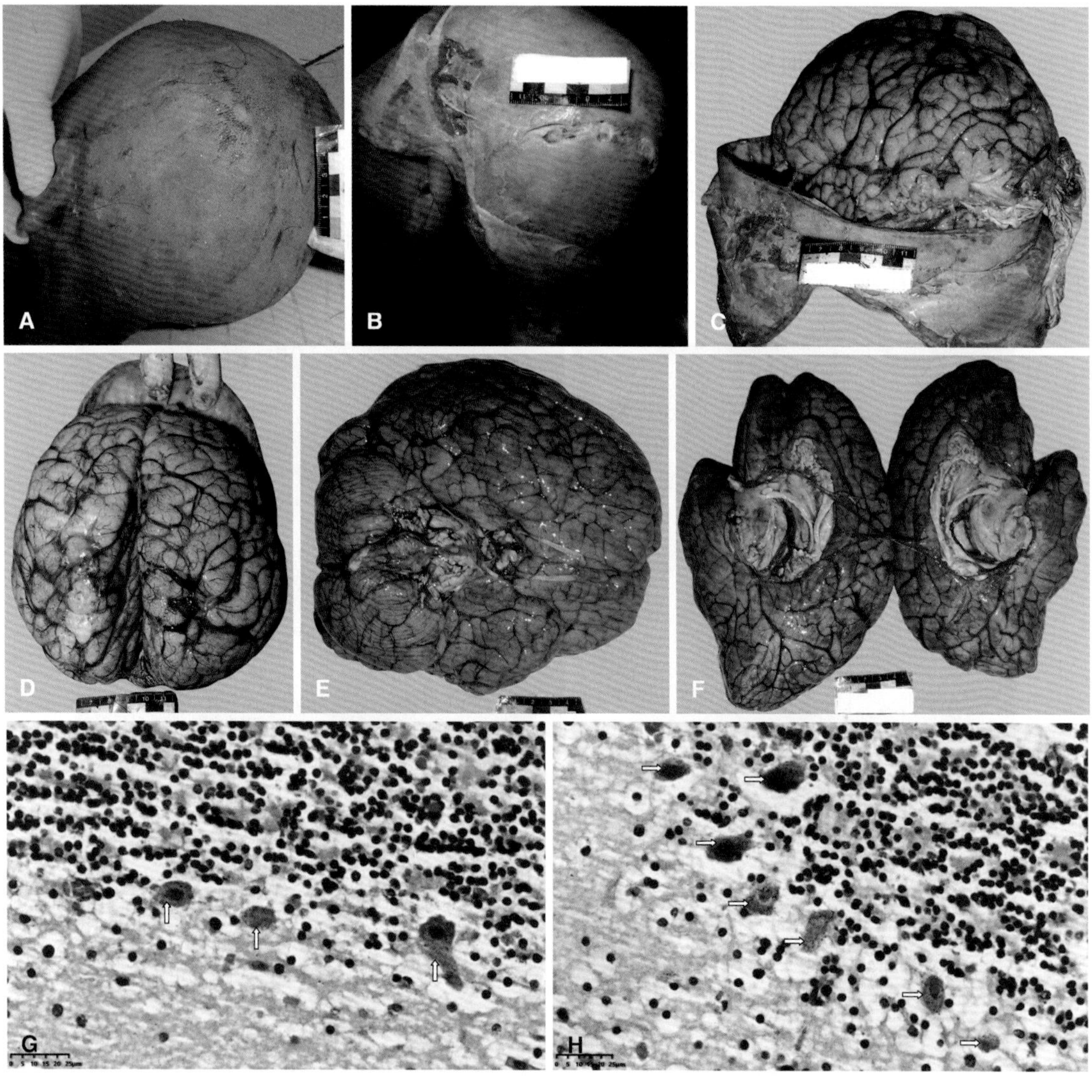

图 12－4　陈旧性颅脑损伤合并狂犬病毒感染

　　A. 左耳上方陈旧性弧形走向的瘢痕；B. 左耳上方检见弧形走向、愈合不良的陈旧性骨折线形成，骨折线长 16.0 cm，该骨折线呈分离状，最宽处距离约 0.8 cm；C. 大脑弥漫性脑水肿改变，左侧大脑有陈旧性软化灶形成；D～F. 除脑肿胀外，大体观未检见其他异常；G、H. 小脑组织水肿，浦肯野细胞肿胀，浦肯野细胞胞质内检见大量嗜酸性、呈球形或团块状的内氏小体（狂犬病毒囊泡，箭头所示）（HE 染色，×600）。

◆ 第二节　细菌感染 ◆

　　中枢神经系统的细菌感染可根据脑脊液的外观分为化脓性、浆液性和出血性三大类，其中以前两者为主。化脓性炎症（图 12－5、图 12－6）最常见的病原体是脑膜炎球菌、肺炎链球菌、b 型流感嗜血杆菌，而浆液性炎症常见于结核分枝杆菌、布鲁氏菌、隐球菌感染。与病毒感染相比，细菌感染引起的中枢神经系统炎症通常更为严重，细菌感染可以导致严重的脑水肿、颅内压升高、脑疝形成，继而导致死亡（图 12 - 7、图 12 - 8、图 12 - 9）。例如，新生儿化脓性脑膜炎是小儿，尤其是婴幼儿时期，最常见的中枢神经系统感染性疾病，病死率高达 10％～15％，在一些相对不发达地区甚至更高。

　　本例死者为 4 岁男童，因"入院 3 天前不明原因发热，体温 38℃"就诊。入院检查并输液结束后约 2 小时左右，被鉴定人出现"呼吸减慢、手部痉挛、瞳孔大小不一样"等情况，体温 38.8℃，脉搏 198 次/分，呼吸 20 次/分，呼之不应，口唇青紫，瞳孔对光反射稍弱，呼吸声大，双肺呼吸音粗，心音强。经抢救无效于次日下午死亡（图 12 - 5）。

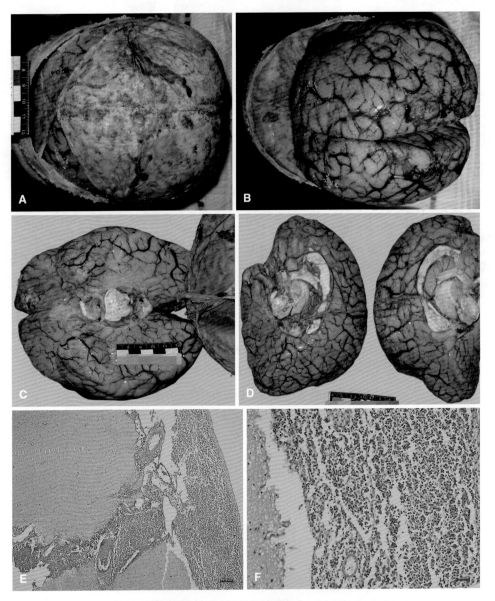

图 12 - 5　化脓性脑膜炎（一）

　　A、B. 大脑肿胀明显，脑回增宽、脑沟变浅；C、D. 大脑蛛网膜下腔见黄绿色脓液，以视交叉池及小脑延髓池较为严重；E、F. 蛛网膜下腔弥漫以中性粒细胞为主的炎症细胞浸润，广泛性脓液形成，脑实质组织无明显异常（HE 染色）。

本例死者为 3 岁女童,因感冒症状输液治疗 6 天,输液期间约每 6 小时发热一次。第 7 天,被鉴定人在输液中出现烦躁、抽搐症状,后抢救无效死亡(图 12 - 6)。

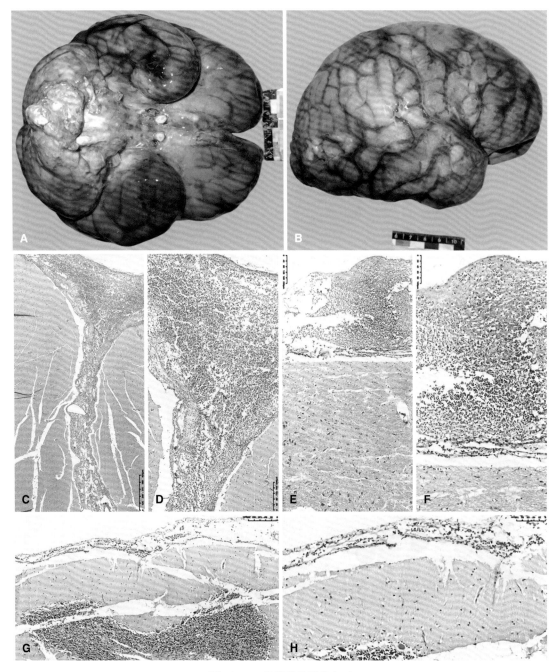

图 12 - 6　化脓性脑膜炎(二)

A、B. 全脑蛛网膜下腔大量白色浑浊液体,脑组织水肿明显,脑回、脑沟结构模糊,双侧小脑扁桃体疝形成;C、D. 大脑脑膜炎,大脑蛛网膜下腔大量炎症细胞浸润(HE 染色);E、F. 脑干脑膜炎,蛛网膜下腔大量炎症细胞浸润(HE 染色);G、H. 小脑脑膜炎,蛛网膜下腔大量炎症细胞浸润(HE 染色)。

本例死者为 2 岁女童，在 4 个月时曾患"细菌性脑膜炎"，经住院治愈后出院。本次因"咳嗽"被送至卫生所进行治疗，被鉴定人前 3 天输液均未出现异常，第 4 天在输入第 5 瓶液体后，被鉴定人出现"不乖，头后仰"，约 1 分钟后出现头部、口唇青紫，抢救数分钟后宣布死亡（图 12 - 7）。

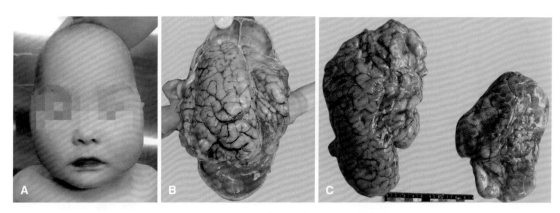

图 12 - 7　慢性细菌性脑膜炎并压迫性萎缩

A. 头颅畸形，头颅较小，与面颅比例失调；B. 大脑左右不对称，右侧大脑体积明显缩小，脑组织明显萎缩；C. 右侧大脑体积缩小（左侧大脑大小 18.0 cm×6.0 cm×8.0 cm，右侧大脑大小 13.5 cm×3.5 cm×7.0 cm），萎缩明显，右侧大脑蛛网膜增厚伴右脑表面及切面多发性点灶状液化坏死灶形成。

被鉴定人车祸伤致昏迷，伴头面部大量出血，入院治疗 4 月余死亡（图 12 - 8）。

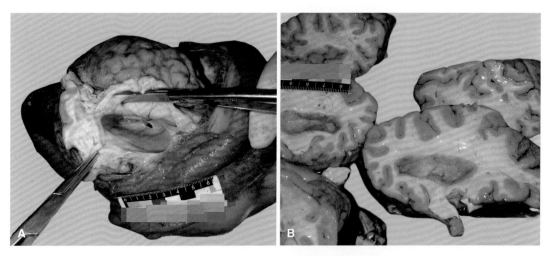

图 12 - 8　脑脓肿

A. 右前额脑组织坏死、软化，皮质萎缩粘连，右侧大脑实质检见空洞形成，空洞与侧脑室相通，空洞内壁光滑，无出血；B. 大脑切面可见空洞内少许淡黄绿色脓液。

本例为 70 岁男性，在路上"摔倒"后被送入医院救治，检查发现"HIV 阳性、梅毒阳性、肺结核"。经吸氧、抗感染，治疗效果不佳，于入院次日呼吸、心搏骤停，经抢救无效死亡（图 12 - 9）。尸体检验发现肺、肾、肝、脑等全身广泛性结核。

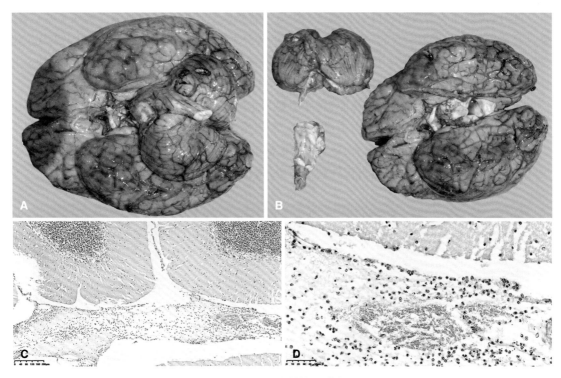

图 12-9 结核性脑膜炎

A、B. 大脑双侧颞叶、枕叶及小脑局部蛛网膜增厚,脑表面血管扩张淤血,脑表面颜色呈淡黄色;C、D. 局部脑膜增厚,其间可见不典型性结核结节,结节中央可见干酪样坏死,结节周边可见大量以淋巴细胞和单核细胞为主的炎症细胞浸润(HE染色)。

◆ 第三节 其他原因感染 ◆

真菌种类繁多,目前已知能引起人类疾病的真菌约有 270 种。真菌的致病力一般较弱,但由于广谱抗生素、肾上腺皮质激素和免疫抑制剂的大量应用,以及恶性肿瘤、糖尿病、尿毒症等慢性消耗性疾病的增多,真菌感染增长趋势明显。真菌病根据病变部位的不同分浅部真菌病和深部真菌病两大类。浅部真菌病主要侵犯含有角质的组织,如皮肤、毛发和指甲等处,引起各种癣病。深部真菌病侵犯皮肤深层和内脏,如肺、脑、消化道等器官,危害性较大(图 12-10)。真菌致病作用与真菌在体内繁殖引起的机械性损伤以及所产生的酶类及代谢产物等有关。真菌感染可导致非特异性炎症、化脓性炎、坏死性肉芽肿性炎等病理变化。不同真菌的变态反应不同,或在同一真菌的不同时期,其组织反应也不一样。真菌在人体引起的病变没有特异性,诊断依据是病灶中找到病原菌。

因寄生虫在脑部、脊髓及周围神经寄生或其幼虫、虫卵及排泄物移行或沉积而导致的器质性疾病称为神经系统寄生虫病,常见有脑囊虫病(图 12-11)、脑包囊虫病、脑肺吸虫病、脑血吸虫病、脑型疟疾、脑弓形体病等,其中脑囊虫病由猪绦虫幼虫引起,是国内最常见的脑部寄生虫病。

此外,传染性的朊蛋白也可引起感染。牛海绵状脑病是动物传染性海绵样脑病中的一种,系具有传染性的朊蛋白引起的一种亚急性进行性神经系统变性疾病,通常脑细胞组织出现空泡(图 12-12),星形胶质细胞增生,脑内解剖发现淀粉样蛋白质纤维(朊蛋白阳性淀粉样斑块),并伴随全身症状,以潜伏期长、病死率高、传染性强为特征。90%的病例于发病后 1 年内死亡。

毛霉菌病的起始病灶常位于鼻腔,病变主要为急性化脓性炎,以后很快扩展到鼻窦和中枢神经系统。脑毛霉菌病可在短期内造成死亡。本例死者为 67 岁男性,2 个月前无明显诱因下出现头痛、头晕不适,且病程中患者自觉鼻腔频繁有脓性分泌物流出,经久不愈。医院检查发现蝶窦占位病变,取颅底灰褐色占位性病变一块,镜检发现为毛霉菌(图 12-10)。

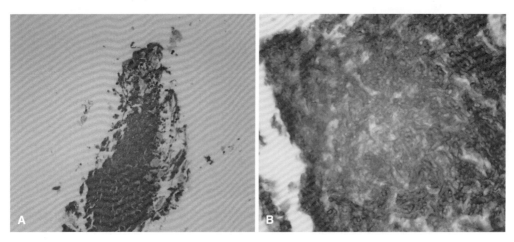

图 12-10 毛霉菌感染

A. 镜下检见成堆深蓝色菌丝团块(HE 染色);B. 高倍镜下可见毛霉菌菌丝结构,菌丝染色色淡、壁厚,菌丝粗大,不分隔,分支较少而不规则,呈钝角或直角分支(HE 染色)。

本例患者为 56 岁男性,无明显诱因下反复出现头部闷痛不适,服用消炎药后可缓解,具有长期进食生猪肉史。左侧桥小脑区占位性病变的大小为 1.1 cm×2.5 cm×2.0 cm,镜检见图 12-11,考虑脑的猪绦虫囊尾蚴,确诊需进行囊尾蚴抗原检测。

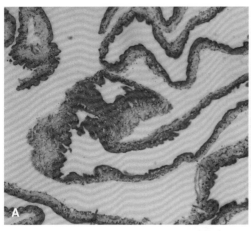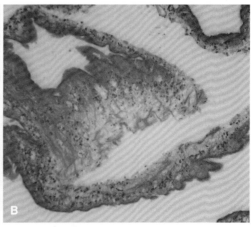

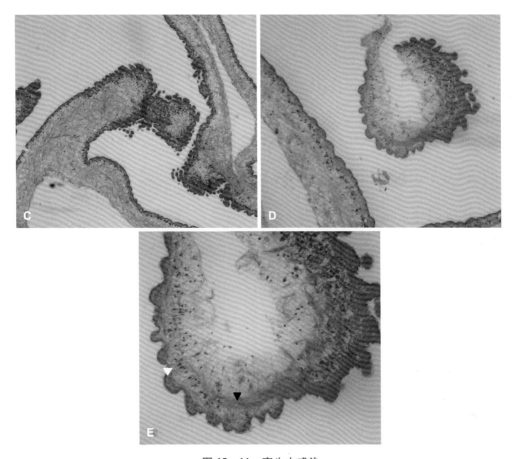

图 12-11 寄生虫感染

A、B、C. 镜下见虫体结构(HE 染色);D、E. 示虫体外壁丛状分布的外角质层(白色三角形所示)和整齐排列的肌层(黑色三角形所示)(HE 染色)。

本例死者为中年女性,死亡前 1 年有国外旅居史,半年来出现严重逆行性遗忘症,智力损伤,无动性缄默,语言表达障碍至失语,视力下降,并伴有四肢运动功能减退,影像学检查发现患者有脑萎缩,最终因肺部感染伴多脏器功能衰竭死亡(图 12-12)。

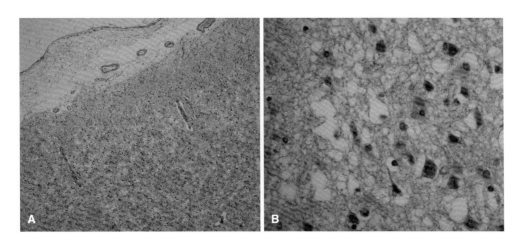

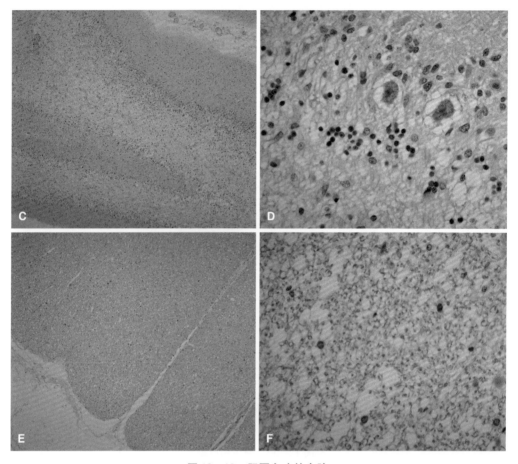

图 12 - 12　朊蛋白病的人脑

A. 额叶皮质神经细胞数量减少,神经细胞周围及脑实质海绵状空泡形成(HE 染色);B. 图 A 的局部放大;C. 小脑浦肯野细胞肿胀,细胞周围海绵状空泡形成,颗粒层细胞明显减少(HE 染色);D. 图 C 的局部放大,可见少许胶质细胞增多;E、F. 脊髓神经细胞数量减少,可见海绵状空泡形成,白质大片层状脱髓鞘改变(HE 染色)。

参考文献

［1］ 赵钢,粟秀初. 神经系统感染性疾病[M]. 西安:第四军医大学出版社,2007.

［2］ Brueck H, Schuster-Bruce C. 7 people have died amid 'one of the worst meningococcal outbreaks' in US history [EB/OL]. (2022 - 06 - 23)[2023 - 06 - 14]. https://www. insider. com/meningococcal-disease-meningitis-outbreak-florida-2022-6.

［3］ World Health Organization. Meningitis-Democratic Republic of the Congo [EB/OL]. (2021 - 09 - 20)[2023 - 06 - 14]. https://www. who. int/emergencies/disease-outbreak-news/item/2021-DON334.

［4］ Nnadi C, Oladejo J, Yennan S, et al. Large Outbreak of Neisseria meningitidis Serogroup C-Nigeria [J]. MMWR Morb Mortal Wkly Rep, 2017,66(49):1352 - 1356.

［5］ 周衡,郭伟. 急诊神经病学[M]. 北京:北京大学医学出版社,2021.

［6］ 吴江,贾建平. 神经病学[M]. 3 版. 北京:人民卫生出版社,2015.

［7］丁新生.神经系统疾病诊断与治疗[M].北京:人民卫生出版社,2018.

［8］冯绵烨,娄燕.病毒性脑炎的诊治研究进展[J].中华诊断学电子杂志,2019,7(1):66-70.

［9］穆克赫吉,沙赫.中枢神经系统感染临床影像学[M].吴元魁,刘岘,吕国士,译.北京:人民军医出版社,2015.

［10］王译,胡旭红,曾雯,等.70例新生儿难治性化脓性脑膜炎临床特征分析[J/OL].发育医学电子杂志,2021,9(6):413-419.

（雷普平　龙　武　瞿鹏飞）

第十三章

颅 内 肿 瘤

颅内肿瘤(intracranial tumor)发病率仅占全身肿瘤的 1.5%～2%,虽然法医病理学鉴定实践中因颅内肿瘤致死的案例并不多见,但是尸体检验鉴定过程中却时有发现颅内肿瘤。颅内肿瘤分为原发性颅内肿瘤与转移瘤两大类。原发性颅内肿瘤病程经过缓慢,机体对肿瘤有相对适应性,大部分患者早期症状不明显,或仅有轻微症状,未能引起注意。引起猝死的颅内肿瘤在小脑幕下较多见。

颅内肿瘤导致猝死的主要机制包括:①肿瘤压迫引起神经功能障碍,严重时可引发颅内压增高、脑疝形成,导致急性死亡。②阻塞脑脊液循环通道,肿瘤组织侵及脑室或阻塞导水管,致使脑脊液的循环障碍,可引起急性脑积水致颅内压急剧升高而发生突然死亡。③肿瘤并发出血,恶性肿瘤的组织细胞分化程度低、生长迅速,常导致瘤体内供血、供氧相对不足,发生瘤体变性、坏死,坏死区的血管破裂出血。出血量迅速增多时,可引起脑疝致猝死。

颅内肿瘤的法医病理学鉴定应注意:①通过尸检发现颅内肿瘤及肿瘤坏死出血、颅内压升高等并发症的客观证据。②通过组织学检查确定肿瘤类型,必要时可进行免疫组化、基因检测等。③综合分析死亡原因,肿瘤与外伤、中毒及其他疾病并存时,应全面分析各种相关因素,权衡疾病轻重及其与死亡的相关程度。

法医病理常见的颅内原发性肿瘤有星形胶质细胞瘤、脑膜瘤、室管膜瘤、脑室胶样囊肿、垂体瘤等。颅内转移瘤可由全身各种肿瘤转移所致,尤其是容易经由血液转移的肿瘤,如绒毛膜癌、肺癌等。

一、星形胶质细胞瘤

星形胶质细胞瘤(astrocytoma)为颅内最多见的肿瘤,多发生于大脑额叶(图 13-1)、颞叶及顶叶。肉眼观察肿瘤呈灰白色,质地坚韧,与周围脑组织分界不清,无包膜(图 13-1)。显微镜下,大量星形胶质细胞增生,细胞呈圆形或椭圆形,细胞质较少,排列拥挤(图 13-1、图 13-2)。恶性程度高的常伴有瘤内的出血与坏死。根据瘤细胞形态和分化程度,星形胶质细胞瘤可以分为纤维型星形胶质细胞瘤、原浆型星形胶质细胞瘤、肥厚型星形胶质细胞瘤和多形性胶质母细胞瘤 4 种类型。纤维型星形胶质细胞瘤和原浆型星形胶质细胞瘤分化程度高,为良性;肥厚型为介于良性和恶性之间的交界瘤;多形性胶质母细胞瘤则属于恶性,多见于成人。

多形性胶质母细胞瘤常起源于额叶、颞叶的白质,呈浸润性生长。瘤组织的坏死、出血明显，常呈红褐色。光学显微镜下瘤细胞密集，呈明显的细胞异型性，可见怪异的单核、双核或多核的瘤巨细胞(图13-3)，并有异常核分裂象，出血坏死明显，这是其区别于肥厚型星形胶质细胞瘤的特征。瘤组织内小血管、毛细血管增生明显，特别是内皮细胞显著增生肿大，往往导致管腔狭窄或闭塞，并有血栓形成。肿瘤生长迅速，切除后多在短期内复发，预后不良。由于细胞异型性较大，因此S100(主要由神经胶质细胞分泌的一种酸性钙结合蛋白)、胶质纤维酸性蛋白(glial fibrillary acidic protein, GFAP)、少突胶质细胞转录因子2(oligodendrocyte transcription factor 2，Olig2)、波形蛋白(vimentin, Vim，系中间丝的一种蛋白质，提示肿瘤的间叶组织来源)等免疫组化指标对多形性胶质母细胞瘤的诊断具有重要价值(图13-4)。

此外，由类圆形较小的肿瘤细胞构成的脑内肿瘤容易与星形胶质细胞瘤相混淆，应当认真鉴别，如胶质细胞瘤(图13-5)和淋巴瘤(图13-6)，必要时可进行特异性指标的免疫组织染色。

本例死者为39岁女性，孕6个月，在睡眠中猝死。尸体检验发现，大脑星形胶质细胞瘤合并弥漫性脑水肿及小脑扁桃体压迹形成(图13-1)。

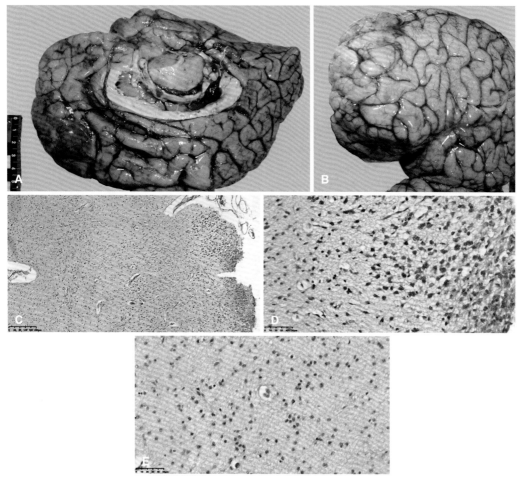

图13-1　星形胶质细胞瘤(一)

A.左侧大脑额叶见明显向外突起的7.0cm×7.0cm×6.0cm大小肿瘤，肿瘤表面脑沟不明显，与周围正常脑组织界限不清；B.肿瘤周围大脑水肿明显；C～E.显微镜下(HE染色)，大脑组织大量星形胶质细胞增生，细胞圆形或椭圆形，细胞质较少，拥挤排列，肿瘤细胞核大深染、核仁明显(WHO Ⅱ级)。

本例患者为 50 岁男性，间断发热伴头痛 1 周。检验见右额叶前颅底占位灰黄、灰褐色组织一块，大小为 6 cm×5 cm×3cm(图 13 - 2)。

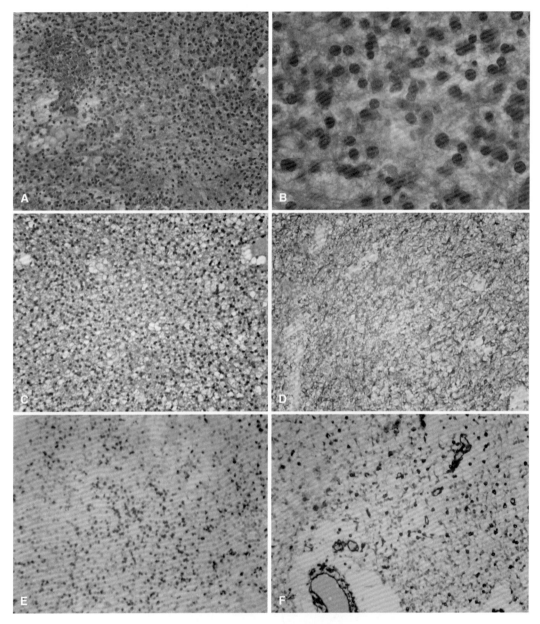

图 13 - 2　星形胶质细胞瘤(二)

A. 肿瘤细胞弥漫成片，拥挤排列，细胞呈圆形或椭圆形，细胞质较少，局部区域小片状出血(HE 染色，×100)；B. 肿瘤细胞呈圆形或椭圆形，细胞质较少，核仁居中(HE 染色，×400)；C. 免疫组化 S100 阳性；D. 免疫组化 GFAP 阳性；E. 免疫组化 Olig2 部分阳性；F. 免疫组化 Vim 部分阳性。

本例患者为 67 岁女性，于 18 天前无明显诱因下出现晕厥，约 15 分钟，伴呕吐，醒来后感头痛、视物不清、四肢无力、步态不稳、吞咽困难，无胸闷胸痛等不适。检验见左额叶灰白、灰褐色组织，大小为 4 cm×2.5 cm×1.5 cm，切面灰白、灰黄、灰褐，实性质软(图 13 - 3)。

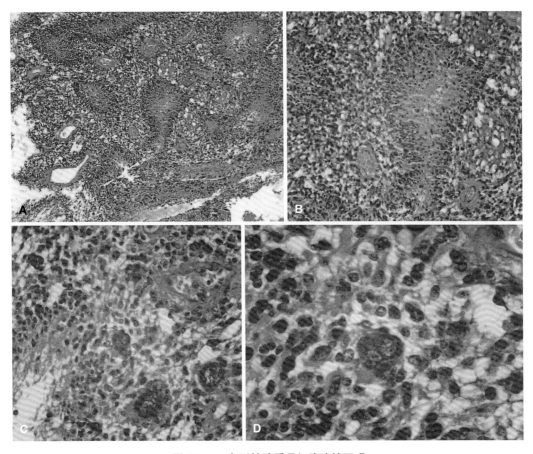

图 13-3 多形性胶质母细胞瘤镜下观

A、B. 多个蜿蜒的假栅栏状坏死灶(HE 染色,×40);C. 多核瘤巨细胞(HE 染色,×200);D. 多核瘤巨细胞(HE 染色,×400)。

本例(图 13-4)与图 13-3 案例为同一案例。

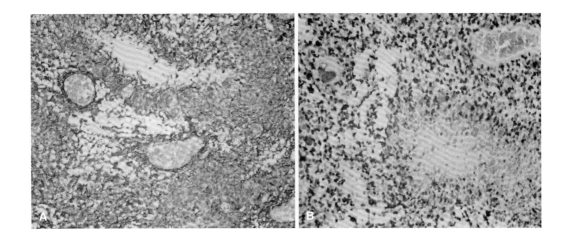

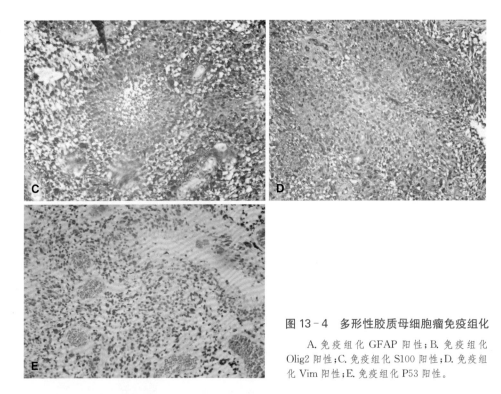

图 13-4　多形性胶质母细胞瘤免疫组化

　　A. 免疫组化 GFAP 阳性；B. 免疫组化 Olig2 阳性；C. 免疫组化 S100 阳性；D. 免疫组化 Vim 阳性；E. 免疫组化 P53 阳性。

　　本例死者为 11 岁男性，因"头痛、呕吐"入院，诊断为头痛查因，次日下午突发口唇青紫、意识丧失，经抢救无效宣布死亡（图 13-5）。

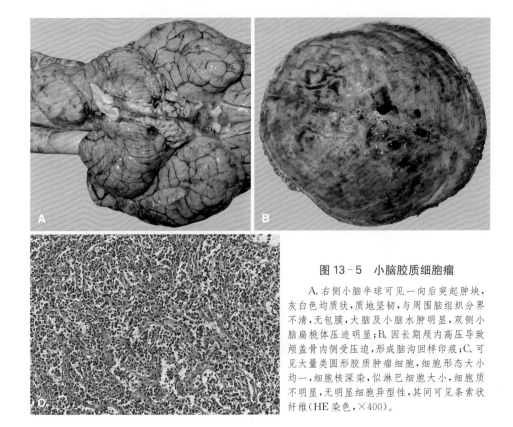

图 13-5　小脑胶质细胞瘤

　　A. 右侧小脑半球可见一向后突起肿块，灰白色均质状，质地坚韧，与周围脑组织分界不清，无包膜，大脑及小脑水肿明显，双侧小脑扁桃体压迹明显；B. 因长期颅内高压导致颅盖骨内侧受压迫，形成脑沟回样印痕；C. 可见大量类圆形胶质肿瘤细胞，细胞形态大小均一，细胞核深染，似淋巴细胞大小，细胞质不明显，无明显细胞异型性，其间可见条索状纤维（HE 染色，×400）。

　　本例死者为脑弥漫大 B 细胞淋巴瘤患者,因肿瘤累及全脑致循环、呼吸衰竭死亡(图13-6)。

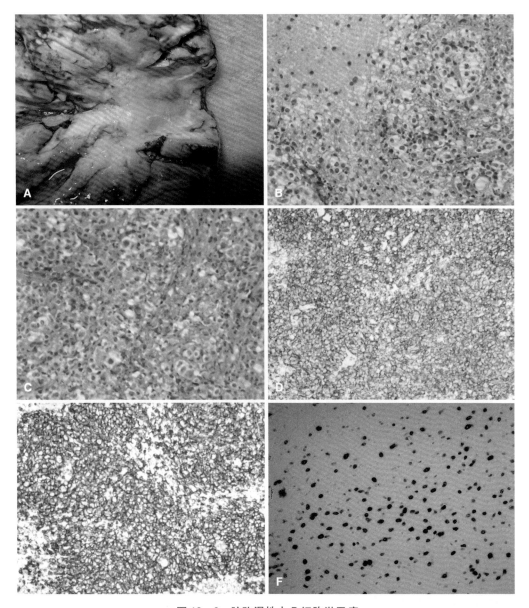

图 13-6　脑弥漫性大 B 细胞淋巴瘤

　　A. 全脑重1410克,大脑切面检见多灶灰黄色区域,质稍韧,局灶可见坏死;B、C. 镜下示脑实质中可见大量异型性明显的肿瘤细胞,其大小大于正常淋巴细胞的2倍,弥漫浸润性生长,破坏脑实质,广泛累及各个脑叶(HE 染色);D. 免疫组化 BCL-2 阳性(×200);E. 免疫组化 CD20 阳性(×200);F. 免疫组化 ki67 阳性(×200)。

二、脑膜瘤

　　脑膜瘤(meningioma),又称蛛网膜内皮瘤,是中枢神经系统中一种常见的原发性肿瘤。在颅内肿瘤中,脑膜瘤的发病率仅次于星形胶质细胞瘤而居第二位。脑膜瘤多见于中老年人,女性比男性多,中年女性发生率高可能与女性激素刺激有关。脑膜瘤起源于蛛网膜颗粒的内皮细胞和成纤维细胞,因而常见于上矢状窦旁、大脑半球凸面、大脑镰旁等部位,也可发生在脑室内,如侧脑室三角区等。脑室内的脑膜瘤起源于胚胎发育过程中沿血管长入脉络丛内的蛛网膜组织(图13-7)。脑膜瘤大多呈球形、结节状,可压迫相邻的脑实质,边界清楚,包膜完整(图13-7)。显微镜下,脑膜瘤细胞呈梭形、平行束状或旋涡状排列,有时可见钙化的砂粒体(图13-8)。常见的组织学类型有脑膜细胞型、纤维细胞型、过渡型、血管母细胞型等。

本例为81岁女性,交通事故后6个月,主要死亡原因为胰腺腺癌,合并肝转移、肝坏死、肺转移等,致多器官功能衰竭死亡。交通事故所致颅脑损伤构成辅助死因(图13-7)。

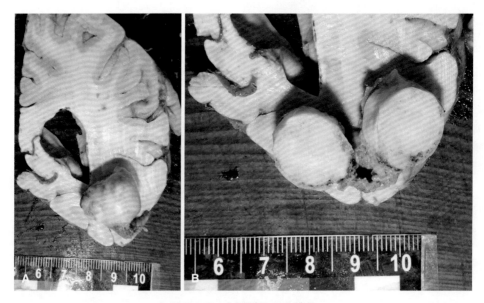

图13-7 右侧侧脑室脑膜瘤

右侧侧脑室检见大小为2.0 cm×1.5 cm×1.5 cm的肿块,质地较硬,切面呈黄色,由完整包膜包裹,侧脑室稍扩张。

本例(图13-8)与图13-7案例为同一案例。

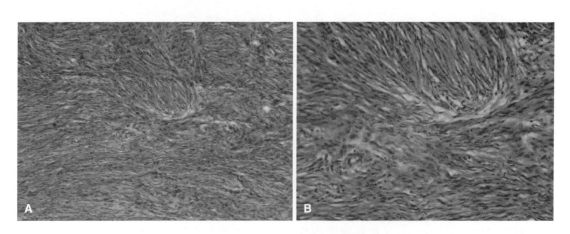

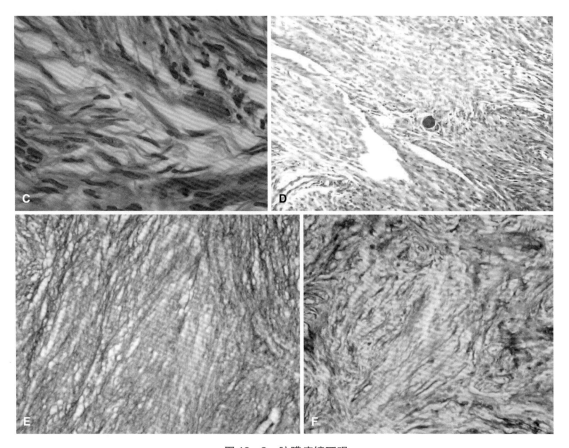

图 13－8 脑膜瘤镜下观

A、B、C.梭形脑膜瘤细胞,呈平行束状、旋涡状排列(HE 染色);D.砂粒体(HE 染色);E.免疫组化 EMA 阳性;F.免疫组化 S100B 部分阳性。

三、室管膜瘤

室管膜瘤(ependymoma)来源于室管膜上皮组织,其发生率依次为第四脑室、侧脑室、第三脑室、导水管。大体观察见肿瘤呈结节状或分叶状,界限分明,大的可以充满脑室,使脑室相应扩张变形。切面呈灰红色,质地较硬,可出现坏死、出血。组织学见肿瘤细胞形状大小一致,为圆形或卵圆形,染色质丰富,细胞质较少。细胞界限不清,瘤细胞围绕血管形成血管周围假菊形团样结构(图 13－9),或瘤细胞排列成腺管样结构。

本例为 51 岁男性患者,10 天前发生车祸,感头痛、右肢活动受限,无头晕、呕吐、胸闷等症状,医院 CT 检查发现:右侧颞枕叶混杂密度影,其内见斑点状高密度影,周围脑组织水肿,考虑恶性肿瘤伴少量出血(图 13－9),右侧侧脑室受压明显。交通事故与该肿瘤的发生无关。

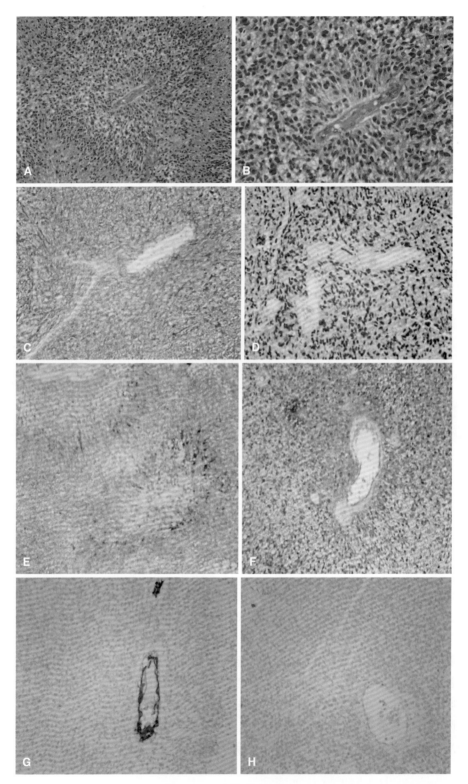

图 13-9　室管膜瘤镜下观

　　A、B. 假菊形团(中央为血管,周围围绕瘤细胞),瘤细胞中等密度,大小一致,假菊形团中央血管内皮细胞明显增大(HE染色,图 A×100,图 B×200);C. 免疫组化 GFAP 阳性;D. 免疫组化 Olig2 阳性;E. 免疫组化 EMA 部分阳性;F. 免疫组化 S100 阳性;G. 免疫组化 CD34 血管阳性;H. 免疫组化 NeuN 阴性。

四、脑室胶样囊肿

脑室胶样囊肿较少见,好发于青年人。其来源于脉络丛,易阻塞室间孔。囊肿呈圆形,直径为 0.1~0.4 cm,由纤维包膜,硬而光滑,灰绿色(图 13-10)。囊腔内有灰色黏稠胶冻样物,囊内衬覆立方形或高柱状上皮细胞。

本例为 43 岁女性,因自发性蛛网膜下腔出血死亡,尸体检验时意外发现第三脑室内有胶样囊肿(图 13-10)。脑室内胶样囊肿有时也可导致脑脊液循环通道阻塞,并发急性脑积水、颅内压急剧升高致死。

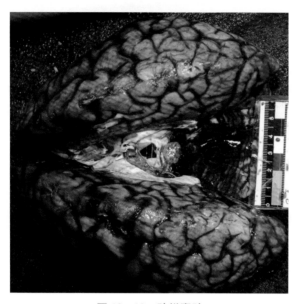

图 13-10 胶样囊肿

第三脑室内见直径为 1.0 cm 的灰色胶样囊肿,图片尚可见双侧大脑蛛网膜下腔出血。

五、垂体瘤

垂体瘤(hypophysoma)的发病率约占中枢神经系统各肿瘤发病率的 10.5%(有统计报道为 3.86%~11.91%),男女比例为 1.5∶1。垂体腺瘤多位于蝶鞍部,常穿破鞍膈至鞍上形成肿块。其表面有包膜,呈粉红色或紫红色,体积大者可压迫或突入第三脑室,瘤体内可有出血或囊性变(图 13-11)。组织形态学可分为嫌色细胞型、嗜碱细胞型、嗜酸细胞型和混合型。嫌色细胞组织学形态较为多样,瘤细胞胞核常呈卵圆形或圆形,核内染色质细致而均匀,核仁小,细胞质呈淡红色。嗜酸细胞型瘤细胞具有较大的圆形核,核仁较明显,细胞质丰富。嗜碱细胞型有与嗜酸细胞型相似的细胞核,细胞质 HE 染色着色很淡。混合型在特殊染色中,一部分细胞可见着色颗粒,另一部分细胞却不含颗粒。

本例为 51 岁女性,因 L4～S1 椎弓根内固定术、椎板减压术、神经根探查减压术、突出椎间盘髓核切除术、植骨融合术术后并发全身严重感染死亡(图 13-11)。

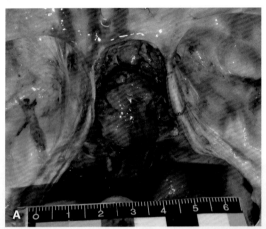

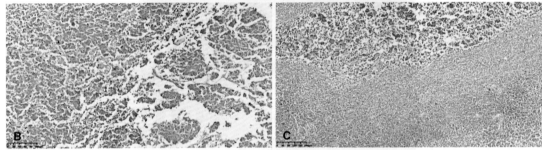

图 13-11 垂体腺瘤

A. 脑垂体体积明显增大,大小为 3.0 cm×2.5 cm×2.0 cm,脑垂体表面检见暗褐色血凝块附着,脑垂体窝受脑垂体长期压迫而变形,呈体积增大并向周围扩张状;B、C. 镜下,垂体腺泡上皮细胞呈多层排列,细胞异型性不明显,部分区域组织凝固性坏死、片状出血(HE 染色)。

六、颅内转移瘤

颅内转移瘤包括远隔部位的肿瘤经血行转移而来,以及邻近部位的肿瘤直接侵入。颅内转移瘤占颅内肿瘤的 6.54%,尸检材料分析显示 24% 的癌症病例出现颅内转移,5% 的癌症病例出现脊髓转移。颅内转移癌的常见原发灶是呼吸道癌、乳腺癌和恶性黑色素瘤。40%～50% 的脊髓髓内转移是来自肺的恶性肿瘤。脑膜上的癌症多与白血病、淋巴瘤、乳腺癌、黑色素瘤、肺癌和胃肠道癌症有关。绒毛膜癌(图 13-12)、肾透明细胞癌倾向于中枢神经系统转移。肺癌的脑转移病例中约有 1/3 先在临床上出现脑转移症状,之后才出现原发灶的症状和体征。颅内转移瘤最常见于脑和硬膜(图 13-13),大约 80% 的转移瘤分布在大脑半球供血动脉的边缘区。大脑内转移瘤常见于皮质和白质交界处,小脑内的转移瘤常见于小脑上动脉和小脑下动脉的供血边缘区,脊髓转移最常见的是硬膜外转移。绒毛膜癌和肺癌的转移很容易出血。硬脑膜和软脑膜的转移瘤常呈斑块状或结节状。中枢神经系统转移瘤的组织学、免疫组化和其原发瘤十分相似。

本例为绒毛膜癌脑转移患者,因右侧颞叶肿瘤出血、坏死继发脑室积血,致脑水肿、颅内压增高,最终导致中枢性呼吸、循环功能衰竭死亡(图 13－12)。

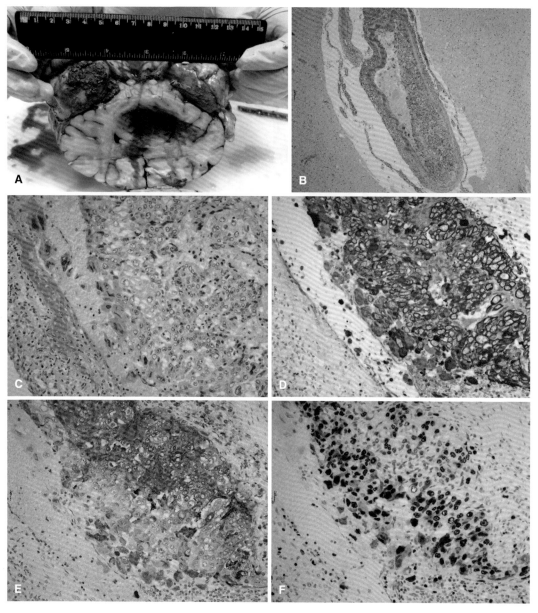

图 13－12　绒毛膜癌脑转移

A. 全脑重 1300 g,冠状面切开大脑,右侧大脑实质出血,中线左移;B、C. 局部脑沟蛛网膜下腔的血管内滋养叶肿瘤细胞栓子,肿瘤细胞侵及血管壁,血管壁变性、坏死并有大量炎症细胞浸润(HE 染色);D. 免疫组化 CK 阳性;E. 免疫组化 HCG阳性;F. 免疫组化 Ki67 阳性。

本例为 39 岁男性,低分化鼻咽癌伴肝、脑等全身多处转移,多器官功能衰竭死亡(图 13－13)。

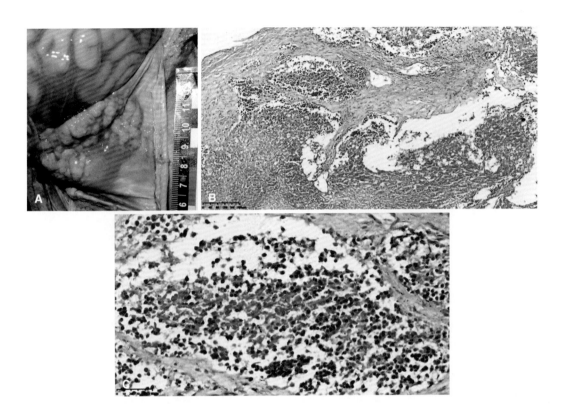

图 13－13　右枕部硬脑膜下鼻咽癌转移

A. 可见硬脑膜下多个大小相对一致的灰白色小结节；B、C. 镜下，条索状纤维组织之间可见大量巢状分布癌细胞，癌细胞较小，分化程度低，细胞异型性不明显，大量癌细胞凝固坏死（HE 染色）。

参考文献

［1］丛斌. 法医病理学［M］. 5 版. 北京：人民卫生出版社，2016.

［2］陈康颐. 现代法医学［M］. 上海：复旦大学出版社，2004.

［3］刘彤华. 刘彤华诊断病理学［M］. 4 版. 北京：人民卫生出版社，2018.

（雷普平　胡早秀　瞿鹏飞）

第十四章

神经变性疾病

神经变性疾病为原发性神经细胞变性，是一种原因不明的某一系统神经细胞的萎缩。神经变性疾病共同的病理改变为：①局灶或系统的神经细胞萎缩（消失）；②伴胶质细胞增生；③常见沃勒变性（Wallerian degeneration）和逆行性死亡（dying back degeneration）现象（远端轴突先变性，然后逐渐发展至神经细胞）。神经变性疾病的其他共同特点有：①选择性地波及一个或多个系统的神经细胞，病灶常是对称的；②病变均为逐渐发展，但最后并非由本病造成死亡；③临床及病理表现多样化，常为叠加性，不易做出准确的分类；④有些变性疾病有明显的遗传因素，如亨廷顿病（Huntington disease, HD）、婴儿型脊髓性肌萎缩，有些疾病遗传不明显，如只有极少数的肌萎缩侧索硬化（amyotrophic lateral sclerosis, ALS）有家族史。

一、阿尔茨海默病

阿尔茨海默病是一种以进行性痴呆为主的大脑变性病，又称早老性痴呆。多在50～60岁发病，临床表现为痴呆、失用和语言障碍，呈渐进性加重，最早是认知功能障碍、记忆力减退、判断力减退、定向力缺乏，最后变成痴呆、大小便失禁。其死因常是肺部感染。病因不清，多数学者认为与遗传因素相关，有学者发现患者脑内铝含量明显高于正常。本病具有遗传异质性，阿尔茨海默病与染色体有关（即19号、14号、21号染色体异常）。阿尔茨海默病约占痴呆患者的60%～65%，脑血管病引起的多发梗死性痴呆约占痴呆患者的15%，阿尔茨海默病和多发梗死性痴呆都有的病例约15%，其余5%～10%是脑积水、脑外伤后遗症、脑缺氧后遗症和脑瘤引起的痴呆。

1. 阿尔茨海默病的大体检查

①脑重减轻（常≤1 000 g）；②脑组织弥漫性萎缩：脑室对称性扩大、皮层变薄、脑回变窄，脑沟变宽或加深，额叶和颞叶明显（海马变小，内嗅区萎缩），且脑前部较后部明显；③蛛网膜、软脑膜增厚（图14-1A）。

2. 阿尔茨海默病的光镜检查

阿尔茨海默病的典型病变是出现老年斑、神经原纤维缠结、海马锥体细胞中的颗粒空泡变性和平野小体。海马、杏仁核和大脑新皮层的神经细胞有不同程度的减少，伴星形胶质细胞增生、数量明显增多，且星形胶质细胞胞质丰富，突起增多、增粗（GFAP染色，×200）（图14-1B、C）。

用Bielschowsky银染或Bodian蛋白银染示神经原纤维病变；ApoE蛋白可标记老年斑，显示成熟老年斑（有淀粉样物质为核心的老年斑）以及未成熟老年斑（无淀粉样核心的老年斑）；利用 Tau 蛋白显示神经原纤维变性。此外，脑内血管还可见淀粉样变性，或称嗜刚果红血管病。平野小体多见于海马锥体细胞，为神经细胞树突近端棒形嗜酸性包涵体，生化分析证实大多为肌动蛋白，是非特异性病变，可见于无特殊病变的老龄脑，当数目增多达到诊断标准并具有特定的分布部位时才能作为神经系统疾病的诊断依据，阿尔茨海默病患者的神经细胞内常见平野小体形成。

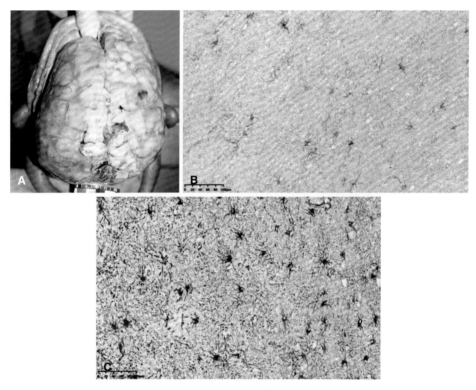

图 14-1　阿尔茨海默病

A. 脑重减轻(980 g)，脑组织弥漫性萎缩(脑回变窄，脑沟变宽或加深)，蛛网膜、软脑膜增厚；B 正常情况下有少量的星形胶质细胞(GFAP 染色，×200)；C. 星形胶质细胞增生、数量明显增多，且星形胶质细胞胞质丰富，突起增多、增粗(GFAP 染色，×200)。

二、脑叶萎缩

脑叶萎缩多为隐性遗传，亦可以是常染色体显性遗传。大多是中年晚期起病，发病年龄高峰在 60 岁左右。早期症状常是记忆力减退，注意力不易集中；后出现性格异常；晚期症状和阿尔茨海默病相似，CT 或 MRI 上有特征性的改变。

1. 脑叶萎缩的大体检查

①对称性的脑叶(额叶和颞叶)局灶性萎缩，也有以左侧较重的不对称性分布的患者；②颞上回的后部不受累而其前部萎缩明显；③脑叶萎缩患者亦可见软脑膜增厚。

2. 脑叶萎缩的光镜检查

在光镜下萎缩的脑叶内可见神经细胞大量消失，尤以表层最严重。残留的神经细胞萎缩或浅染。做嗜银染色,在神经细胞内可见均匀一致的小体,称皮克小体。皮克小体是神经细胞胞质内均匀的、界限清楚的嗜银小体,呈圆形或卵圆形,无包膜,直径为5~15 μm,主要由10 nm细丝、核糖体、囊泡、脂褐素和直的神经微丝及微管组成,是皮克病特征性的病理学改变,主要见于颞叶内侧部,特别是萎缩的海马神经细胞内。含有皮克小体的神经细胞称为皮克细胞,神经细胞常呈气球样膨胀变性。老年斑、神经原纤维缠结和海马的神经细胞颗粒空泡变性较少见。

三、帕金森病

帕金森病,又称震颤麻痹,是基底节变性疾病的一种。帕金森病的病因尚不明确,与基因遗传和环境因素密切相关。实验研究中发现,MPTP(1-甲基-4-苯基-1,2,3,6-四氢吡啶)注入动物模型体内可以造成中脑黑质结构的损害而出现与帕金森病类似的症状。由于中脑黑质致密带内的神经细胞损坏和减少,多巴胺进入新纹状体或壳核不足,引起多巴胺和乙酰胆碱的平衡失调。帕金森病的临床特征为静止性震颤、强直和少动,后期出现姿势不平衡。根据临床特点可分为以静止性震颤为主要症状的帕金森病(多为较年轻患者,病程一般较长)以及以强直为主要症状的帕金森病(多见于60岁以上的老年人,病程较短),两者到了晚期都可出现痴呆。

1. 帕金森病的大体检查

中脑黑质的颜色较浅淡,有时蓝斑的颜色也较淡,纹状体和苍白球无肉眼可见异常。大脑和小脑也无特殊改变。

2. 帕金森病的光镜检查

中脑黑质特别是背侧的致密带内色素性神经细胞大量减少,残留的一些神经细胞也可见变性、色素减少和胶质细胞增生。残留的神经细胞内还可见路易包涵体(神经细胞胞质内的嗜酸性包涵体,可分为脑干型和皮质型2种),除了见于中脑黑质内以外,还可见于蓝斑、迷走神经背核、无名质等区域。脑干型路易包涵体多分布在脑干核团(黑质、蓝斑)、迈纳特基底核、下丘脑,其中央为高密度嗜伊红核心,周围围绕密度较低的晕环;皮质型路易包涵体多位于大脑皮质的内锥体层和多型细胞层内的锥体神经细胞,颜色较淡,细胞质内有轻度嗜伊红的包涵体,四周无明显的晕环(图14-2A、B)。

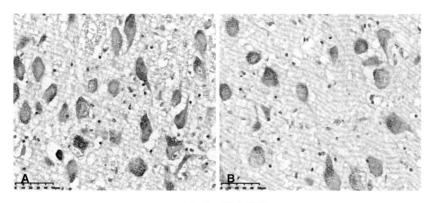

图14-2 帕金森病

A.脑干型路易包涵体的中央为高密度嗜伊红核心,周围围绕密度较低的晕环(HE染色,×400);B.皮质型路易包涵体颜色较淡,细胞质内有轻度嗜伊红的包涵体,四周无明显的晕环(HE染色,×400)。

四、亨廷顿病

亨廷顿病，又称亨廷顿舞蹈症（Huntington chorea）、大舞蹈症。此病除了有舞蹈症状以外，还有痴呆，是常染色体显性遗传病，大多在 25～45 岁间发病，病程约 15 年。临床症状主要是舞蹈样不自主动作，起初表现为坐立不安，后波及全身（包括头部肌群），在不自主动作逐渐加重的同时出现精神症状，伴有记忆力减退和注意力不集中，最后演变为痴呆。其病理改变只限于神经系统。

1. 亨廷顿病的大体检查

亨廷顿病的主要改变在纹状体。在大脑冠状切面上可见尾状核头部变平或凹陷，因而使侧脑室前角变大，壳核也可有萎缩，大脑轻度萎缩。

2. 亨廷顿病的光镜检查

大脑皮层的病变是 3～4 层内的小型神经细胞不同程度减少（图 14-3），伴有轻度的星形胶质细胞增生。双侧尾状核和壳核病变明显，表现为中小型神经细胞消失和星形胶质细胞轻度增生。苍白球的病变较轻。

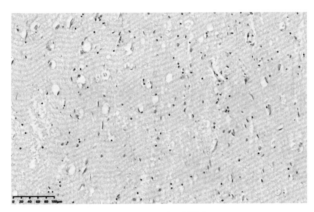

图 14-3　亨廷顿病

大脑皮层 3～4 层内的小型神经细胞不同程度地减少，形成空腔（HE 染色，×200）。

五、进行性核上性麻痹

进行性核上性麻痹（progressive supranuclear palsy）一般在 40～60 岁之间发病，男性多于女性，病程进展缓慢，大多是 5～7 年，主要症状是双眼不能向下凝视，之后向上亦不能，这些症状的出现是由于中脑间脑中区的终端间质核损伤，另外由于中脑黑质受损而有肢体强直、口吃和假性延髓麻痹症状。

1. 进行性核上性麻痹的大体检查

脑的肉眼观察无异常。

2. 进行性核上性麻痹的光镜检查

在间脑中区,尤其是终端间质核、后联合核、中脑黑质、苍白球、丘脑底核、红核等部位出现神经细胞大量消失和星形胶质细胞增生,部分患者有大量丛状星形细胞;在这些核团中一般见不到老年斑,但可见神经原纤维缠结。

六、肌萎缩侧索硬化

肌萎缩侧索硬化是运动神经元疾病之一。其临床特点是多出现在 35～45 岁之间,最早的症状是一侧手指无力和萎缩,经半年或一年之后对侧手指亦出现无力和萎缩;有时患者感觉手指肌肉跳动,但是检查无感觉障碍;不久在萎缩肌群中出现深反射亢进。有时患者会出现构音不清和吞咽困难,还可有舌肌萎缩和纤颤。

1. 肌萎缩侧索硬化的大体检查

脊髓扁平,尤其是脊髓的腹侧更为明显,另外,大脑半球的中央前回略窄,中央沟略宽。

2. 肌萎缩侧索硬化的光镜检查

脊髓前角细胞明显减少,残留的前角运动神经元可有单纯性萎缩;星形胶质细胞增生;经髓鞘染色显示锥体束有脱髓鞘现象。另外,中央前回内也可见锥体细胞减少和星形胶质细胞增生。病变的肌肉显示神经源性肌萎缩。神经病理学中先是出现神经轴索的远端如脊髓变性,不久逆行至脑干的锥体束、内囊的膝部,最后至大脑中央前回的锥体细胞变性、消失,称之为逆行性死亡。

七、脊髓性肌萎缩

脊髓性肌萎缩(spinal muscular atrophy,SMA)大多有家族史,呈常染色体隐性遗传。临床上大致可以分为 4 型:①婴儿型,又称 Werdnig-Hoffmann 病,大多在出生到出生后 6 个月内发病,四肢肌无力、萎缩,吞咽无力而致吞咽困难,病情发展较快,大多在 2 岁内死于呼吸衰竭;②中间型,又称 Dubowitz 病,多在出生后 6～18 个月发病,肌无力以近端为著,下肢重于上肢;③青少年型,又称 Kugelberg-Welander 病,通常是十几岁发病,病程缓慢,从肢体近端开始出现肌无力和肌萎缩;④成人型,成人起病,病情进展缓慢,病程可达数年。

1. 脊髓性肌萎缩的大体检查

病理表现是脊髓和脊髓前根变细。

2. 脊髓性肌萎缩的光镜检查

可见脊髓前角运动神经元数量减少,星形胶质细胞增生,但是无侧索脱髓鞘现象;肌活检显示神经源性肌萎缩,萎缩肌群和正常肌群相嵌,但是肌纤维变性不明显。

八、原发性侧索硬化

原发性侧索硬化(primary lateral sclerosis)一般中年发病,症状进展缓慢。早期因皮质桥延束受损出现假性延髓麻痹伴有强哭强笑症状,若是早期累及皮质脊髓束,则出现痉挛性截瘫或四肢瘫痪,并有四肢腱反射亢进和病理反射。

1. 原发性侧索硬化的大体检查

可见中央前回较薄,未见其他肉眼病变。

2. 原发性侧索硬化的光镜检查

可见中央前回皮层内大锥体细胞完全消失,第3层和第5层内的锥体细胞数量明显减少。经髓鞘染色显示锥体束径路上有明显的脱髓鞘现象。

九、脊髓小脑性共济失调

脊髓小脑性共济失调是以运动失调为主要症状,病理学上以小脑及其传入、传出途径变性为主的疾病,主要临床特征为肢体共济失调和构音障碍,包括下列疾病。

1. 小脑-橄榄-脑桥变性

发病率低,比较少见,多有家族史。起病缓慢,症状局限于小脑系统,产生相应的症状如步态不稳、手脚笨拙、语言不利、头部震颤,病程长达15～20年,常死于其他疾病。

(1)大体检查:小脑萎缩,尤以小脑蚓部的背侧更明显。

(2)光镜检查:浦肯野细胞消失(图14-4 A、B、C)和贝格曼胶质细胞明显增生。由于跨神经细胞变性,橄榄下核亦有严重萎缩,有时可见齿状核、小脑上臂和脑桥不同程度受累。

2. 橄榄-脑桥-小脑变性

有家族史,典型的症状为说话不流利,间断语言,指鼻试验不准,双手轮替动作较慢,步态不稳,常伴有锥体束症状、锥体外系症状以及晕厥、少汗、尿失禁等自主神经症状。

其病理特征是脑桥腹侧和桥臂明显萎缩,小脑皮层和下橄榄核也有萎缩,萎缩的脑桥腹侧桥横纤维经髓鞘染色显示几乎全部脱失,下橄榄核神经细胞脱失和胶质细胞增生。小脑皮层也有变性,浦肯野细胞数量减少后全部脱失。

3. Friedreich 共济失调

有家族史,多在青春期前发病,病情进展缓慢。临床症状以共济失调为主,可伴有深感觉障碍、腱反射消失、脊柱侧弯(图14-4D)、弓形足、构音障碍、耳聋、视力下降等。约50％的患者会因心脏病变死亡。

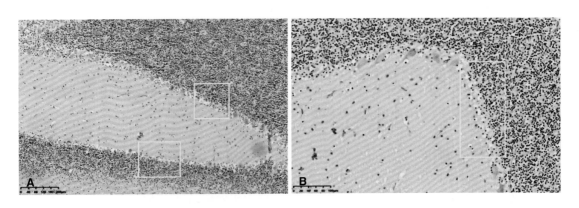

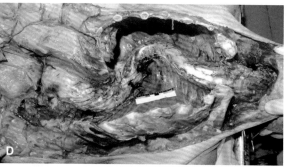

图 14 - 4　脊髓小脑性共济失调

A、B. 浦肯野细胞消失(HE 染色,图 A×100,图 B×200);C. 部分患者浦肯野细胞消失,颗粒层细胞数量减少(HE 染色,×200);D. 陈旧性脊柱侧弯畸形,胸腹腔内侧观。

十、肝豆状核变性

肝豆状核变性(Wilson 病)常有家族史,呈常染色体隐性遗传,是代谢障碍性疾病,血浆内铜蓝蛋白异常,导致铜沉积在肝、心脏、角膜、肾和脑。一般好发于青年人,病程为 3～10 年,呈进行性加重。肝豆状核变性脑损害的重点在基底节,突出的症状是强直、不自主运动和精神症状。肝豆状核变性还伴随肝损害和角膜边缘棕色铜颗粒沉积。

1. 肝豆状核变性的大体检查

(1)脑损害:两侧大脑半球有不同程度的萎缩,大脑和小脑白质内出现海绵状变性,大脑皮层萎缩和脑室系统扩大,岛叶也可能有萎缩;脑切面上纹状体萎缩,壳核的改变最明显,在壳核区出现小空腔,早期多在血管周围,严重时可损伤壳核的中央部及前部,亦可侵及尾状核;丘脑、红核、杏仁核、小脑齿状核等部位亦可出现萎缩。

(2)肝损害:坏死后肝硬化的病理表现,肝内结缔组织增生,构成大小不同的假小叶,肝细胞脂肪变性。

(3)角膜边缘棕色铜颗粒沉积:角膜边缘可见角膜色素环,这其实是角膜边缘角膜后弹力层(Descemet's membrane)内棕色铜颗粒沉积。

2. 肝豆状核变性脑损害的光镜检查

病变区组织结构疏松,神经细胞变性和消失,有些变性的神经细胞内含有棕黄色细颗粒,铜反应阳性。星形胶质细胞增生和肥大,出现 Alzheimer Ⅱ 型细胞。

十一、线粒体脑肌病

线粒体脑肌病(mitochondrial encephalomyopathy)是由线粒体功能失调引起的疾病,主要影响大脑和肌肉。线粒体脑肌病是线粒体 DNA 缺陷造成的疾病,包括:线粒体 DNA 的重复、缺失和点突变等异常(图 14 - 5)。线粒体脑肌病既有先天遗传性的家族病患者,又有后天获得性的散发病例,文献中曾根据受影响的线粒体代谢生化途径分型:①底物运输缺陷(肉碱棕榈酸转移不足和肉碱不足);②底物使用缺陷(丙酮酸脱氢酶复合物不足和β氧化作用不足);③三羧酸循环缺陷(延胡索酸酶不足和α-酮戊二酸脱氢酶不足);④氧化磷酸化缺陷(Luft病);⑤呼吸链缺陷和ATP合成酶复合物Ⅰ、Ⅱ、Ⅲ、Ⅳ或Ⅴ不足。

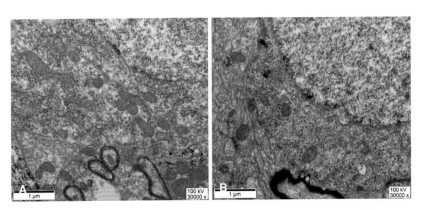

图 14-5 线粒体脑肌病

A. 正常结构的线粒体(透射电镜,×30 000);B. 线粒体数量减少,肿胀伴结构不清(透射电镜,×30 000)。

1. 线粒体脑病-高乳酸血症-卒中样发作综合征

由线粒体DNA的亮氨酸tRNA基因上发生点突变所致,患者幼年即可发病,后渐进性加重,常因其他并发症死亡。表现为患儿生后数年内就有运动和认知功能的发育轻度迟缓,后出现身材矮小和癫痫发作,智力低下,逐渐发展为痴呆和偏瘫。CT检查时可有基底节钙化,大脑半球出现低密度区。急性发作期实验室检查可有血清乳酸增高。肌组织活检时可发现破碎的红色肌纤维。

2. 肌阵挛癫痫-破碎红色肌纤维综合征

由线粒体DNA的赖氨酸tRNA基因上发生点突变所致。患者幼年即可发病,后渐进性加重。临床上患儿出生后一般没有明显症状,数年后可出现肌阵挛癫痫和进行性共济失调。光镜下在齿状核、下橄榄核的神经细胞消失或变性;此外,肌组织活检时可发现破碎的红色肌纤维。

3. Kearns-Sayre 综合征

由线粒体DNA上特定部位的缺失所引起。患者出生后一般没有明显症状,常在20岁以前起病,表现为进行性眼外肌麻痹和色素性视网膜炎,肌组织活检时也可发现破碎的红色肌纤维。

4. 亚急性坏死性脑脊髓病(Leigh 病)

Leigh病的主要病理改变在丘脑、基底节、被盖部灰质、脑室和导水管周围,以及脊髓后柱。病理表现为对称分布的局灶性坏死,甚至出现海绵状囊样空腔,病变区域内的神经细胞缺失、脱髓鞘,伴有血管增生。

十二、神经系统脂质贮积病

神经系统脂质贮积病包括:GM2神经节苷脂沉积病、蜡样质脂褐质沉积病(Batten病)、鞘磷脂沉积病(Niemann-Piek 病)、葡萄糖脑苷脂沉积病(Gaucher 病)。以 GM2 神经节苷脂沉积病(GM2 gangliosidosis)为例,GM2 神经节苷脂沉积病有家族遗传性,呈常染色体隐性遗传,该病与己糖酰胺酶缺乏相关。GM2 神经节苷脂沉积病患者一般出生时正常,多发生在患儿出生后的数月内,出现精神运动障碍、头颅增大,继而出现肢体瘫痪、癫痫发作和失明。当患儿听到声音时会出现惊恐反应,四肢伸直,检查双眼眼底的黄斑处有樱桃红点,直肠黏膜活检可以帮助诊断。

1. GM2 神经节苷脂沉积病的大体检查

脑的大小正常或增大,质地较硬(图 14 - 6),晚期病例出现脑萎缩。

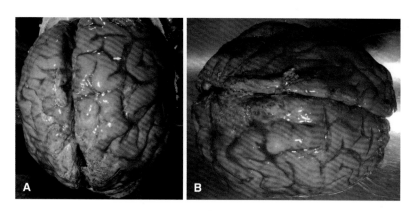

图 14 - 6 GM2 神经节苷脂沉积病

脑的大小增大,脑回增宽,质地较硬,脑组织轻度腐败自溶,局部脑表面的血管内可见腐败气泡形成(箭头所示)。

2. GM2 神经节苷脂沉积病的光镜检查

神经细胞胞质明显肿胀,细胞核被推向一侧,细胞质内含有 PAS 阳性脂类物质,在 HE 染色的切片上这些神经细胞呈泡沫状,星形胶质细胞增生明显。

十三、黏多糖贮积症

黏多糖贮积症(mucopolysaccharidosis)属糖代谢障碍性脑病,常称 Hurlen 病,遗传学上呈常染色体隐性遗传,偶有 X 连锁隐性遗传发病。黏多糖贮积症是由硫酸酯酶或艾杜糖苷酸酶缺乏所致。黏多糖贮积症患者因黏多糖在多器官内贮积引起病变,包括中枢神经系统异常(智力发育不全)、容貌异常(由骨骼变化引起面容怪异)、形体异常(由骨骼变化引起脊柱后侧凸,部分患者可发生颈椎不全脱位,造成四肢瘫痪)、心血管疾病(心脏肥大、心瓣膜闭锁不全),以及其他(肝脾肿大、角膜混浊等)。

1. 黏多糖贮积症中枢神经系统的大体检查

脑萎缩伴脑膜和颅骨增厚,可引起阻塞性脑积水。

2. 黏多糖贮积症中枢神经系统的光镜检查

神经细胞胞质内出现空泡改变(泡沫状神经细胞),系黏多糖沉积在细胞质,因黏多糖易溶于水,制片后细胞内出现空泡。在脑白质的血管周围也可见泡沫状细胞。随病情进展,泡沫状神经细胞可消失,伴髓鞘脱失和星形胶质细胞增生。

神经系统糖代谢障碍性疾病中还有 II 型糖原贮积病(Pompe 病)。

十四、营养缺乏引起的神经系统病变

在营养缺乏引起的神经系统病变中,较为常见的有维生素 B_1 缺乏、维生素 B_{12} 缺乏、烟酸缺乏等。

1. 维生素 B_1 缺乏

维生素 B_1 缺乏可引起多发性周围神经病,亦可引起 Wernicke 脑病。Wernicke 脑病的中枢神经病理改变是第三脑室、第四脑室和中脑导水管周围灰质内有点状出血聚集,在乳头体的病变明显;部分患者有非出血性的点灶状脑软化灶形成;病变有时波及中脑下丘、视交叉等部位。光镜下主要的病理改变是病变区域的毛细血管增生、扩张,血管周围片状出血;神经细胞变性、坏死;星形胶质细胞和小胶质细胞不同程度的增生。

2. 维生素 B_{12} 缺乏

维生素 B_{12} 缺乏可出现恶性贫血或巨幼细胞贫血,亦可引起亚急性脊髓联合变性。亚急性脊髓联合变性患者脊髓的颈节和胸上节部位髓鞘和轴索破坏,经髓鞘染色,可见后索严重脱髓鞘,并可波及侧索;在光镜下可见格子细胞,以及局部结构疏松改变。

3. 烟酸缺乏

烟酸缺乏患者,轻的病例可出现神经官能症,情绪抑郁或激动;重的病例会出现痴呆。神经病理改变比较广泛,表现为大脑皮层、脑干和脊髓内的神经细胞出现中央性尼氏体溶解;胶质细胞反应差;脊髓后索和侧索出现沃勒变性。

参考文献

[1] Calsolaro V, Edison P. Neuroinflammation in Alzheimer's disease: current evidence and future directions [J]. Alzheimers Dement, 2016, 12(6): 719 - 732.

[2] Hayes M T. Parkinson's Disease and parkinsonism [J]. Am J Med, 2019, 132(7): 802 - 807.

[3] Rodrigues F B, Quinn L, Wild E J. Huntington's disease clinical trials corner: January 2019 [J]. J Huntingtons Dis, 2019, 8(1): 115 - 125.

[4] Armstrong M J. Progressive supranuclear palsy: an update [J]. Curr Neurol Neurosci Rep, 2018, 18(3): 12.

[5] Hardiman O, Al-Chalabi A, Chio A, et al. Amyotrophic lateral sclerosis [J]. Nat Rev Dis Primers, 2017, 3: 17071.

[6] Nicolau S, Waldrop M A, Connolly A M, et al. Spinal muscular atrophy [J]. Semin Pediatr Neurol, 2021, 37: 100878.

[7] Fan W J, Yan M C, Wang L, et al. Synaptic aging disrupts synaptic morphology and function in cerebellar Purkinje cells [J]. Neural Regen Res, 2018, 13(6): 1019 - 1025.

[8] Schilsky M L. Wilson Disease: diagnosis, treatment, and follow-up [J]. Clin Liver Dis, 2017, 21(4): 755 - 767.

［9］ Zhang X, Zheng Y, Chen Z. Autophagy and mitochondrial encephalomyopathies ［J］. Adv Exp Med Biol, 2020,1207:103 - 110.

［10］ Cachon-Gonzalez M B, Zaccariotto E, Cox T M. Genetics and therapies for GM2 gangliosidosis ［J］. Curr Gene Ther, 2018,18(2):68 - 89.

［11］ Ota Y, Capizzano A A, Moritani T, et al. Comprehensive review of Wernicke encephalopathy: pathophysiology, clinical symptoms and imaging findings ［J］. Jpn J Radiol,2020,38(9):809 - 820.

［12］ Ikenouchi-Sugita A, Sugita K. Niacin deficiency and cutaneous immunity ［J］. Nihon Rinsho Meneki Gakkai Kaishi, 2015,38(1):37 - 44.

［13］ 刘彤华. 刘彤华诊断病理学［M］.4 版.北京:人民卫生出版社,2018.

（张　桓　韩渊慧）

第十五章

神经系统医源性改变

法医学实践中,颅脑损伤或神经系统疾病急性发作患者往往会被紧急送往医院行手术等治疗,如颅骨牵引术,头皮、颅骨和硬脑膜的切开、缝合、修补,血肿清除术,止血以及脑组织的部分切除等。识别这些医源性损伤及其时序性变化,对于法医学鉴定具有重要意义。本章将以图片的形式重点介绍上述神经系统常见的医源性改变。

◆ 第一节 头部医源性改变 ◆

一、头皮改变

头皮医源性改变如图 15 - 1～图 15 - 9 所示。

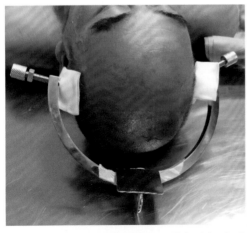

图 15 - 1 头部见外固定装置(颅骨牵引术,术后 20 天)

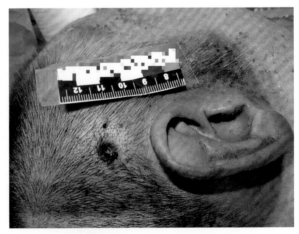

图 15 - 2 右颞部见钻孔痕迹(颅骨牵引术,术后 10 天)

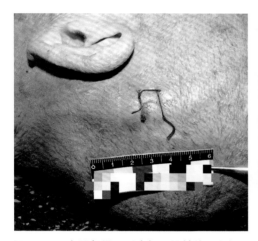

图 15‑3　左颞部见一手术切口及缝线（侧脑室‑腹腔分流术，术后 13 天）

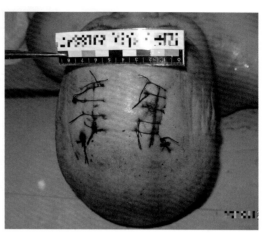

图 15‑4　双侧头皮手术切口及缝线（双侧颅骨钻孔脑室外引流术，术后 3 天）

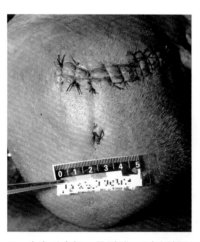

图 15‑5　头皮手术切口及引流口（右侧额颞开颅经外侧裂入路脑内血肿清除术，术后 8 天）。

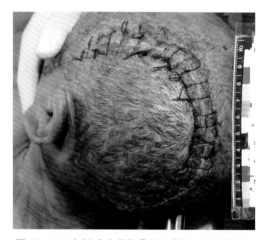

图 15‑6　左侧头皮见"U"形手术切口（左侧颞顶枕部颅骨去骨瓣减压术，术后 18 天）。

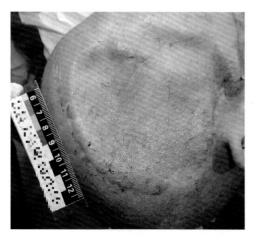

图 15‑7　头皮瘢痕，颅骨部分缺失（开颅颅内减压术＋去颅骨骨瓣减压术，术后第 236 天）

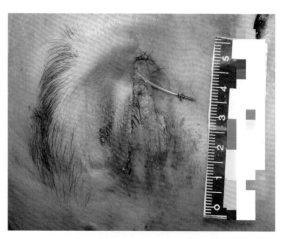

图 15‑8　右内眦位置见导管（右眼泪小管吻合术，术后 1 天）

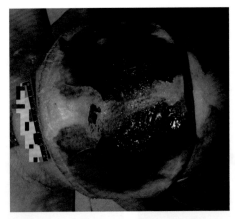

图 15-9　头皮下组织广泛出血(双侧颅骨钻孔脑室外引流术,术后 3 天)

二、颅骨改变

颅骨医源性改变如图 15-10~图 15-27 所示。

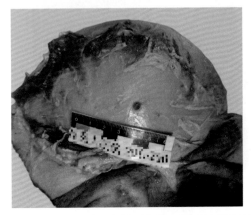

图 15-10　左颞骨见类圆形穿刺孔(脑内血肿穿刺碎吸术,术后 180 天)

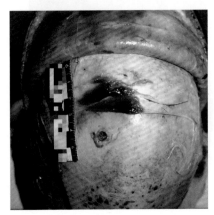

图 15-11　左侧额骨见圆形穿刺孔(左侧额角钻孔侧脑室穿刺脑内血肿外流术后,术后 16 天)

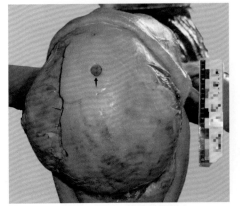

图 15-12　额骨见穿刺孔(箭头所示,颅内血肿清除术+去骨瓣减压术,术后 283 天)

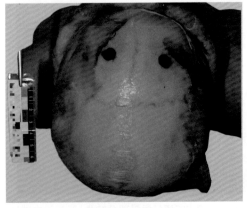

图 15-13　双侧额骨见引流口(双侧颅骨钻孔脑室外引流术,术后 3 天)

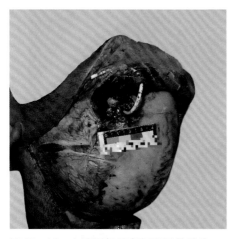

图 15－14 左颞顶部见类圆形颅骨缺失，一根白色导管贯穿（左侧脑室额角-腹腔分流术，术后 110 天）

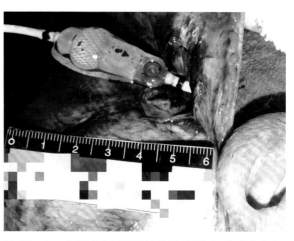

图 15－15 右颞头皮下见引流装置（侧脑室-腹腔分流术，术后 13 天）

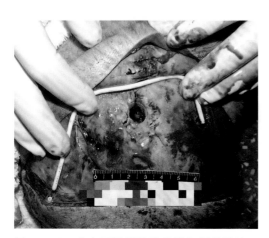

图 15－16 头皮下见引流管并插入颅骨引流口（侧脑室-腹腔分流术，术后 13 天）

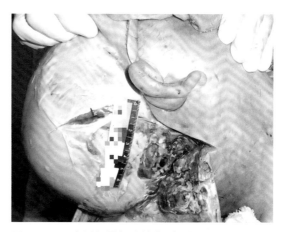

图 15－17 右侧枕骨部分缺失（右侧枕下乙状窦后入路面听神经微血管减压术＋小脑血肿清除＋去骨瓣减压术后，术后 36 天）

图 15－18 右侧颅骨骨瓣固定装置（右侧额颞开颅经外侧裂入路脑内血肿清除术，术后 8 天）

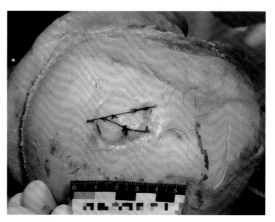

图 15－19 左顶枕部颅骨见骨瓣并缝线固定（第三脑室造瘘术，术后 102 天）

图 15－20　双侧颅骨见钻孔痕迹及部分缺失（双侧额颞顶部去骨瓣减压术＋硬膜下血肿清除术，术后 11 天）

图 15－21　左侧颅骨见钻孔痕迹（箭头所示），颅骨部分缺失（颅骨去骨瓣减压术，术后18 天）

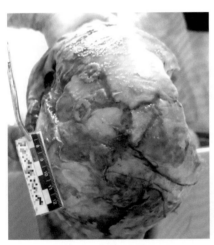

图 15－22　左侧颅骨粉碎性骨折，螺钉固定（粉碎性骨折内固定、脱位复位术，术后 8 天）

图 15－23　右侧额颞顶部颅骨缺损，金属网板修补（钛网修补术，术后 9 天）

图 15－24　下颌骨见固定装置（右侧下颌骨髁状突粉碎性骨折切开复位内固定＋脱位复位术，术后 63 天）

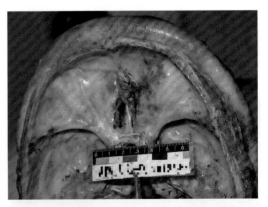

图 15－25　颅前窝骨质部分缺失（经鼻内镜行左侧鼻腔肿瘤摘除术＋筛窦开放术，术后25 天）

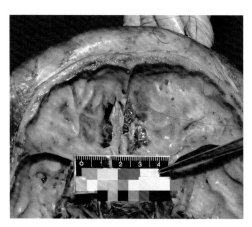

图 15‑26 颅前窝局部骨质缺失(鼻窦炎手术,术后 5 天)

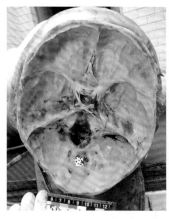

图 15‑27 颅后窝圆形骨质缺失,金属物质封堵(箭头所示,蛛网膜囊肿脑池沟通术,术后 2 天)

三、硬脑膜改变

硬脑膜医源性改变如图 15‑28~图 15‑33 所示。

图 15‑28 硬脑膜增厚,见切开及缝合痕迹(颅骨去骨瓣减压术＋脑内血肿清除术,术后 18 天)

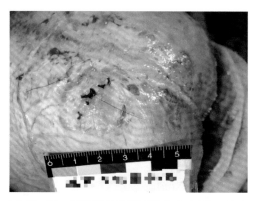

图 15‑29 硬脑膜见切开及缝合痕迹(第三脑室造瘘术,术后 102 天)

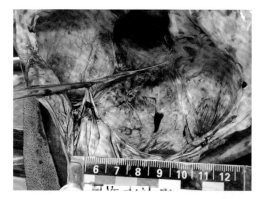

图 15‑30 枕部硬脑膜见切开及缝合痕迹(蛛网膜囊肿脑池沟通术,术后 2 天)

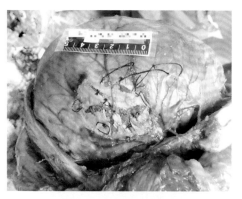

图 15‑31 硬脑膜见切开及缝合痕迹(右侧额颞开颅经外侧裂入路脑内血肿清除术,术后 8 天)

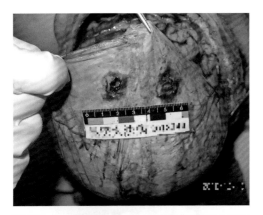

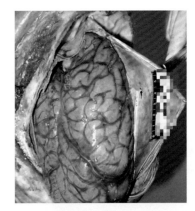

图 15 - 32　硬脑膜见引流口(双侧颅骨钻孔脑室外引流术,术后 3 天)

图 15 - 33　硬脑膜见引流口(箭头所示,左侧额角钻孔侧脑室穿刺脑内血肿外流术,术后 16 天)

四、脑组织改变

脑组织医源性改变如图 15 - 34～图 15 - 43 所示。

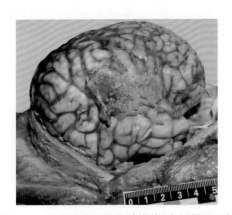

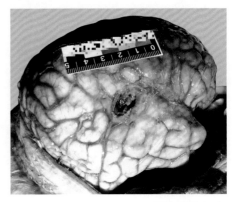

图 15 - 34　脑组织表面见明胶海绵(右侧额颞开颅经外侧裂入路脑内血肿清除术,术后 8 天)

图 15 - 35　脑组织见孔洞,明胶海绵填塞(与图 15 - 34 案例为同一案例)

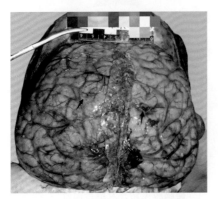

图 15 - 36　双侧大脑见引流孔洞(箭头所示,双侧脑室引流术后,术后 44 天)

图 15 - 37　左侧颞叶脑出血、液化、坏死(脑内血肿清除术,术后 16 天)

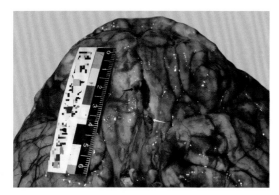

图 15-38 手术对应位置脑组织(大脑直回)出血(黑色箭头所示)、液化(黄色箭头所示)(经鼻内镜行左侧鼻腔肿瘤摘除术＋筛窦开放术,术后25天)。

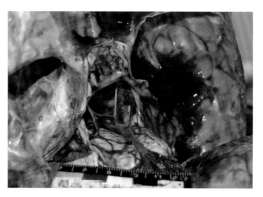

图 15-39 右侧面听神经及周围脑组织见粘连(右侧枕下乙状窦后入路面听神经微血管减压术,术后36天)

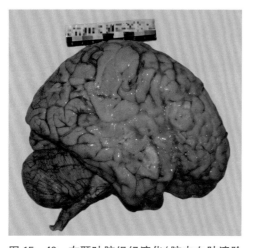

图 15-40 右颞叶脑组织液化(脑内血肿清除术,术后196天)

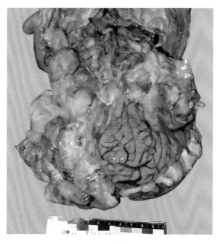

图 15-41 脑组织液化坏死(脑内血肿清除术,术后283天)

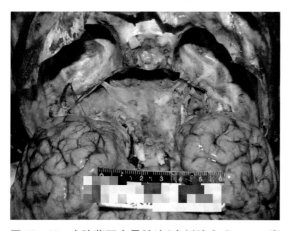

图 15-42 小脑幕下大量脓液(右侧脑室 Ommaya 囊植入术,术后36天)

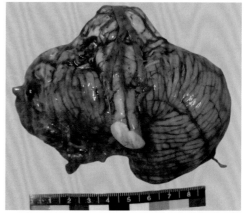

图 15-43 右侧小脑半球部分缺失,表面见液化、坏死、出血(小脑血肿切除术,术后36天)

五、脑底血管

脑底血管医源性改变如图 15 - 44～图 15 - 47 所示。

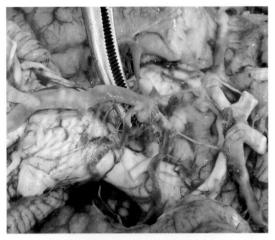

图 15 - 44　基底动脉顶端动脉瘤形成，瘤内可触及金属物质（动脉瘤介入栓塞手术，术后 212 天）

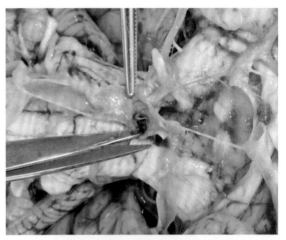

图 15 - 45　动脉瘤内见金属物质填塞，周围动脉管壁见金属网状物质附着（与图 15 - 44 案例为同一案例）

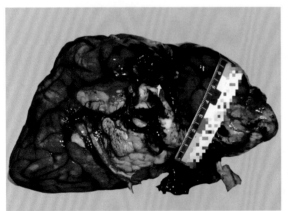

图 15 - 46　右侧大脑中动脉起始处见一枚支架，周围出血严重（动脉瘤介入栓塞手术，术后约 7 年）

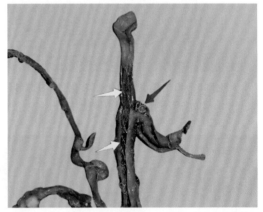

图 15 - 47　左侧大脑前动脉内支架（黄色箭头所示），动脉瘤形成并金属物质填塞（红色箭头所示）（支架植入术，术后 23 天）

◆ 第二节　脊柱医源性改变 ◆

脊柱医源性改变如图 15 - 48～图 15 - 57 所示。

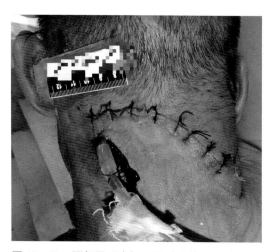

图 15-48 颈部见手术切口及引流装置（颈部开放性损伤伴颈椎骨折清创，局部组织修复，血管、神经探查修复术，术后 10 天）

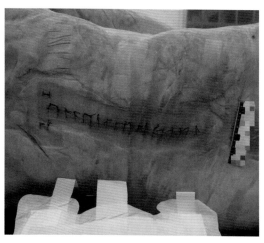

图 15-49 背部皮肤见手术切口及缝线（脊柱侧弯矫形术＋钉棒系统内固定术，术后 7 天）

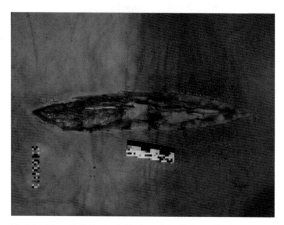

图 15-50 皮下组织少许出血（硬膜外麻醉，术后 1 天）

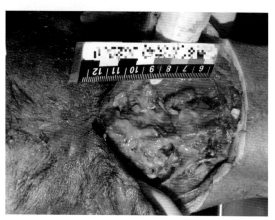

图 15-51 颈椎见固定装置（枢椎齿状突骨折后路切开复位植骨内固定术，术后 120 天）

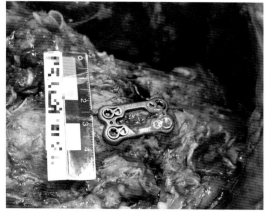

图 15-52 颈椎见固定装置（颈椎骨折固定术，术后 35 天）

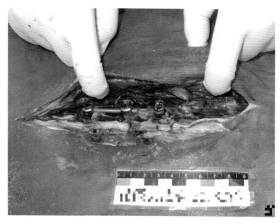

图 15-53 脊柱见固定装置［胸腰椎骨折切开复位内固定术（后方入路），术后 100 天］

图 15‑54 脊柱见固定装置(强直性脊柱炎后凸畸形后路 T9～L2 截骨矫形术,术后 120 天)

图 15‑55 硬膜外局部薄层出血(箭头所示,硬膜外麻醉,术后 1 天)

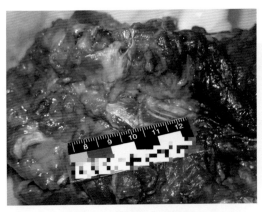

图 15‑56 第 5 腰椎周围肌肉局部液化、坏死,呈污绿色(腰椎间盘消融术,术后 7 天)

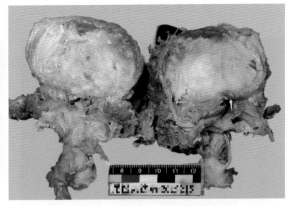

图 15‑57 椎间盘后侧纤维环破裂,局部出血(箭头所示,甲醛固定后,与图 15‑56 案例为同一案例)

(李玉华　舒俊杰)

第十六章

癫痫、垂体疾病、中毒及发育畸形

◆ 第一节　癫　痫 ◆

癫痫（epilepsy）是一种由不同病因引起的常见慢性非传染性脑疾病，是中枢神经细胞异常兴奋引起细胞放电产生的阵发性大脑功能紊乱综合征，具有发作性、短暂性、反复性、刻板性的特点。

几乎任何影响脑的病理过程者均可并发癫痫发作，如颅脑外伤、脑血管疾病、颅内肿瘤等。根据病因的不同，癫痫分为两类，一类为不明原因的原发性癫痫或特发性癫痫，另一类继发于颅内脑部疾患或某些全身性疾病，称之为继发性癫痫或症状性癫痫。

癫痫的神经病理学改变包括致病灶和脑内的一般性病理改变。致病灶大多数为肿瘤、脑血管畸形、外伤性瘢痕、医源性植入物等。脑内一般性病理改变为因抽搐发作造成缺氧而引起的神经细胞缺血性改变、水肿和胶质细胞反应等系列改变（详见第四章），但这些改变均不具有特异性。

癫痫患者的死亡原因（除自然死亡外）主要有癫痫持续状态造成的窒息及脑功能衰竭、癫痫发作造成的意外事故、自杀、引起癫痫发作的原发病、与治疗药物有关的死亡及癫痫性猝死（sudden unexpected death in epilepsy，SUDEP）。其中，SUDEP指癫痫患者突然性死亡，伴或不伴目击者，有或无癫痫发作证据，非创伤、溺水或有证据证明的癫痫持续状态，尸检无致死性解剖学或毒理学原因。在法医学实践中，癫痫患者的死亡原因以癫痫持续状态造成的窒息及脑功能衰竭、癫痫发作造成的意外事故较为常见，SUDEP较为少见（图16-1~图16-4）。

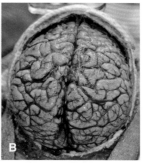

图 16-1　癫痫发作致窒息死亡

被鉴定人癫痫发作被丢弃于绿化带后死亡。A. 现场位于绿化带，被鉴定人呈仰卧位；B. 尸体检验见及组织水肿，蛛网膜下腔血管扩张淤血。

图 16-2　癫痫发作后口鼻被枕头闷堵致窒息死亡

被鉴定人既往有癫痫病史,某日在家中被发现死亡。A.现场位于室内,被鉴定人呈俯卧位,头部趴在枕头上;B.枕头上见大片潮湿痕迹;C.尸体检验见脑组织水肿,蛛网膜下腔血管扩张淤血。

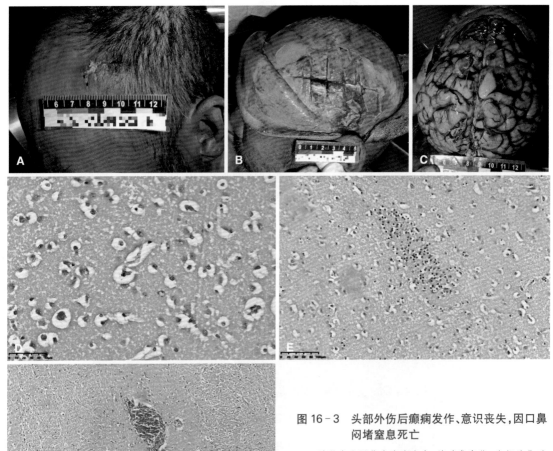

图 16-3　头部外伤后癫痫发作、意识丧失,因口鼻闷堵窒息死亡

被鉴定人既往有癫痫病史,并时常发作,头部外伤后癫痫频繁发作。事发当时,被鉴定人被发现时呈俯卧位,头埋于两个枕头之间。A.左额颞部头皮挫裂创瘢痕;B.左侧颞肌灶状陈旧出血;C.脑组织水肿,蛛网膜下腔血管淤血;D.红色神经元(HE染色,×400);E.白质灶性炎症细胞灶(HE染色,×200);F.血管周围淋巴细胞套形成(HE染色,×200)。

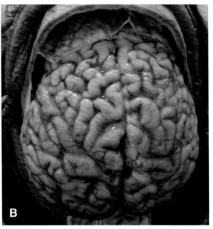

图 16-4 停用抗癫痫药物后因服食中草药致癫痫反复大发作死亡

被鉴定人既往有癫痫病史,近期反复大发作,经医院治疗已得到有效控制。停用医院治疗药物后,又自行服食不明成分和作用的中草药,随即出现癫痫反复大发作并伴有高热、意识丧失,5小时后死亡。A. 口腔见血性泡沫状液体;B. 脑组织色苍白,组织水肿。

◆ 第二节 垂 体 疾 病 ◆

垂体由腺垂体和神经垂体组成,位于颅底蝶鞍垂体窝内,可以分泌多种激素。在法医学实践中,垂体疾病的病理学改变以垂体囊肿最为常见,其次为垂体腺瘤。

一、垂体囊肿

垂体囊肿是一种先天性发育不全性脑病,由拉特克囊的残余导致的发育异常。大多数垂体囊肿很小,不引起症状(图 16-5)。少数囊肿逐渐扩大,压迫周围组织引起临床症状,主要表现为头痛、垂体功能障碍及视功能障碍,严重者可因颅内高压导致死亡(图 16-6)。

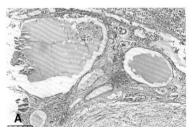
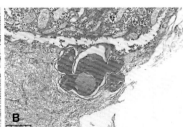
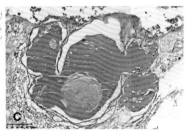

图 16-5 垂体囊肿

A. 腺体部与神经部交界处见多个大小不等囊肿,囊腔内见均质红染物质,局部囊肿周围见小灶性炎细胞浸润(HE 染色,×100);B. 神经部见囊肿,囊腔内见均质红染物质(HE 染色,×100);C. 图 B 放大图(HE 染色,×200)。

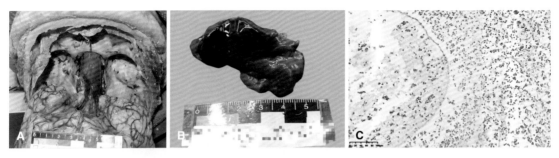

图 16 - 6　垂体囊肿、坏死、出血

A. 垂体肿大(占位性改变),质软,表面局部色暗红;B. 垂体出血;C. 垂体囊肿、实质细胞变性坏死(HE 染色,×200)。

二、垂体腺瘤

垂体腺瘤是最常见的垂体肿瘤(图 16 - 7),多见于成年人,根据瘤体发生的部位、腺瘤的类型等不同,主要表现为局部破坏、占位效应及内分泌改变。

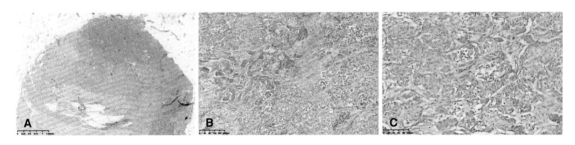

图 16 - 7　垂体腺瘤

A. 实质见腺体样小结,小结可见包膜,与周围组织分界清楚(HE 染色,×20);B. 垂体腺瘤与周围组织分界清楚(HE 染色,×100);C. 垂体腺瘤腺上皮细胞呈多层分布,细胞核大、深染(HE 染色,×200)。

◆ 第三节　中　　毒 ◆

中毒死亡是法医学实践中常见的一种死亡原因。不同毒物中毒时,脑膜和脑内小血管淤血及脑水肿是常见的非特异性病理变化。肉眼观见脑组织水肿,脑回增宽,脑沟变浅,蛛网膜下腔血管淤血(图 16 - 8);镜下见蛛网膜下腔及脑内小血管淤血,脑组织神经细胞肿胀,嗜酸性变,形成红色神经元(图 16 - 9)。

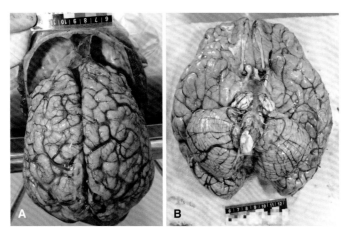

图 16‑8　中毒时神经系统的非特异性改变(肉眼观)

脑组织水肿,蛛网膜下腔血管淤血。
A.上面观;B.底面观。

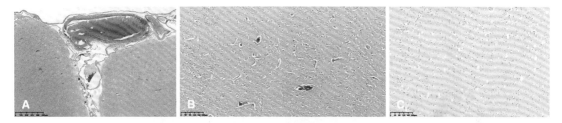

图 16‑9　中毒时神经系统的非特异性改变(镜下观)

A.蛛网膜下腔血管淤血(HE 染色,×40);B.脑内小血管淤血(HE 染色,×100);C.脑组织水肿(HE 染色,×100)。

一、腐蚀性毒物中毒(苯酚)

苯酚为一种弱有机盐,具有特殊气味,纯品为白色,属高毒类毒物,可通过皮肤、胃肠道和呼吸道黏膜吸收,对接触部位的皮肤、黏膜有强烈的刺激和腐蚀作用。苯酚对中枢神经系统具有显著的抑制作用,被吸收后的苯酚可迅速进入血液并分布到各组织,引起全身中毒症状。急性中毒者数小时内即可死于休克。神经系统的主要表现为脑水肿及血管淤血(图 16‑10)。

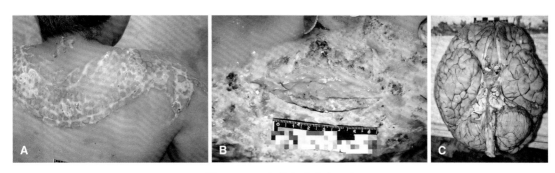

图 16‑10　急性苯酚中毒死亡

被鉴定人因使用含有苯酚的"除痣灵"药水清洗文身导致急性苯酚中毒死亡。A.尸表见清洗不完全的"龙形"文身,并有陈旧性痂皮形成,部分痂皮处见灰白色粉末附着;B.痂皮处皮下组织液化坏死;C.脑组织水肿。

二、脑脊髓功能障碍性毒物中毒

脑脊髓功能障碍性毒物主要是能引起神经系统,特别是脑脊髓的结构和功能损害,包括大脑各种精神活动紊乱甚至死亡的毒物。法医学实践中常见的有醇类(乙醇、甲醇)、毒品(吗啡、海洛因、苯丙胺)等。

1. 醇类中毒

(1) 急性乙醇中毒。乙醇,俗称酒精,为易燃、易挥发、具有特殊芳香味的透明液体,可通过消化道、呼吸道吸收。乙醇主要通过抑制中枢神经系统、扩张血管、增加血流等毒理作用导致机体急性中毒。中毒死亡者脑组织多表现为脑及脑膜充血明显,脑水肿(图16-11)。

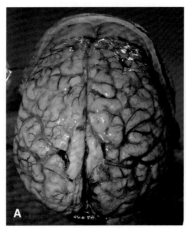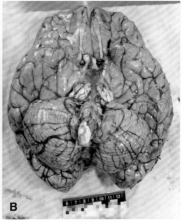

图 16-11　急性乙醇中毒(乙醇含量为 419.11 mg/100 ml),脑组织水肿,蛛网膜下腔血管淤血

A. 上面观;B. 底面观。

(2) 急性甲醇中毒。甲醇为无色透明、易燃、高度挥发性液体,具有微弱乙醇香味,对视网膜神经节细胞和视神经具有特殊毒作用。急性中毒者死亡迅速,神经系统病理学改变同急性乙醇中毒(图16-12)。如中毒病程迁延,病变主要在脑及脑膜,可见脑及脑膜淤血、水肿和点、片状出血,还可能有软化灶形成(图16-13)。

2. 毒品中毒

(1) 阿片类药物中毒。阿片类药物是从天然阿片原生植物罂粟中提取的生物碱和人工合成的可使机体产生类吗啡效应的药物,可通过消化道、鼻黏膜、肺或注射等吸收。阿片类药物中毒以吗啡和海洛因中毒较为多见(图16-14)。

阿片类药物对中枢神经系统具有兴奋和抑制的双重作用,以抑制占优势。急性中毒死亡者脑神经细胞有不同程度的变性、坏死,灶性血管周围出血,急性脑水肿。长期吸毒死亡者可见多灶性神经细胞坏死,灶性软化,周围胶质细胞增生,形成胶质结节,局部蛛网膜下腔淋巴细胞增多,脑膜增厚。

(2) 苯丙胺类药物中毒。苯丙胺类药物是一类人工合成的非儿茶酚胺拟交感神经药,具有很强的中枢兴奋作用,并易形成药物依赖性,可经口服、吸入和静脉注射等途径吸收。急性

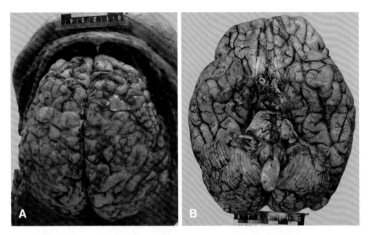

图 16 - 12 急性甲醇中毒(甲醇含量为 109.52 mg/100 ml),脑组织水肿,蛛网膜下腔血管淤血

A. 上面观;B. 底面观。

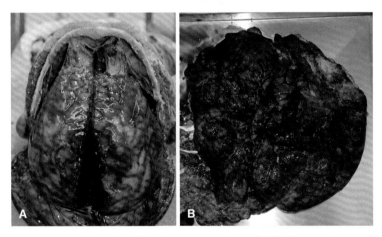

图 16 - 13 急性甲醇中毒治疗 15 天后死亡(甲醇含量为 80 mg/100 ml)

A. 脑组织水肿,蛛网膜下腔血管淤血,蛛网膜下腔局部出血;B. 脑组织液化、坏死、出血。

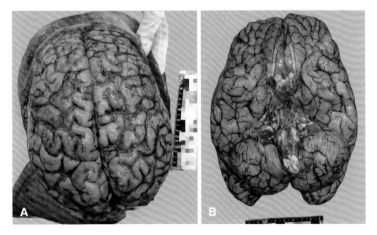

图 16 - 14 急性吗啡中毒死亡,脑组织水肿,蛛网膜下腔血管淤血

A. 上面观;B. 底面观。

中毒死亡者的神经系统表现为淤血、水肿(图 16-15)。长期滥用死亡者的镜下神经细胞可见变性、坏死和胶质细胞反应,有的可见蛛网膜下腔出血、垂体坏死或脑疝形成。

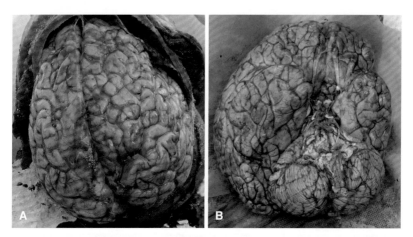

图 16-15　急性甲基苯丙胺中毒死亡,脑组织水肿,蛛网膜下腔血管淤血

A. 上面观;B. 底面观。

3. 盐酸地芬尼多中毒

　　盐酸地芬尼多为非处方抗眩晕类药物,主要是通过减弱前庭内部刺激,抑制内耳迷路的功能,阻断延髓化学感受器,增加椎底动脉供血量,调节前庭系统功能,抑制呕吐中枢和延髓催吐化学感受区,从而发挥抗眩晕及镇吐的作用。此外,盐酸地芬尼多还具有轻微的抗胆碱作用,高剂量时可降低血压和缓解心动过速。因其为非处方药,且与安眠药等处方药有着相似的药理作用和机制,过量服用亦可致人死亡,在法医学实践中偶有发生。

　　盐酸地芬尼多口服经胃肠道吸收,吸收入血后主要由肝脏代谢,过量服用导致抗胆碱作用增强,引起中枢神经系统抑制及血管平滑肌松弛,导致低血压、镇静、昏睡、抽搐及呼吸衰竭等,甚至死亡。盐酸地芬尼多中毒死亡尸体检验多为非特异性改变(图 16-16)。

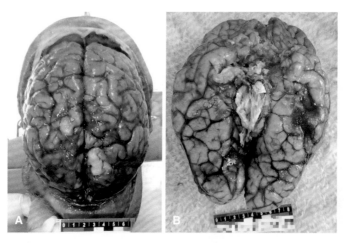

图 16-16　急性盐酸地芬尼多中毒死亡,脑组织水肿,蛛网膜下腔血管淤血

A. 上面观;B. 底面观。

三、呼吸功能障碍性毒物中毒

呼吸功能障碍性毒物是指进入机体直接妨碍氧的供给、摄取、运输和利用,造成机体缺氧,导致呼吸功能障碍,甚至死亡的毒物。在法医学实践中,较为常见的有一氧化碳、亚硝酸盐等。

1. 一氧化碳中毒

一氧化碳(CO)中毒迅速死亡者(图 16-17),因血中含有大量碳氧血红蛋白(carboxyhemoglobin, HbCO)而使全身各组织呈樱桃红色,特别是肌肉组织。脑组织常表现为血管扩张淤血,水肿,伴广泛灶性出血,实质细胞发生变性。

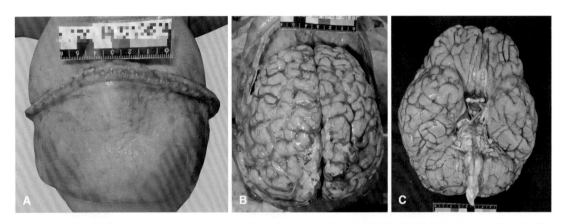

图 16-17 急性 CO 中毒死亡(HbCO%:72.99%),头皮下组织及脑组织表面呈樱红色,脑组织水肿,蛛网膜下腔血管淤血

A. 头皮;B. 脑组织上面观;C. 脑组织底面观。

CO 中毒迁延数天后死亡,中枢神经系统和心肌病变最为严重。其中中枢神经系统表现为脑血管扩张充血、水肿,可出现多发性细小出血点及局灶性出血。常在双侧苍白球形成对称性软化灶(图 16-18),早期病灶呈球形,直径 10~15 mm,可因缺血而呈苍白色,或因充血、出血而呈淡红色。软化灶与周围组织界限不清,其中神经细胞细胞质模糊不清、核浓缩,部分神

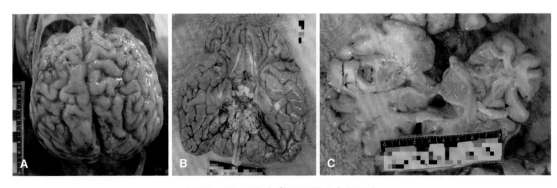

图 16-18 CO 中毒迁延近 3 个月死亡

A. 脑组织水肿(上面观);B. 脑组织水肿(底面观);C. 大脑基底节丘脑部位双侧对称性局部液化、坏死。

经细胞坏死、消失。星形胶质细胞和少突胶质细胞增生,或呈肿胀、空泡变性;小胶质细胞增生,可形成胶质结节。病程更长者,脑组织坏死区液化而形成边界较清楚的囊腔。

2. 亚硝酸盐中毒

亚硝酸盐主要在化工原料、肉类加工等过程中使用,过量摄入亚硝酸盐会导致机体产生大量高铁血红蛋白,形成高铁血红蛋白血症。因此,当亚硝酸盐中毒死亡时,因血液中含高铁血红蛋白,且缺氧显著,故血液呈暗褐色,使尸斑呈蓝褐色样青紫。当血液中存在大量亚硝酸盐时,除高铁血红蛋白外,尚可形成红色的亚硝酸高铁血红蛋白,此时死者血液可能呈鲜红色而不是蓝褐色,类似一氧化碳中毒(图 16 - 19)。

此外,由于亚硝酸盐具有明显的扩张血管作用,因此脑组织中小血管常表现为显著扩张淤血,或有点片状出血,以及实质细胞变性。

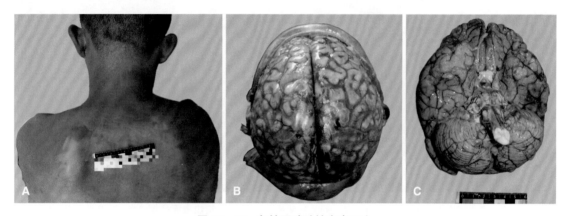

图 16 - 19　急性亚硝酸钠中毒死亡

A. 尸斑色泽浓重且呈棕褐色;B. 脑组织水肿,色鲜红(上面观);C. 脑组织水肿(底面观)。

3. 硫化氢中毒

硫化氢(H_2S)是一种无色而有腐蛋臭味的挥发性气体,多由工业生产中的废气或含硫的有机物腐败后产生,主要经呼吸道进入机体。中枢神经系统是 H_2S 中毒的主要靶器官。进入机体的 H_2S 与血红蛋白结合形成硫化血红蛋白,从而导致皮肤、尸斑甚至脏器呈紫绿色或暗绿色,酷似腐败尸绿(图 16 - 20)。

图 16 - 20　急性 H_2S 中毒死亡

A. 脑组织水肿;B. 大脑皮质呈暗绿色;C. 小脑齿状核呈暗绿色。

四、农药中毒

我国是农药使用大国,在急性中毒案件中,农药中毒占首位。

1. 有机磷农药中毒

有机磷农药是含磷的有机化合物,主要用于杀虫、除草等。在法医学实践中,有机磷农药以敌敌畏中毒最为常见。

有机磷农药能经无损伤的皮肤、呼吸道、消化道进入体内,迅速分布到全身各组织器官并与组织蛋白牢固结合,主要通过抑制胆碱酯酶的活性,引起神经系统功能紊乱。急性有机磷农药中毒死亡,常表现为软脑膜淤血水肿。脑内小血管扩张淤血,呈明显脑水肿(图 16 - 21、图 16 - 22),有时可见小血管周围脑组织出血、疏松淡染区。部分可见少突胶质细胞肿胀和小血管周围渗出性出血。

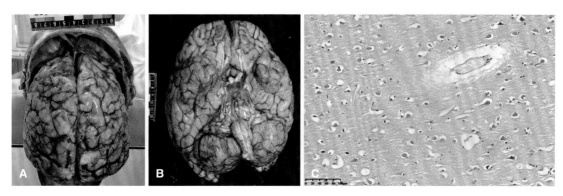

图 16 - 21　急性敌敌畏中毒死亡,脑组织水肿

A. 上面观;B. 底面观;C. 镜下观(HE 染色,×100)。

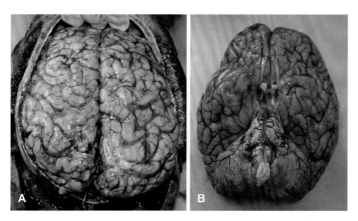

图 16 - 22　急性吡虫啉中毒死亡(心血中吡虫啉含量为 103 μg/100 ml),脑组织水肿,蛛网膜下腔血管淤血

A. 上面观;B. 底面观。

2. 除草剂(百草枯)中毒

百草枯是最多使用的除草剂之一,百草枯中毒案件时有发生。百草枯可通过皮肤黏膜、胃

肠道和呼吸道吸收,对皮肤、眼睛和口腔黏膜具有腐蚀性,其中毒的特征性病变主要为消化道黏膜损伤和肺损伤,脑组织改变主要为明显脑水肿等。中毒后幸存者数天后肺组织会形成大面积纤维化(百草枯肺),终致呼吸衰竭死亡(图 16-23)。

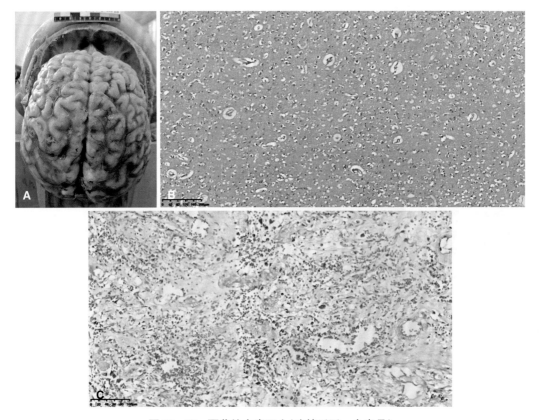

图 16-23　百草枯中毒死亡(病情迁延一个半月)

A. 脑组织水肿(上面观);B. 脑组织水肿(HE 染色,×100);C. 肺肉质变,正常肺泡结构基本消失,肺泡腔大量纤维渗出,可见新生血管腔结构,散出血灶(HE 染色,×100)。

3. 毒鼠强中毒

毒鼠强是目前我国最常见的杀鼠剂,由于中毒病死率极高,常被用于服毒自杀或投毒他杀。毒鼠强经胃肠道吸收快,对中枢神经系统具有强烈的兴奋作用,具体表现为全身肌肉的强制性痉挛。

急性中毒死亡者的各器官组织多表现为淤血、水肿等急性死亡的病理改变。脑组织的病理学改变以脑水肿为主,部分可见蛛网膜下腔点、灶状出血,较少见脑实质内及脑干点状或小灶性出血(图 16-24)。

4. 香豆素类杀鼠剂中毒

香豆素类杀鼠剂包括大隆、溴敌隆等,具有干扰凝血酶原及凝血因子合成的作用,其中毒死亡者的脑及脑膜常表现为淤血、水肿,蛛网膜下腔小灶性出血,有时可见脑实质内出血(图 16-25)。

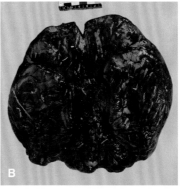

图 16-24 急性毒鼠强中毒死亡,脑组织水肿,蛛网膜下腔血管淤血

A. 上面观;B. 底面观。

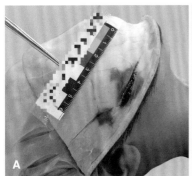
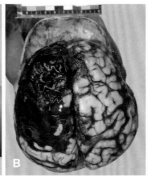
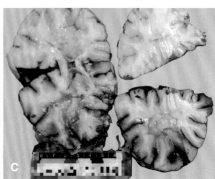

图 16-25 大隆中毒死亡

A. 头皮下组织散在灶、片状出血;B. 脑组织水肿,蛛网膜下腔血管淤血、片状出血;C. 蛛网膜下腔出血,脑实质散在点状出血。

五、有毒动物(蜂)中毒

有毒动物体内含有天然毒素,既可以通过动物噬、咬、蛰等行为主动入体(图 16-26),也可因被当作食物或药物进入人体,引起中毒死亡。

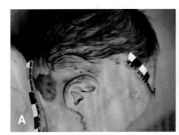
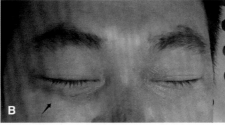

图 16-26 有毒动物咬、蛰痕迹

A. 右枕、颈部被水蛭叮咬;B. 右下眼睑被蜜蜂叮咬,组织较左侧肿胀(箭头所示);C. 左枕部头皮被未知毒虫(因天暗,无法明确毒虫种类,但高度怀疑为蜘蛛)叮咬后形成的毒虫伤,叮咬部位皮下组织出血。

蜂毒属神经和血液毒素,具有显著的亲神经特性及出血和溶血等作用,蜂毒中毒多为野外活动时不慎被蜂蜇伤。其急性中毒死亡,神经系统常表现为淤血、水肿(图16-27)。

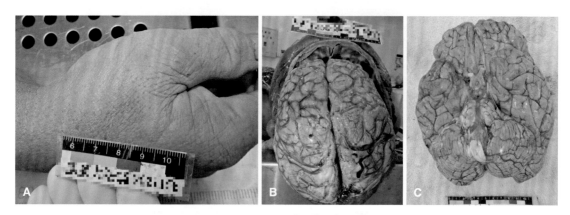

图16-27　蜂毒中毒死亡

A. 右手虎口位置见直径约0.5cm皮肤青紫,中央部位见针眼(直径约0.1cm);B. 脑组织水肿,蛛网膜下腔血管淤血(上面观);C. 脑组织水肿(底面观)。

六、乌头属有毒植物中毒

乌头属植物全株有毒,以根块为最,其入药历史悠久,具有祛风除湿、温经止痛等功效。由于其安全范围较窄,使用不慎即可引起中毒甚至死亡。

乌头含生物碱及乌头多糖。乌头碱主要作用于神经系统和心脏,可以使中枢神经系统及周围神经先兴奋后抑制,阻断神经-肌肉接头传导,重度中毒者因呼吸中枢麻痹、呼吸衰竭死亡。此外,严重心律失常也是乌头碱中毒死亡的常见原因。乌头碱中毒死亡者尸体检验常无特殊所见,尸表窒息征象多较明显(图16-28、图16-29)。

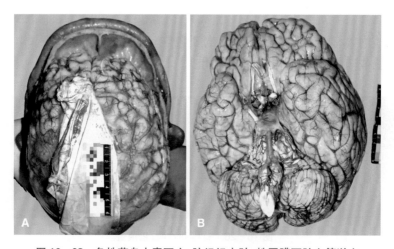

图16-28　急性草乌中毒死亡,脑组织水肿,蛛网膜下腔血管淤血

A. 上面观;B. 底面观。

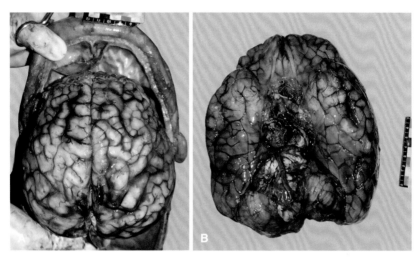

图 16-29 雪上一枝蒿中毒,治疗 7 天后死亡,脑组织水肿,蛛网膜下腔血管淤血

A. 上面观;B. 底面观。

◆ 第四节 发 育 畸 形 ◆

中枢神经管是胚胎发育成脑、脊髓、头颅背部和脊椎的部位,若中枢神经管不能正常发育,在婴儿出生时上述部位可能存在缺陷。在法医学实践过程中,神经管发育畸形较少见(图 9-5A),而脑血管发育畸形(血管瘤,图 16-30)则相对较为常见。

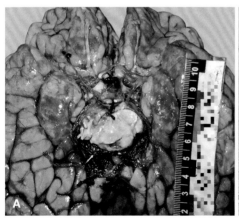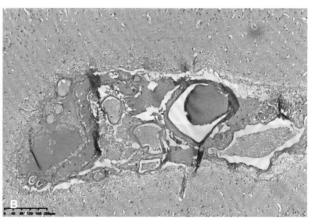

图 16-30 血管瘤

A. 大脑动脉环见血管丛(血管瘤,箭头所示),脑组织水肿,蛛网膜下腔局部出血;B. 可见较多管腔大小不一的血管,部分血管管壁厚薄不均,管壁迂曲,并向腔内折叠(HE 染色,×100)。

参考文献

［1］郭玉璞,徐庆中.神经病学(第5卷):临床神经病理学[M].北京:人民军医出版社,2008.

［2］丛斌.法医病理学[M].5版.北京:人民卫生出版社,2016.

［3］刘良.法医毒理学[M].5版.北京:人民卫生出版社,2016.

［4］李玉林.病理学[M].8版.北京:人民卫生出版社,2013.

［5］刘彤华.刘彤华诊断病理学[M].4版.北京:人民卫生出版社,2018.

［6］吴成城,贾子平,冯敬飞,等.Rathke囊肿的诊断和手术治疗[J].中国冶金工业医学杂志,2016,33(6):646-647.

［7］张振宇,陆明超,杜宇,等.口服盐酸地芬尼多中毒死亡14例分析[J].山东化工,2021,50(9):110-111.

（李玉华）

索　引